Ernst J. Kläy · Hans Lär

CW01670343

Das romantische Leben der Indianer

malerisch darzustellen...

Leben und Werk
von Rudolf Friedrich Kurz
(1818 – 1871)

aare

Abkürzungen Bildlegenden I. Teil

BHM: Bernisches Historisches Museum, Abteilung für Völkerkunde
KMB: Kunstmuseum Bern
GKS: Gottfried-Keller-Stiftung (im KMB)
KMB A 6229/1–46: Skizzenbüchlein (Nordfrankreich) 1839, 46 S., Format 22,8 × 14,5 cm
KMB I–III: Klebebände »Studies of the Far West 1846–1852 by Fred. Kurz«
KMB I: A 6230/1–99 Blätter
KMB II: A 6231/1–556 Blätter
KMB III: A 6232/1–154 Blätter
BHM SB, 1–195:: Originalskizzenbuch Kurz BHM/1850–52, 195 Seiten, Format: 36 × 26,5 cm
BHM E: Einzelblätter BHM, unnumeriert, 1847–52
B.: Bleistiftzeichnungen und -skizzen
T.: Tusche, Feder
Aq.: Aquarell, aq.: teilweise aquarelliert
B.u.T.aq.: (z. B.) Mischtechnik
lav.: Tusche laviert

Selbstbildnis. Bern, ohne Datum. Kohlezeichnung, 25 × 35, BHM E. (Abb. S. 2)

Buchgrafik: Atelier Spiegel AG Solothurn
Alle deutschen Rechte vorbehalten
© 1984 by Verlag AARE Solothurn
ISBN 3-7260-0231-6

G16

Das romantische Leben der Indianer
malerisch darzustellen…

Dear Richard —

I think this belongs

to you more that to me…

So I send it to a good

home. It seems to be out of print now…

very best Gary

Vorwort

An die Stelle der Indianergeschichten, von James Fenimore Cooper bis Karl May, die uns in unserer Jugendzeit in Atem gehalten haben, ist heute eine wesentlich anders geartete Indianerliteratur getreten, in der sich eine junge wissenschaftliche Forschung mit Einsatz und Liebe mit den Ureinwohnern der USA und Kanadas beschäftigt. Die Indianerforschung hat in den letzten Jahrzehnten eine lebendige Renaissance erlebt, die in einer auffallend großen Zahl wissenschaftlicher Werke zum Ausdruck kommt.

Es ist erstaunlich – und gäbe Anlaß zu grundsätzlichen Betrachtungen –, wie groß der Anteil schweizerischer Forscher, insbesondere schweizerischer Maler, an der Klärung der Frühgeschichte Amerikas und Kanadas ist. Der Forschertyp des »Indianermalers« war im letzten Jahrhundert geradezu eine schweizerische Spezialität, stammen doch eine ganze Reihe der ausdrucksreichsten bildlichen Darstellungen von Leben, Kultur und Umwelt der als »Indianer« bezeichneten Urbewohner Amerikas aus schweizerischer Hand. Daß diese zeichnerischen Forschungsergebnisse in letzter Zeit fast lückenlos in eindrucksvollen Bildbänden einem weiten Kreis zugänglich gemacht wurden, zeigt nicht nur ihren Wert, sondern auch ihre Bedeutung für die moderne Indianerforschung. Malerpersönlichkeiten, wie insbesondere der geniale jugendliche Peter Rindisbacher, dann der im Dienste des deutschen Forschers Maximilian von Wied arbeitende Karl Bodmer, dessen Vertrautheit mit seinen Modellen ihm den Ehrennamen »Indianer-Bodmer« eingetragen hat, im weitern der bedeutende Schweizer Maler Frank Buchser, dessen Aufenthalt bei den Indianern allerdings aus etwas anderen Zielsetzungen erfolgt ist, und schließlich der Berner Maler Rudolf Friedrich Kurz, dessen indianisches Bildwerk in diesem Buch vereinigt ist, sind die klingendsten Namen in dieser Reihe.

Kurz war Indianermaler aus Berufung und Passion. Aus der Lektüre von Robinson und Lederstrumpf erwuchsen seine Jugendträume von Urwald, Prärie und Indianern, von denen er zeitlebens nicht loskam. Er schwärmte von den »echten Wilden«, die er als eine Art von »lebender Antike« rein und unverfälscht vor sich sah – in ihnen hoffte er seine eigenen Wünsche und sein persönliches Ideal zu erfüllen. In der Weite einer echten Natur von Urwald und Prärie wollte er der bürgerlichen Bedrängnis, die ihm kein freies künstlerisches Schaffen erlaubte, entfliehen. Mit seinem Hang nach einer idealen Umwelt, verbunden mit seinem Streben nach künstlerischer Erfassung und Wiedergabe, hat er sein »Indianerland« erlebt und gezeichnet. Bei Kurz stehen das persönliche Erleben und sein inneres Müssen, das Erlebte im Bild festzuhalten, eng nebeneinander. Seine Darstellung erfaßt den Indianer, seine Umwelt und Lebensweise, die er naturgetreu festhalten, malerisch abfassen und uns ästhetisch ausgeführt aufzeichnen möchte. Neben dem indianischen Menschen beiden Geschlechts, steht ihr Lebensraum: der Wald, die Prärie und die indianische Tierwelt.

Die monumentalen Gesamtbilder Rindisbachers und das leuchtend frische Bildwerk Bodmers dürfen in ihrer künstlerischen Gestaltungskraft wohl einen Vorrang vor dem Werk von Kurz beanspruchen. Die große Bedeutung seiner Darstellungen liegt vielmehr im wissenschaftlich-dokumentarischen, indem er in ungezählten Klein- und Kleinstskizzen das einfache kleine Detail von Kleidern, Gerätschaften und Waffen sowie von Tieren lebensnah und naturgetreu festhält. Die Zeichnung, die Vorgängerin der modernen Medientechnik, insbesondere der Photographie, war damals das einzige Mittel, um Vergängliches festzuhalten und es einem weitern Kreis zugänglich zu machen. Dazu kommt bei Kurz die lebendige Verbindung zwischen der Zeichnung und dem geschriebenen Text seines ausführlichen und aufschlußreichen Tagebuchs. Beide gehören zusammen und jedes wäre unvollständig ohne das andere.

Gegenüber dieser amerikanischen Anerkennung blieb Kurz in seiner Heimat weitgehend ein Unbekannter, dessen Werk nur wenigen bekannt geworden ist. Mitten in seiner Arbeit an seiner großen Indianer-Galerie ist er gestorben. Daß ihm heute mit diesem Buch die späte aber verdiente Würdigung in der Heimat zuteil wird, erfüllt mich als Urgroßneffen des Malers mit Freude und dankbarer Genugtuung.

Hans Rudolf Kurz

I. Teil

Ernst J. Kläy

Einleitung

R. F. Kurz beim Skizzieren in der Umgebung von St. Joseph am Missouri, 18. 11. 49. B., 19,8 × 15,6, KMB I/78.

Selbstbildnis R. F. Kurz. Fort Berthold, 27. 8. 51. B., Ausschnitt ca. 7 × 9, BHM SB/110.

Das Reisetagebuch von Rudolf Friedrich Kurz umfaßt 294 in alter deutscher Schrift eng beschriebene Foliobögen neben einigen Dutzend Seiten verschiedenster Anhänge; bibliographische Hinweise, nachträglich hinzugesetzte Erklärungen, Vermutungen über »die Bildungsfähigkeit der Indianer«, Beobachtungen über die pan-indianische Zeichensprache und Wortlisten verschiedener Sioux-Dialekte – Iowa, Mandan, Hidatsa und Assiniboin. Ein 25seitiger Essay über sein Leben bei den »Staubnasen«-Indianern von St. Joseph am Missouri gehört ebenso zum schriftlichen Nachlaß des Künstlers wie ein kleinformatiges fast 100seitiges Heft mit ergänzenden Einträgen in englischer Sprache. Die (unvollständige) amerikanische Übersetzung in der Bearbeitung des Smithsonian Institution in Washington[1] beanspruchte 1937 allein schon 780 Schreibmaschinenseiten! Das Bestreben, aus dieser durch zahlreiche biographische Dokumente noch beträchtlich vermehrten Materialfülle das zutreffende und vollständige Bild eines außergewöhnlichen Schweizer Künstlers des 19. Jahrhunderts für den vorliegenden Beitrag zu entwerfen, mußte zwangsläufig ein Versuch bleiben. Kaum weniger Schwierigkeiten ergaben sich bei der Bebilderung des knappen Textes; aus mehreren tausend Einzelzeichnungen in fünf Skizzenbüchern, aus über hundert Aquarellen und den wenigen bekannten Ölbildern eine repräsentative Wahl zu treffen, bedingte manchen schmerzlichen Verzicht und Kompromiß. Den Mut des Schreibenden, das (fast) Unmögliche trotzdem nicht unversucht gelassen zu haben, möge der Leser mit seinem Verständnis für unumgängliche Kürzungen und manche auf den ersten Blick willkürlich erscheinende Auslassungen honorieren.

Im in sich geschlossenen biographischen Hauptteil dieses Buches soll Fred. Kurz möglichst oft selbst zu Wort kommen. Es war für uns eine Selbstverständlichkeit, die zahlreichen Zitate in ihrer ursprünglichen Form dem Originalmanuskript und einer frühen, im Detail verifizierten Transkription – vermutlich 1906 auf Betreiben David I. Bushnell, Jr.'s für die spätere englische Übersetzung des Smithsonian Institution angefertigt[2] – zu entnehmen. Die früheste Publikation von Tagebuchauszügen, welche den Künstler erst mehr als zwanzig Jahre nach seinem Tod aus unverdienter Versenkung hob, verdanken wir seinem Neffen, dem Altphilologen und Arabisten Emil Kurz-Martin[3]. Durch größere Auslassungen und vor allem durch eingreifende inhaltliche, grammatikalische und orthographische Retuschen scheint uns dieser Text aber allzu weit vom Original – welches in seiner ursprünglichen Form ein wichtiges Dokument darstellt und nicht als gehobenere Indianer- oder Abenteuerliteratur gedacht war – entfernt zu sein, um noch als Grundlage für Zitate dienen zu können. Das gleiche gilt in verstärktem Maß für die erst 1937 von J. N. B. Hewitt als Bulletin 115 des Smithsonian Institution in Washington herausgegebene und von Myrtis Jarell allzu schwungvoll ins Englische übersetzte Ausgabe, welche bis heute mehrfach unverändert nachgedruckt wurde.

In zahlreichen kleineren Publikationen in amerikanischen und schweizerischen Zeitschriften, Katalogen, Jugendbüchern und Anthologien wurden später vielfach gleichlautende Texte und Zitate und schon veröffentlichte Bilder, aber auch Ungenauigkeiten und Fehler übernommen. Besondere Erwähnung verdienen allenfalls die Arbeiten von Herman ten Kate, 1906, D. I. Bushnell, Jr., 1908 und 1927, John C. Ewers, 1965, J. F. McDermott, 1967 und M. Mittler, 1968[4]. Für weitere Publikationen sei an dieser Stelle auf das reichhaltige Literaturverzeichnis verwiesen.

Der vorliegende Bericht greift nun erstmals wieder auf das ursprüngliche Manuskript zurück, berücksichtigt bisher unveröffentlichte Ausführungen – so z. B. den reizvollen Essay über die »Staubnasen« – und bringt eine Fülle neuer Angaben zur Biographie von Kurz. Daß für die Bebilderung möglichst viele unpublizierte und noch nie ausgestellte Werke des Malers herangezogen wurden, ist wohl selbstverständlich. Die wichtigsten Bestände befinden sich heute im Kunstmuseum Bern (4 Skizzenbücher bzw. Klebebände mit »Studies of the Far West by Fred. Kurz«, mehrere Aquarelle und Sepiabilder und ein Ölgemälde aus dem Besitz der Bernischen Kunstgesellschaft, der Gottfried-Keller-Stiftung und aus museumseigenen Sammlungen), in der

Abteilung für Völkerkunde des Bernischen Historischen Museums (wichtigstes Originalskizzenbuch 1850–52, über 50 Skizzen, Federzeichnungen, Aquarelle und Lithographien und wenige ethnographische Objekte, im Gründungsjahr des Museums 1894 angekauft; vollständiges Tagebuch und Anhänge, 1901 geschenkt), im Thomas Gilcrease Institute of American History and Art in Tulsa, Oklahoma[5] (Skizzen und Aquarelle) und in der M. u. M. Karolik Collection, Museum of Fine Arts, Boston. Weitere Werke sind, wie aus dem Bildnachweis ersichtlich wird, in Museen und Privatbesitz in Deutschland, Amerika und der Schweiz verstreut. Etliche Bilder – darunter auch einige in frühen Artikeln veröffentlichte – konnten leider bis heute noch nicht oder nicht wieder aufgefunden werden. Es bleibt jedoch zu hoffen, daß mit Hilfe dieses Buches und weiterer Nachforschungen in naher Zukunft verschollene und unbekannte Werke gefunden werden können.

Der Leser des ersten Teiles sei nachdrücklich darauf hingewiesen, daß die Legenden zu den Abbildungen nicht nur Bildbeschreibungen, sondern einen integrierenden Bestandteil des fortlaufenden Textes darstellen. Nach Möglichkeit wurde die Bildauswahl mit dem chronologischen Ablauf der Schilderungen koordiniert. Um die Lesbarkeit der Ausführungen zu verbessern, wurden die historischen und ethnographischen Ergänzungen von Hans Läng in einem gesonderten Anhang zusammengefaßt. Bildnachweis, Literaturverzeichnis und eine Übersichtskarte sollen dem Interessierten weitere Nachforschungen erleichtern, aber auch die Möglichkeit zum kritischen Vergleich geben.

Rudolf Friedrich Kurz war kein großer Künstler, und er wußte es. Durch seine Ausbildung bei Niklaus Senn und Joseph Volmar in Bern und bei verschiedenen französischen Realisten in Paris, durch seinen Fleiß und eine gewisse natürliche Begabung hätte er sich zu einem bekannten Tier- und Landschaftsmaler (als welcher er im Künstlerbuch der Bernischen Kunstgesellschaft aufgeführt wurde) profilieren können; seine unbestreitbar besten Bilder gehören zu diesem Genre. Er hat sich aber zeitlebens nie mit der Rolle eines ›Nachahmers‹ zufriedengeben können. Als Romantiker war er noch tief beeinflußt von der im 18. Jahrhundert die rationalistische Kulturwelt der Aufklärung ablösenden Vorstellung der ›Flucht zurück in die Natur‹. Die Suche nach dem Ursprung der Menschheit, nach dem verlorenen Paradies, wie sie durch zahllose Robinsonaden nach Daniel Defoes 1719 erschienenem ›Robinson Crusoe‹ und vor allem durch die Schriften Jean Jacques Rousseaus beispielhaft gemacht wurde, versuchte Kurz im Studium des vermeintlichen Urmenschen nachzuvollziehen; er wollte »Ausdruck und Wahrheit« mit »der Hauptsache, der Schönheit« verbinden und das beseelte Idealbild des von Zivilisation unverdorbenen Menschen schlechthin erschaffen. Zu diesem Zweck vermischte er seine Vorstellung von der griechischen Klassik mit den Bildern der »wilden Mannen« der Heraldiker und dem Naturvolk der Indianer. Während aber Rousseau und Albrecht von Haller z. B. aus einem eigentlichen Kulturzusammenbruch, aus dem als falsch erkannten Vernunftsystem der Aufklärung noch in die vermeintliche Ursprünglichkeit, Einsamkeit und Naturnähe der europäischen Alpenwelt zu flüchten vermochten, und mit ihren Schriften den Alpenkult zu einer eigentlichen Massenbewegung werden ließen[6], bot weniger als ein Jahrhundert später dieses mit wenig zutreffenden Klischees verzeichnete Rückzugsgebiet dem zivilisationsmüden Spätromantiker Kurz keine Zuflucht mehr:

»... selbst das eigene schöne Vaterland gefiel mir bloß in seinem Urzustand, bewohnt von freien, kräftigen Hirten und Jägern, den schönen Körper unverhüllt ... bewohnt vom Urochs u. Hirsch ... Wildschwein u. Steinbock ... ja selbst vom Lindwurm. Urwald bloß in den unzugänglichen Bergschluchten. – Kultur bis unter den ewigen Schnee, Wohnungen überall, Schulhäuser und Kirchen die Menge, aber wo die Eintracht, die Genügsamkeit, die Zufriedenheit?« 6a)

Prophetisch sieht er die kaum begonnene Erschließung der Bergwelt in ihre Zerstörung übergehen, sieht die Stille dieses Refugiums zu einem Rummelplatz moderner Zivilisation verkommen. Er weist daher die einer unrühmlichen Wandlung preisgegebene Natur und Bevölkerung der traditionellen ›Heimwehlandschaft‹ des deutschsprachigen Mitteleuropa[7] bedauernd als für seine künstlerischen Intentionen unbrauchbar geworden zurück. Er sucht seine Erfüllung als Maler und Mensch nun vielmehr in einer neueren und ferneren – tragischerweise auch zum Verschwinden verurteilten – Umgebung. In der ebenfalls schon mit falschen Vorstellungen verbrämten ›Fernwehlandschaft‹ der Prärien und Galeriewälder des amerikanischen Westens hofft er noch die ersehnte Urnatur und bei den Indianern unverdorbene Urmenschen zu finden. In einer Flucht nach

Hidatsa-Indianer. Fort Berthold, Juli 1851. B., Ausschnitt ca. 7 × 23, BHM SB/42.

Mädchen mit Rose im Haar. St. Joseph, 20. 10. 49. B., 15 × 19,8, KMB II/160.

vorne, weg von den korrumpierenden Einflüssen westlicher Zivilisation und Politik, die Doppelmoral der gutbürgerlichen Salonatmosphäre hinter sich lassend, tritt er eine vermeintliche Rückkehr in die Vergangenheit, in die Restgefilde eines ursprünglichen Goldenen Zeitalters an. An diesem seinem Traumbild, das der Realität kaum mehr entsprechen konnte, hielt Kurz allen Rückschlägen und Enttäuschungen zum Trotz in seinem unvollendeten bildnerischen Schaffen unbeirrt fest. Ohne je mit Konzessionen in der Form übersteigerter Phantasie- oder Sensationsbilder um die Gunst des von ihm verachteten (»Zopf«-) Publikums geworben und damit seine Karriere gefördert zu haben, vermittelt er in seinem Werk den Eindruck einer poetischen und heilen, einer organisch gewachsenen und schönen Welt; diese bleibt aber – abgesehen von den allzu stark der griechischen Klassik nachempfundenen stereotypen Darstellungen menschlicher Körper – in der Regel bis ins kleinste Detail naturgetreu. Einer seiner strengsten Kritiker, der Ethnologe Herman ten Kate, bemerkte schon 1911 dazu: »Our artist was evidently too often influenced by his admiration of the Greek classical statues; he saw too much »lebende Antike« . . . in his Indian subjects. KURZ found, as he says, »die Indianer edler in ihren Formen« than he ever dreamt of. Being thus fascinated, no wonder he idealized his models. There are nevertheless a certain number of cases in which KURZ has rendered Indian type or types with great truthfulness.«[8]

Zerstörtes, Grausames und »Unnatürliches« hat Kurz, welcher den erschütternden Untergang »seiner lebenden Antiken«, der zeitlebens als edel empfundenen und ehrlich geliebten Indianer, aus nächster Nähe miterleben mußte, aus seinen Bildern ferngehalten. Daß er trotz der lieblich-unvollendeten Welt seiner Malerei nicht nur ein Träumer und weltfremder Romantiker war, geht deutlich aus seinen oft tiefsinnigen und prophetischen Ausführungen im Tagebuch hervor. »This much I can say that FRIEDRICH KURZ must have been a perfectly truthful man, an idealist and at the same time a sober minded and cool-headed observer. . .«[9], empfand auch ten Kate. Erst die Gegenüberstellung von schriftlichem und bildlichem Schaffen läßt uns deshalb den Menschen und Künstler Kurz im richtigen Licht sehen.

Wenn auch seine reizvollen Skizzen badender Hidatsa-Indianerinnen oder die Studien zum »weiblichen beau idéal«, Marina, nie die der künstlichen Atmosphäre von Aktstudios entwachsene, glatte und voluptuöse Perfektion der Frauenfiguren eines Delacroix oder Ingrès erreichen, umgibt sie doch ein Hauch subtiler Erotik, und ihre Einbettung in eine natürliche, belebte Umwelt, in ein »organisches Ganzes« deutet unmißverständlich auf eine Abkehr vom Studio hin. Kurz ist aber letztlich an seinem allzu hohen künstlerischen Ideal, am Unverstand seiner Zeitgenossen und an der in der zweiten Hälfte des 19. Jahrhunderts allgemein verbreiteten Übersättigung des Publikums mit Indianerdarstellungen gescheitert. Auch hat es der reizbare Künstler nicht verstanden, sich selber zu glorifizieren und erfolgreich zu vermarkten wie etwa seine weitaus bedeutenderen Kollegen Karl Bodmer und George Catlin. Nachdem er 1863 anläßlich einer Turnusausstellung des Schweizerischen Kunstvereins (1846/54/56 und 62 von ihm beschickt) von einem vorlauten Kritiker zu Unrecht als Phantast abgekanzelt worden war, stellte er seine Bilder nie wieder in der Öffentlichkeit zur Schau und fiel durch diese kompromißlose Haltung der Vergessenheit anheim. In seinen letzten Lebensjahren ging der wortkarge und bescheidene Mann in seiner Tätigkeit als Zeichenlehrer an der Realschule Bern auf und wurde 1871 kurz vor seinem Tod Mitbegründer und erster Direktor der bernischen Kunstschule. Warum der von vielen Zeitgenossen als Sonderling verschriene Einzelgänger heute in den USA als einer der bedeutendsten Bildchronisten des Lebens im Grenzland des amerikanischen Westens im 19. Jahrhundert gefeiert wird, versucht dieser Beitrag dem europäischen Publikum verständlich zu machen.

Den Abbildungen im I. Teil des Buches wurden Legenden mit genaueren technischen Angaben beigesellt, in der Hoffnung, damit Fachleute zu einer ethnographisch-historischen Interpretation und Auswertung (welche den Rahmen der vorliegenden Publikation sprengen würde) der bisher unveröffentlichten Bilder anzuregen!

Die Kaufmannsfamilie Kurz und ihr ›schwarzes Schaf‹

Die alte Glockengießer-Dynastie der Kurtz ist in den Chroniken des 18. Jhs. als zum angesehenen Stadtadel des schwäbischen Reutlingen gehörig verzeichnet. Es ist für uns nicht leicht, die Motive zu ergründen, welche eines ihrer Mitglieder, Johannes Kurtz (1780–1835), um etwa 1802 zur Auswanderung in die Schweiz bewogen haben. An diesbezüglichen Vermutungen fehlt es zwar in der Familiengeschichte nicht; die meisten davon scheinen aber weit hergeholt. Es fällt zum Beispiel schwer zu glauben, daß der 20jährige Johannes Kurtz aus Angst vor einer Zwangsrekrutierung für Napoleons Armeen ausgerechnet in die Schweiz der Helvetik, seit 1798 von den Franzosen besetzt, emigriert sein soll (10). Die idealistische Vermutung, der junge Mann habe sich vom ›demokratischen Leben‹ in der Schweiz angezogen gefühlt, ist schon etwas naheliegender, um so mehr, als Kurtz nach seiner Ansiedlung in Bern das in seiner Heimat als Adelsprädikat verliehene tz im Namen fallen ließ und sich damit äußerlich nicht mehr von den alten, schon im 16. Jh. in Oberbüren verbürgten Landgeschlechtern des Staates Bern in Vechigen, Worb, Wahlern, Langnau, Röthenbach, Pohlern und Stettlen unterschied. Vielleicht hat sich dem unternehmungslustigen Kaufmann aus Süddeutschland, der zum Stammvater des Reutlinger Zweiges der schweizerischen Kurz-Familien werden sollte, auch ganz einfach auf seiner Wanderschaft in Bern eine besonders günstige Gelegenheit zur Niederlassung geboten? Sicher jedoch sind wir, daß der Gemeinderat von Langnau i. E. am 6. März 1811 im Wirtshaus zum Löwen über die Erteilung des Bürgerrechtes an einen Johannes Kurtz, Handelsmann in Bern, beriet, obwohl dieser offensichtlich nie in Langnau ansässig gewesen war. Nach Einrichtung des Bürgergeldes im Betrag von L 750 wurde Johannes Kurtz in der Sitzung vom 16. März 1812 – laut Protokoll des Gemeinderates – in Langnau eingebürgert. Die nicht gerade bescheidene Summe von 750 Livres suisses oder Berner Franken entspricht etwa einem heutigen Betrag von Fr. 20000,–.

Das Datum seiner ersten Heirat mit Elisabeth Fruthing (Frutig) von Bern ist im Bürgerregister nicht verzeichnet. Wir wissen lediglich, daß die unglückliche junge Frau unmittelbar nach der Geburt des ersten Kindes, Christoph Albert, der am 6. April 1806 getauft wurde, am Kindbettfieber gestorben ist. Christoph Albert – der Halbbruder des späteren ›Indianermalers‹ Rudolf Friedrich – sollte sich in der Folge zum weitaus prominentesten Mitglied der Familie Kurz entwickeln: »er stieg in Stadt (Gemeinderat und Stadtpräsident), Staat (Oberrichter und Präsident des Großen Rats) und Eidgenossenschaft (Nationalrat und Ständerat) sowie in der Armee (Oberstdivisionär...) auf höchste Stufen und war eine der führenden Persönlichkeiten der Schweiz in der Mitte des 19. Jhs.«11) Der 12 Jahre jüngere Rudolf Friedrich scheint mit ihm kaum Kontakt gehabt zu haben, sei es nun wegen des Altersunterschiedes oder wegen der heftigen Ablehnung jeglicher politischen Aktivität durch den angehenden Künstler. Die Familie Christoph Alberts erhielt nach dessen Tod 1864 das Ehrenbürgerrecht der Stadt Bern mit Stubenrecht der Zunft zu Mohren.

Nach seiner Einbürgerung in Langnau heiratet der nun offensichtlich erfolgreich gewordene Kaufmann Johannes Kurz am 8. November 1813 die 1791 in Bern geborene Maria Stoss (Stooss), welche ihm 5 weitere Kinder schenkt: 1815 Maria Margaritha, 1817 Gustav, am 8. Januar 1818 den am 9. Januar im Münster getauften Rudolf Friderich, 1819 Ludwig Friderich und schließlich 1820 Rosina Luise Kurz.

Der aufstiegsgesinnte Johannes Kurz muß es recht früh zu komfortablem Wohlstand gebracht haben. Er wollte alle seine vier Söhne durch gute Schulung und erzieherischen Zwang auf eine bürgerliche Karriere gewissenhaft vorbereiten und erhoffte für sie den sozialen Aufstieg, der ihm als Einwanderer in den eng verketteten und traditionsbewußten Rängen der gehobenen bernischen Gesellschaft verwehrt geblieben war. Seine Bemühungen erwiesen sich beim Erstgeborenen Christoph Albert über alle Maßen erfolgreich und haben auch bei den Söhnen Gustav und Ludwig Früchte getragen. Beide stiegen über erfolgreiche Kaufmannslaufbahnen in angesehene Positionen auf: der erstere und ältere wurde später Direktor der Kantonalbank in Bern, und der jüngste Sohn, Louis, stieg zum Regierungsrat und Ersten Sekretär des Eidgenössischen

Departements des Innern auf. Nur der unbeugsame Individualist Rudolf Friedrich tanzte gründlich aus der Reihe. Verschiedene versteckte Hinweise in seinem Tagebuch lassen vermuten, daß die angesehene Familie Kurz sich des öftern ihres ›schwarzen Schafes‹ geschämt haben muß; sie hat wohl dessen ›sturen‹ Idealismus, der sich weder in wirtschaftlichen noch sozialen Aufstieg ummünzen ließ, öfters kopfschüttelnd beklagt, bevor sie sich in die Unvermeidlichkeit schickte, einen unverheirateten und kinderlosen ›Künstler und Freund der Wilden‹ in ihrer Mitte zu haben. Und dennoch kümmerte man sich rührend um den ›verlorenen Sohn‹ in Zeiten der Not, etwa nach seiner Rückkehr auf dem Westen Amerikas, als der mittellose und ernsthaft erkrankte Maler 1852 im Elternhaus gesundgepflegt wurde. Seine berufliche Laufbahn ließ er sich aber vom strengen Vater nicht vorschreiben und war ebensowenig bereit, sich vom materialistischen Kaufmann mit einer Tochter aus der Familie des Tobias Hurter von Schaffhausen verheiraten zu lassen. Es dürften doch wohl neben der Liebe auch anderweitige Interessen maßgebend dafür gewesen sein, daß der älteste Sohn, Christoph Albert, im Jahre 1834 Maria Hurter heiratete, 10 Jahre später der Jüngste, Ludwig Friderich, sich mit Christina Caroline Hurter verehelichte, und 1853 Gustav eine dritte Hurter-Tochter, Julia Katharina Carolina, zur Frau nahm. Der Schock muß für diese enggeknüpfte Familie kein geringer gewesen sein, als sie von der ›Heirat‹ Rudolph Friedrichs mit einer Iowa-Indianerin in St. Joseph am Missouri erfuhr. Die kurze, nach Stammessitte geschlossene Ehe wurde in der Schweiz natürlich rechtlich nicht anerkannt; sie war aber eine so herbe Enttäuschung für den Künstler, daß dieser nach seiner Rückkehr nach Bern

Selbstbildnis mit Iowa-Frau Witthae vor der Eingangstüre zur ›City Hall‹. St. Joseph, 22. 3. 50. B., 16,2 × 19,8, KMB II/437.

Selbstbildnis. Umgebung von St. Joseph, 23. 3. 50. B., 16,2 × 19,8, KMB II/438.

(1852) nicht wieder geheiratet hat. Im Todesregister der städtischen Polizeidirektion 1871/1216 wird er ausdrücklich als kinderlos und ledigen Standes bezeichnet.

Schon früh zeigte Rudolf Friedrich, der wie seine Brüder die Ausbildung in der »grünen Schule«, wie das Progymnasium zu der Zeit in Bern genannt wurde, begann, Züge eines extremen Individualismus', eines eigenwilligen Selbständigkeitstriebes und einer fast völligen Ablehnung überlieferter Konventionen. Seine Kompromißlosigkeit äußerte sich in einem gegenüber Außen-

AVEC PERMISSION.

LES CHEFS, GUERRIERS ET FEMMES SAUVAGES DE LA TRIBU DES GRANDS OSAGES,

de l'Amérique septentrionale, habitans à l'ouest du Missouri et qui voyagent en Europe, sont arrivés dans cette ville, où ils ne resteront que très-peu de jours. Ils seront visibles dans leur salon tous les jours, jusqu'à l'instant de leur départ, depuis 9 heures du matin jusqu'à midi à l'abaye du Maure, et aujourd'hui 3 et demain 4 Juillet depuis 4 heures après midi jusqu'à 8 heures du soir, dans la grande Salle du Casino, où ils chanteront entre 7 et 8 heures un chant national, et l'un d'eux fera une harangue.

Ces Sauvages sont les mêmes qui ont été admis de présenter leurs hommages à Sa Majesté Charles X, Roi de France, et à Leurs Majestés le Roi et la Reine de Wirtemberg. Ils sont doué d'un naturel extrêmement doux et de beaucoup d'intelligence, il sont affables et très-reservés dans leurs manières et ont excités partout le plus vif intérêt et une grande curiosité. Les Dames pourront les visiter sans scrupule. Dans leur voyage en Europe ils ont été présentés aux princesses des principales cours, et appellés même dans les instituts tant pour la curiosité que pour l'instruction.

Les sociétés et les réunions, qui désiroient les recevoir, pourront s'adresser à leur conducteur qui se fera un plaisir de les y conduire, en prenant avant les arrangemens qui, en mettant à même de satisfaire la curiosité, concilieront aussi les intérêts de ses pupilles. Ils partiront samedi matin 5 Juillet.

Ils sont logés à l'abaye du Maure.

PRIX D'ADMISSION: Première Place 6 Batz. Seconde 4 Batz.

Die Wilden von dem Stamme der Osagen,

aus Nordamerika, die Westseite des Missourifußes bewohnend, welche Europa bereisen, sind hier angekommen, wo sie nur kurze Zeit verweilen werden. Bis zu ihrer Abreise werden sie jeden Tag, von 9 Uhr Morgens bis Mittags auf der Gesellschaft zum Mohren, und heute und morgen den 3. und 4. July von Abends 4 bis 8 Uhr, im großen Saal des Casino zu sehen seyn, wo sie zwischen 7 und 8 Uhr ihren Nationalgesang anstimmen werden und einer von ihnen eine Anrede halten wird.

Es sind diese Wilden dieselben denen es vergönnt wurde J. Majestäten dem Könige von Frankreich, Karl X, und dem König und der Königin von Würtemberg ihre Ehrerbietung zu bezeugen. Sie sind von äußerst sanftem Naturell und vieler Intelligenz, sehr freundlich und bescheiden in ihren Manieren, und haben überall eine große Neugierde und das lebhafteste Interesse erregt. Frauenzimmer können dieselben ohne das geringste Bedenken besuchen. Sie sind auf ihrer Reise selbst den Prinzessinnen der vornehmsten Höfe von Europa vorgestellt und in die meisten Erziehungsinstitute berufen worden.

Gesellschaften und Vereine, welche diese Wilden bey sich zu empfangen wünschen, belieben sich an ihren Begleiter zu wenden, welcher sie ihnen zuführen wird, nach vorher getroffenen Bedingungen, welche die leichtmöglichste Befriedigung der Neugierde mit dem Interesse seiner Pflegbefohlenen, vereinigen werden. Sie verreisen Samstag Morgens den 5. July.

Sie logieren auf E. E. Gesellschaft zum Mohren.

Eintittspreis: Erster Platz 6 Bz. Zweyter Platz 4 Bz.

Werbeplakat für die ›Vorstellung‹ einer Osagengruppe auf Europatournee, 1828 in Bern, (s. Abb. S. 17). Stadtbibliothek Bern.
Eine Gruppe von sechs Osagen wurde vom zwielichtigen französischen Schausteller und Kolonialfunktionär ›Oberst‹ David Delaunay nach Europa verfrachtet, wo sie im Sommer 1827 in Paris und am Hofe Charles X. vorerst »triumphale Erfolge« feierten. Über die Niederlande und Deutschland wurden sie 1828 in die Schweiz verschleppt und traten unter anderem im Juli auch in Bern auf. Nach dem Erlahmen des Publikumsinteresses geriet Delaunay in finanzielle Schwierigkeiten und ließ die Osagen im Stich. Diese konnten erst 1830 mit Mitteln aus einer »öffentlichen Sammlung« (!) nach Savannah (S. 62) und New York repatriiert werden (vgl. Th. Ruff, 1978).
In der ethnographischen Sammlung der Stadtbibliothek erhandelten sich die Osagen »... ein Degengehänge aus braunen schmalkantigen Steinchen verfertigt und darauf ›en mosaique‹ mit lateinischen Buchstaben und weißen Steinchen das Wort Ottawa. Ist den 5. Jul. 1828 mit Einwilligung des Präsidenten der Biblioth. Kam. an die hier anwesenden Osagen ... vertauscht worden.« (Thompson, 1977, S. 119). Als Gegenleistung ließen sie ein »Halsband aus Muschelschalen« und einen aus Wolle gewobenen Gürtel mit weißen Glasperlen (BHM Can. 56) zurück.

stehenden schroff wirkenden Wesen, welches sich durch die Einsamkeit und die Enttäuschungen während seines 6jährigen Aufenthaltes in den Vereinigten Staaten vertiefte und dem zeitweise vereinsamten Eigenbrötler den gesellschaftlichen Umgang erschwerte. Schon bald nach seinem Übertritt in die neugegründete städtische Realschule (Gymnasium) begannen die Schwierigkeiten, welche sich Kurz in seinem Unabhängigkeitsdrang und seinem oft ans Fanatische grenzenden Idealismus selbst einbrockte. Im kurzen aber verständnisvollen Nachruf von 1874 schildert der Theologe Prof. Eduard Müller, Präsident der Bernischen Kunstgesellschaft, den Charakter seines verstorbenen Künstlerkollegen folgendermaßen:»Die herkömmlichen Schulgeleise, die er durchlaufen sollte, schienen ihm zu enge; die Methode des lateinischen Unterrichts kam ihm als unerträgliche Zwangsjacke vor, und so bildete sich in ihm schon in den Knabenjahren ein fast leidenschaftlicher Oppositionsgeist aus gegen Alles, was ihm als traditionelle Konvenienz und leere Schablone erschien. ... Hier [an der Realschule] fesselte ihn besonders der Unterricht im Zeichnen, welcher durch [Nikolaus] Senn, einen der größten Meister dieses Fachs, erteilt wurde.« 12) Gegen das Ansinnen seines Vaters, über eine kaufmännische Ausbildung eine vielversprechende Karriere vorzubereiten, wehrte sich der junge Mann verzweifelt und hartnäkkig: »Seinem Wunsche, sich der Kunst zu widmen, wollten die Eltern anfänglich nicht entsprechen. Er entschloß sich nun, da er ein starker, kräftiger Bursche war, das Gerberhandwerk zu erlernen;« 13) Allerdings bereute er schon nach kurzer Zeit seinen voreiligen und von jugendlichem Trotz geprägten Entschluß und verließ die angefangene Lehre in der »Gerbe« im Mattenquartier. Er konnte in der Folge seinen Vater aber doch noch mit seiner verbissenen Entschlossenheit umstimmen, wie er in seiner Einleitung zum amerikanischen Reisetagebuch (Abb. S. 17) rückblickend beschreibt;

Omaha-Indianer mit Streitaxt. Belle Vue, 8. 6. 51. B.u.T., Ausschnitt ca. 14 × 25, BHM SB/96.

»Als ich nach vielen und harten Kämpfen endlich die elterliche Erlaubnis erhalten und als ich mich der Malerei widmen durfte, gewann jene Sehnsucht nur noch mehr an Kraft, denn mit ihr verband sich nun ein fester Plan: die Darstellung des Urwaldes, der wilden Thiere und des Indianers. Das romantische Leben der Indianer malerisch darzustellen, schien mir der Mühe wert, die vielfältigen Studien zu unternehmen.« 14)

Besonders die Lektüre von James Fenimore Coopers »Lederstrumpf« hatte neben der gängigen Abenteuerliteratur schon früh die Begeisterung des jungen Mannes für die Indianer geweckt. Möglicherweise hatte er im Juli 1828 als Zehnjähriger auch die drei Osagen, welche von einem zwielichtigen Schausteller mit anfänglich großem Erfolg in Europa herumgereicht und gegen Eintrittsgeld ›ausgestellt‹ wurden, bei ihrer Vorstellung im Zunfthaus zu Mohren in Bern gesehen (Abb. S. 11, 17). Auf jeden Fall durfte sich Kurz ab 1834 endlich der Kunst widmen und im Atelier des bekannten Künstlers und Lehrers Prof. Joseph Volmar in Bern im Zeichnen und Malen ausbilden lassen. Über diese frühen Lehrjahre sind keinerlei Informationen aufzufinden, und nur eine einzige Reminiszenz im späteren Reisetagebuch gibt uns den Hinweis, daß Kurz – wohl vor seiner Übersiedlung nach Paris 1838 – auch Militärdienst bei der Artillerie geleistet hatte (15).

Lehrjahre und Verzweiflung in Paris 1838–1842

Gegen Ende des Jahres 1838 übersiedelt Kurz in die Kunstmetropole Paris, wo er bis 1842 in den Ateliers verschiedener angesehener Künstler mit der ihm eigenen Verbissenheit Studien betreibt und beinahe pausenlos zeichnet und malt. Der bescheidene und besessene junge Mann fristet ein zurückgezogenes, fast mönchisch einsames Dasein und läßt sich von den Unterhaltungen und Vergnügungen der Lichterstadt nicht in Versuchung bringen. Er kümmert sich kaum um seine Künstlerkollegen und ihren oft feucht-fröhlichen Lebenswandel, ihre Diskussionen und Eskapaden. Zurückgezogen lebt er nur für seine Arbeit und versucht mit Gewalt und pausenlosem Einsatz, Fortschritte in seiner Kunst zu erzwingen. Daß dabei sein Wille, sein Idealismus und sein Hang zum Perfektionismus seine technischen und gestalterischen Fähigkeiten bei weitem übersteigen, stürzt den ungeduldigen und ruhelosen Mann oft in tiefste Depressionen und Zustände völliger Erschöpfung, die sich für ihn und sein Werk äußerst verhängnisvoll auswirken. Aus dieser frühen Zeit sind kaum Arbeiten erhalten geblieben; die Erklärung für diese Merkwürdigkeit eröffnet sich uns erst aus einer rückblickenden Tagebuch-Notiz vom 22. September 1851: während seines abenteuerlichen Aufenthaltes im winterlichen Grenzfort Union am oberen Missouri erinnert sich Kurz beim allabendlichen Nachführen seines Journales in einem der seltenen Momente von Zufriedenheit mit seinem Werk und sich selbst an die Studienzeit in Paris, und er bemerkt zur verderblichen Wirkung allzu intensiver und einseitiger künstlerischer Aktivität:

Alte bretonische Häuser, undatiert. B., Ausschnitt KMB A 6229/42.

»... [ich habe] stets gefunden, daß ich durch Ausruhen meiner verschiedenen Sinne, durch Abwechseln der Genres nur gewinne. Beständiges Malen stumpft den Farbensinn, unaufhörliches Zeichnen den Formensinn, anhaltendes Komponieren die Einbildungskraft ab, sowie beständiges Essen deswegen nicht mehr nährt, im Gegenteil den Magen verdirbt. ... Die erste Studienzeit in Paris hat mich für immer belehrt; acht Monate arbeitete ich im ersten Eifer von 7 Uhr morgens bis 10 Uhr nachts, bloß des Nachts, des Sonntags ausruhend. Das Resultat war, daß ich einige Zeit bedeutende Fortschritte machte, endlich aber meine Sinne so ermüdete, daß ich weder Farben, noch Formen, noch Proportionen mehr richtig sah, mir daher einbildete, ich würde nie etwas lernen, die Kunst aufgeben wollte, im Zorn meine sämtlichen Studien an einen Stein hängte und vom Pont de Iéna in die Seine warf! Solcher Katzenjammer begegnet jedem eifrigen Künstler zu Zeiten; es geht dann oft sehr lange, bis man sich wieder erholt; je tiefer der Schmerz, desto langsamer die Heilung. ... Aber jene weggeworfenen Studien sind ein großer Verlust, den ich stets bereue, obschon ich ihn jetzt bei den Indianern wieder eingeholt habe. Eine Lehre habe ich daraus gezogen, die mir unvergeßlich bleibt, eben weil der Schaden groß war, nämlich meine Sinne nicht zu ermüden, damit nicht wieder ein solcher Jammer über mich komme, von dem man sich so schwer erholt, wobei so viele Zeit verloren geht.« 16)

»le jour du pardon à la Feuillée«, 8. 9. 1839. T., Ausschnitt, KMB A 6229/36.

Nach diesem Vandalenakt am eigenen Werk, flüchtet Kurz tief niedergeschlagen aus Paris und unternimmt 1839 einen viermonatigen Ausflug nach Nordfrankreich in die Compiègne, die Bretagne und nach Le Havre, wo er sich langsam wieder erholt und recht zaghaft ein kleines Skizzenbuch, das glücklicherweise erhalten geblieben ist und heute im Kunstmuseum Bern aufbewahrt wird (17), mit Zeichnungen und Aquarellen zu füllen beginnt (Abb. S. 14, 18, 20). Parallel zum neu erwachten Schaffensdrang wächst auch die romantizistische Sehnsucht des zivilisationsüberdrüssigen Malers nach unverfälschter Natur, »nach der Stille und selbst nach den Gefahren des Urwaldes« und nach den Indianern, welche ihm als »edle Wilde« den »wilden Mannen« der Heraldiker, den Germanen bei Tacitus oder den Griechen der klassischen Antike noch am nächsten zu stehen schienen.

Obschon Kurz selbst in seinen Reminiszenzen keinen diesbezüglichen zeitlichen Zusammenhang schafft, scheint er den verzweifelten Entschluß zur Vernichtung seiner Studien nicht nur aus Erschöpfung gefaßt zu haben; vielmehr dürfte sein Zusammentreffen mit zwei bedeutenden Persönlichkeiten eine unerträgliche Situation heraufbeschworen haben, welcher sich der stürmische, aber unsichere junge Künstler nicht mehr gewachsen fühlte. Zeit seines Lebens hatte er sich Kritikern gegenüber reizbar gezeigt und Angriffe auf sein Werk und seine Lieblingstheorien kaum je ohne Ausbrüche verkraftet. Tragen wir also unsere Vermutungen an dieser Stelle zusammen:

700jähriges Haus in der Bretagne. 22. Aug. 1839. B., Ausschnitt, KMB A 6229/9.

Bretonische Küche, 19. Sept. (?) 1839. B., 22,8 × 14,5, KMB A 6229/41.

Im Januar trifft der 21jährige in Paris auf den gefeierten Naturwissenschaftler und Indianerkenner Baron Alexander von Humboldt, fühlt sich durch dessen Aufmerksamkeit geehrt und nimmt die ihm väterlich erteilten Ratschläge begeistert auf:

»[A. von Humboldt] riet mir Mexiko ganz besonders an, als meinem Zwecke vollständig entsprechend. Die erhabenen Cordilleras, der üppige Baumwuchs, die Cumanches, die Büffel usw. waren da beisammen, von keiner andern Zone übertroffen. In Brasilien und Surinam war zwar der Pflanzenwuchs reicher, aber dafür die Formen der Indianer und der wilden Tiere weniger edel, weniger mannigfaltig. Auch steht der Indianer Nordamerikas weit über seinem südlichen Bruder in Intelligenz und Tatkraft, weil er mit mehr Mühe seine Nahrung findet.« 18)

Abschied; St. Louis, 5. 4. 47. B., 29,8 × 22,4, KMB II/36.

Nachdem Kurz sich in seinem maßlosen Enthusiasmus für alles Indianische von einem so bedeutenden Zeitgenossen wie Baron von Humboldt bestätigt sah, wollte er so schnell als möglich nach Mexiko abreisen. Es fiel nun einem Landsmann und neun Jahre älteren Künstlerkollegen, dem schon zu jener Zeit als ›Indian-Bodmer‹ berühmten Karl Bodmer zu, seinem jungen Freund, welchen er in Paris schon des öftern mit seinen spannungsgeladenen Schilderungen aus dem Missourigebiet fasziniert hatte, von einer überstürzten Reise nach Amerika dringendst abzuraten. Karl Bodmer aus Zürich hatte vom Mai 1832 bis August 1834 den deutschen Naturforscher Maximilian Prinz zu Wied-Neuwied am Rhein als Illustrator auf seiner Expedition ins Missouri-Gebiet begleitet und durch seine damals aufsehenerregenden Panorama-Ansichten und vor allem durch die ab 1837 veröffentlichten Indianerbilder aus Amerika innert kürzester Zeit Weltruf erlangt (19); er wurde in Paris vom Publikum gefeiert und war mit Aufträgen überhäuft. Es ist daher kaum anzunehmen, daß der erfahrene und erfolgreiche Bodmer im völlig unbekannten Kollegen eine gefährliche Konkurrenz erblickte und ihn deshalb von seiner geplanten Reise abhalten wollte. Vielmehr erfaßte er mit geschultem Blick auf die Studien von Kurz wohl dessen Anstrengung, gleichzeitig aber auch die technischen und gestalterischen Schwächen. Kurz muß den Meister sehr geschätzt und geachtet haben, denn er, den sonst jegliche Kritik aufbrausen ließ, akzeptiert die gönnerhafte Autorität Bodmers und verwirft seine Reisepläne. Die gutgemeinten Ratschläge des Älteren hielten jedoch den kompromißlosen Kurz leider nicht nur wie erhofft von einem verfrühten und überstürzten Abenteuer ab, sondern stürzten den impulsiven Maler in tiefste – und von Bodmer sicherlich nicht beabsichtigte – Verzweiflung. Nun, da dem Verschlossenen die Augen geöffnet worden waren, fiel die eigene Beurteilung seiner Studien im Vergleich mit den imposanten Werken des Meisters wohl so verheerend aus, daß ihm nur noch die Vernichtung seiner Arbeiten und sogar der Verzicht auf eine künftige künstlerische Laufbahn – gewissermaßen als Sühne für die eigene Unzulänglichkeit als Maler – als einziger ›ehrenvoller‹ Ausweg offenstand. Mehr als zehn Jahre später, durch die überreiche Skizzenausbeute in Amerika vorübergehend im Selbstbewußtsein als Künstler bestärkt, bemerkt er dazu rückblickend (und wohl auch beschönigend seine äußerst heftige Reaktion herunterspielend) in der nachträglich verfaßten summarischen Einleitung zu seinem Reisetagebuch:

Loys Henri Delteil, Paris: Porträt des alten Karl Bodmer, Bleistiftskizze.

»... [Bodmer] stellte mir mit Recht vor, ich solle mich nicht übereilen, sondern zuerst im Zeichnen und Malen der Landschaft, der Thiere und Menschen so vorbereiten, daß mir das Technische durchaus keine Schwierigkeiten mehr darbiete und ich mit Leichtigkeit den eigenthümlichen Charakter der dortigen Natur auffassen und darstellen könne. Gewiß ist, daß, während man mit Mühe Zeichnung, Perspektive und Farbenmischung herauszubringen versucht, der Ausdruck des Gegenstandes unterdessen leidet; es braucht eben eine geübte Hand und ein geübtes Auge, um mit wenigen Linien oder Pinselstrichen den hervorstechenden Charakter eines Gegenstandes darzustellen, bei der Ausführung desselben stets mit Leichtigkeit wiederzufinden und beizubehalten. Bloße Skizzen konnten mir jedoch nicht genügen, sondern nur ausgeführte Studien. Wäre ich aber damals [1839!] sofort nach Mexiko, so hätte ich meine Studien vor dem Ausbruch des Krieges der Vereinigten Staaten mit Mexiko vollendet gehabt. Wie ich nun 1846 wieder reisefertig war, brach jener Krieg aus und ich mußte einen andern Weg einschlagen.« 20)

Doch greifen wir nicht zu weit vor! Kurz scheint sein Leben vor dem sehnlichst erhofften Aufbruch nach Amerika als so unwichtig eingeschätzt zu haben, daß er diesem Zeitabschnitt von den 294 engst beschriebenen Folio-Bögen seines Tagebuches nur gerade 2 Seiten widmete. Glücklicherweise liefern uns aber der spätere Text und einige nach seiner Rückkehr in Bern hinzugefügte Randbemerkungen doch noch vereinzelte Reminiszenzen über das Leben vor dem Amerika-Abenteuer.

Auf den Rat Bodmers kehrt der junge Maler, durch den Ausflug in die Bretagne von seiner Verzweiflung weitgehend befreit, nach Paris zurück, wo er mit neuem Fleiß und Hingabe sein Handwerk zu perfektionieren versucht. Offensichtlich wird er dabei ruhiger und gesetzter und scheint sich sogar mit der Zeit noch einer gutbürgerlichen Laufbahn, sicher zur Freude seiner Familie, zuwenden zu wollen. Trotz äußerster Sparsamkeit geht sein Geld allmählich zur Neige; Kurz verdrängt seine Reisepläne und Sehnsüchte und kehrt 1842 in die Schweiz zurück.

Das aufgeschlagene Tagebuch (Format 23 × 37 cm) von R. F. Kurz mit der ledernen Schutzhülle für Journal und Skizzenbuch (Abb. S. 59). BHM.

Louis-Leopold Boilly (1761–1845). Bildnis dreier Osagen (Kishagashugah, Minckchatahooh und Grétomih) für die Sammlung »Recueil des grimaces«. Das Bild wurde als Werbeplakat verwendet (vgl. S. 11) und ein Exemplar aus der Völkerkundesammlung im BHM ist mit einem Zettel und folgender Mitteilung versehen: »Diese drey Personen sind mit einem Franzosen bey mir in der Wirtschaft zum Kreüz im Juli 1828 acht Tage logiert, haben sich gegen Bezahlung sehen lassen und haben in diesem Aufzug dem Abendessen an der Tauffi von meinem Sohn Willhelm, mit unserer Familie beigewohnt. Joh. Knechtenhofer.« Lithographie von Delpech, Paris 1827, 24 × 32, BHM.

Brücke und Felsformation in der Bretagne, undatiert (1839). Aq., 22,8 × 14,5, KMB A 6229/20 (Rückseite).

Häuserzeile in Morlaix, Bretagne, 22. Aug. 1839. Aq., 22,8 × 14,5, KMB A 6229/11.

Der junge Zeichenlehrer in der ›Armenschule von Hofwyl‹

Für einmal scheint dem angehenden Künstler das Glück hold zu sein, und er darf eine Stellung als Zeichnungslehrer an der Realschule des berühmten, aber umstrittenen Erziehungsinstitutes und Lehrerseminars Hofwyl unter Emmanuel von Fellenberg antreten. Der frischgebackene Lehrer bringt der sogenannten ›Armenschule‹ und den sozial fortschrittlichen Ideen des energischen und als autoritär verschrieenen ›Genies von Hofwyl‹ große Achtung entgegen und erinnert sich stets dankbar der Anregungen des unbeugsamen Erziehers. Unglücklicherweise stirbt von Fellenberg am 21. November 1844; sein Sohn und Nachfolger Wilhelm und die begeisterte Lehrerschaft haben aber weder die Kraft noch das Durchsetzungsvermögen, ihre »... höhere, rein pädagogische und philanthropische Aufgabe als die allein des Stifters würdige fest[zu] halten ...« 21). Im von den andern Mitgliedern der Familie angelegten Prokrustesbett finanzieller Rentabilität und konfessioneller Restriktionen kränkelt die sozial engagierte Institution: »Schon zu Ostern 1846 wurde die kurz vorher noch blühende Realschule aufgelöst, deren Schülerzahl, wohl nicht ohne Schuld des gleichmäßig für Arme und Begüterte festgestellten und erhöhten Kost- und Lehrgeldes und der sich sofort anschließenden Verminderung der Lehrkräfte, seit einiger Zeit zu sinken angefangen hatte ...« 22). Das vorübergehende Scheitern der fortschrittlichen und von Kurz bewunderten Institution war wohl so richtig dazu angetan, dem nun arbeitslos gewordenen Maler eine Fortsetzung seiner ›bürgerlichen Karriere‹ und sogar den Aufenthalt in der von ihm als korrupt, überzivilisiert und einengend empfundenen Schweiz endgültig zu verleiden, ihm, der in der Einleitung zu einem unveröffentlichten Essay über die Iowa-Indianer (s. S. 36f.) geschrieben hatte:

»Ich sehnte mich in die Fremde, wo ich nicht als Mitbürger in den Strudel politischer Leidenschaften gezogen würde. Ich sehnte mich in die Stille des Urwaldes, wo keine Bettelei den Genuß der schönen Natur verdirbt, wo weder der Bauer regiert, noch der Reiche auf seinem Gelde hockt, um vornehm zu faulenzen; wo man bloß dann zur Geltung gelangt, wenn man in Politik »macht« und durch dick und dünn mit der einen oder andern Partei geht; ich sehnte mich selbst nach den Gefahren des Urwaldes, die jedenfalls romantischer, männlicher sind als Kämpfe mit ekelhaften Geldverlegenheiten« 23).

Kein Wunder, daß dieser idealistische Mann mit seinen politisch, sozial und wirtschaftlich im Aufstieg begriffenen Brüdern recht wenig Gemeinsamkeit fühlte. Die herbe Enttäuschung in Hofwyl einerseits und die wachsende innenpolitische Spannung in der Schweiz andrerseits – der Bürgerkrieg wurde im November 1847 durch die von der eidgenössischen Tagsatzung bestimmte Auflösung des Sonderbundes mit Waffengewalt ausgelöst – - veranlaßten Kurz, seinen glühenden Jugendtraum wieder aufleben zu lassen:

»Urwald und Indianer hatten von frühester Jugend an einen unbeschreiblichen Reiz für mich: Robinsonaden, Romane von Cooper nährten und erhitzten meine Fantasie, gaben aber auch die Veranlassung zu soliden geographischen und geschichtlichen Studien des neuen Weltheiles« 24),

schreibt er rückblickend in der Einleitung zum Essay über die Iowa-Indianer. Vergeblich versucht der Arbeitslose durch die Teilnahme an der vielbeachteten großen Ausstellung des schweizerischen Kunstvereins von 1846 vom Verkauf seiner Werke als freier Künstler zu leben. Diese Einsicht läßt ihn seine Reisepläne vorantreiben, und noch im Herbst des gleichen Jahres sind die Vorbereitungen für einen längeren Aufenthalt in der Neuen Welt abgeschlossen. Die lakonischen Tagebuch-Eintragungen (für 1846 nur gerade e i n e Folioseite mit unzähligen Randbemerkungen!) lassen die Aufbruchbereitschaft des Künstlers und seine Sehnsucht nach dem ›Indianerland‹ bildlich werden, und sie verraten uns auch, daß Kurz von Bern aus direkt nach Le Havre gereist ist, ohne in Paris zu verweilen. Die Vermutung seines Neffen und ersten ›Biographen‹ Emil Kurz, daß er schon nach dem Tod von Fellenbergs im Herbst 1844 Hofwyl verlassen und sich erneut nach Paris abgesetzt habe, trifft also nicht zu (25). Kurz schreibt unter der als Überschrift gesetzten Jahrzahl »1846« auf Seite 3 seines Tagebuches:

Hidatsa-Indianer mit Fächer aus Adlerflügel und bemalter Bisonrobe. Fort Berthold, 2. 8. 51. B.u.T., Ausschnitt ca. 12 × 22, BHM SB/98.

»Im Herbst des Jahres 1846 glaubte ich nun hinlänglich vorbereitet zu sein um meinen Zweck mit Erfolg erreichen zu können; längeres Zögern schien mir überflüssig.«

Und in einer chaotischen, zu einem andern Zeitpunkt hinzugesetzten Randbemerkung, die offensichtlich zwei durchgestrichene und unleserliche Zeilen ersetzen soll:

Postboot ›Le Morlaisien‹. Bei Morlaix, 21. Aug. 1839. B., 22,8 × 14,5, KMB A 6229/6.

»Ich verließ Bern gerne wegen der sehr aufgeregten Zeit, nahm in Havre, ohne mich unterwegs aufzuhalten, da ich Paris von früher durch einen 3jährigen Aufenthalt kannte, das Packet Tallahasee, Capt. Stoddard.« 26).

Aufbruch ins Indianerland: New Orleans und St. Louis 1846–1848

Auswanderer unter den Rettungsbooten des ›packetboats Tallahassee‹. Dez. 1846. B.u.T., 22,4 × 14,8, KMB I/3.

»Die Reise verlief ziemlich glücklich von statten; ich litt zwar die ganze Zeit an der Seekrankheit, war aber darauf vorbereitet; unangenehmer war mir aber die Menge gemischter Auswanderer mit denen ich so lange aushalten mußte. Die ekligen Szenen, die ich da mitanzuschauen gezwungen war, empören noch jetzt meinen Magen.« 27).

Welche Ironie des Schicksals: Kurz flüchtet aus der Schweiz vor dem drohenden Bürgerkrieg und schifft sich auf einem Postdampfer für die 30tätige Überfahrt nach Amerika ein, um von New Orleans aus nach Mexiko zu reisen, obschon er vom Ausbruch des amerikanisch-mexikanischen Krieges erfahren hatte! Es scheint, daß er (trotz der nationalistischen amerikanischen Propaganda über die angebliche mexikanische Aggression) den Konflikt als moralisch verwerflichen Eroberungsfeldzug der mexikanischen Armee aber unterschätzt und daher zu Unrecht mit einer baldigen Beendigung der Auseinandersetzung gerechnet hatte:

»... der kaum ausgebrochene Krieg der Vereinigten Staaten mit Mexiko hielt mich nicht ab, meinen Weg nach New Orleans einzuschlagen, in der Erwartung, Mexiko werde nachgeben, sobald Gen. Taylor die bestrittene Grenze, nämlich den Rio Grande, besetzt halte. Bei meiner Ankunft den 24. Dezember in New Orleans zeigte es sich aber deutlich, daß Polk's Pläne weitergingen, und für mich einstweilen keine Aussicht vorhanden sei auf einem Kriegstheater gemüthlich zu zeichnen. Ich hätte mich für die eine oder andere Partei erklären und mit ihr in die Reihen treten müssen oder es wagen, von beiden Seiten als Spion behandelt zu werden. Ich fühlte weder für Mexiko noch für Uncle Sam Sympathie genug, mein Leben in die Schanze zu schlagen und meinen Zweck nur halb zu erreichen.« 28).

Nach der einmonatigen Überfahrt langt der Maler am Heiligen Abend des Jahres 1846 mit dem von europäischen Immigranten aus verschiedenen Nationen überfüllten Postboot ›Tallahassee‹ in New Orleans an und stürzt sich schon am Weihnachtstag in den langersehnten winterlichen Urwald, welcher ihm als botanisches Wunder gleich wichtig und interessant zu sein scheint wie Indianer und Bisons. Daß er sich auf die amerikanische Pflanzenwelt schon in Europa durch das Studium naturwissenschaftlicher Publikationen vorbereitet hatte, geht aus seinen recht genauen und ausführlichen Beobachtungen hervor:

»Am Weihnachtstage betrat ich zum ersten Male den amerikanischen Urwald. Da es Winterszeit war, durft' ich nicht die Üppigkeit erwarten, wie sie sich in der warmen Jahreszeit zeigt. Der ausgedehnte Cypressenwald hinter der Stadt gegen Lake Pontchartrain hatte aber doch ein ganz fremdartiges Aussehen für mich. Da es daselbst sehr sumpfig ist (daher auch höchst ungesund) so wachsen meistens Cypressen und Wassereichen, die alle mit dem spanischen Moose (Tillantsea usnezoides) behangen sind, das jetzt entblättert wie die Bäume sind, ihre einzige Zierde ausmacht. Die häufigste Schlingpflanze war die Brombeere.« 29)

»Louisiana, am 25. 12. 46«. T.lav., 42,2 × 34,1, GKS/KMB A 465.

Aus Randbemerkungen und Nachträgen im Tagebuch können wir entnehmen, daß Kurz sein Manuskript des öftern in Amerika, aber auch noch nach seiner Rückkehr in die Heimat durchgelesen und mit zahlreichen, leider nur selten datierten Ergänzungen versehen hat. Die letzten dieser Notizen wurden im Jahre 1856, rund vier Jahre nach der Heimreise angebracht; danach scheint die Hoffnung, den Text des Tagebuches doch noch eines Tages für die geplante »Indianergalerie« verwerten zu können, beim enttäuschten Maler endgültig erloschen zu sein. Zum Stellenwert seines Tagebuches schreibt Kurz selbst (s. auch S. 34, 36. 90):

»Was nun den Inhalt meines Tagebuches betrifft, so wird man darin keine wissenschaftliche Beschreibung der von mir studirten Natur finden; dafür haben gründliche Gelehrte, wie Audubon, Prinz Neuwied und andere trefflich gesorgt; dafür sind meine bildlichen Darstellungen ausführlicher und richtiger, insofern als zugleich bei den Thieren das von ihnen bevorzugte Terrain, und die Indianer nicht nur im Staatsanzuge, sondern auch im Alltagsleben dargestellt sind. Da die Malerei bloß einen Moment einer Handlung darstellen kann, da ferner viele Gedanken, Beschreibungen von Sitten und Gebräuchen usw. sehr interessant sein können, ohne malerisch zu sein, so wird eine Beschreibung der ganzen Handlung nicht überflüssig sein. Dafür soll ein Gemälde ein vollständigeres, anschaulicheres Bild geben, als die ausgesuchteste Beschreibung in Worten.

Die Hauptaufgabe dieses Werkes ist die getreue Darstellung des Indianers in seiner romantischen Lebensweise, der größeren Pelzthiere, des Urwaldes und der Prairie nach eigener Anschauung. Die Bilder sollen naturgetreu, aber malerisch aufgefaßt und ästhetisch ausgeführt sein; sie sollen den Naturhistoriker sowohl, als den Künstler befriedigen, die Kenntnisse des Laien erweitern und seinen Geschmack ausbilden helfen.« 30)

An diese eigenen strengen Richtlinien hat sich der Maler weitgehendst gehalten, auch wenn er des öftern mit der Unvereinbarkeit von naturgetreuer Wiedergabe und ästhetisierender, »malerisch-wirksamer« Komposition schwer zu kämpfen hatte und in seinen später in Bern gemalten Bildern manchen Kompromiß schloß; während diese konstruiert wirkenden Aquarelle und Ölgemälde oft schwerfällig und gelegentlich dramatisch überhöht erscheinen, gehören die vielen noch erhaltenen, lebhaften Originalskizzen und naturgetreuen Feldstudien mit zu den zuverlässigsten ethnographisch-historischen Bild-Dokumentationen über das Leben von Indianern und Weißen im Missouri-Mississippigebiet in der Mitte des 19. Jhs.

Siedlerfamilie mit Planwagen in St. Louis. Die Skizze wurde von Kurz irrtümlicherweise auf den 22. 1. 46 datiert. Da er aber zu dieser Zeit in Bern weilte, ist anzunehmen, daß er die reizvolle Szene kurz nach seiner Ankunft in St. Louis im Januar 1847 gezeichnet hat. B., 30,5 × 23,2, KMB I/2.

Bezeichnenderweise gefällt aber dem Einzelgänger Kurz das turbulente, von unzähligen anderen Reisenden wegen seiner Vergnügungen und des lebhaften, südlich-kreolischen Charakters beschwärmte New Orleans nicht, und er sucht bald nach einer Möglichkeit zur Weiterreise. Aber erst in einem zu späterer Zeit dem Tagebuch beigefügten »Nachtrag 1. a. Seite 3.I.« enthüllt der hier fast ängstlich wirkende, sensible Maler mit seinem ausgeprägten Gerechtigkeitssinn die wahren Gründe seiner überstürzten Weiterreise:

»Ich blieb eine ganze Woche in New Orleans, sowohl um mich von der Seekrankheit zu erholen, als auch den Urwald in der Nähe zu zeichnen, und meinen zukünftigen Plan festzustellen. . . . Die Umgegend von N.O., obschon interessant genug mit seinen Cypressenwäldern, spanischem Moose, und niederen Fächerpalmen, schien mir zu ungesund. Die Temperatur wechselte jeden Augenblick auf das Empfindlichste. Was mir aber am Meisten mißfiel, war der öffentliche Verkauf von Sklaven; ich wurde so mit Ekel gegen die Stadt erfüllt, daß ich nicht einmal versuchen wollte, ob ich vielleicht den Winter über mich mit meiner Kunst durchbringen könnte. Es trieb mich fort; vorerst nach St. Louis; von da aus blieb mir der Weg nach Mexiko offen über die Prairies, nach Santa Fé, oder über Fort Laramie nach Californien oder den Missouri hinauf zu den Sioux, Crows etc. oder endlich den Mississippi hinauf nach den Chippewäs, Winnebagos etc. . . . Ich hatte große Lust nach Texas zu gehen und mich da einstweilen aufzuhalten, bis der Krieg vorüber wäre; doch wurde mir von meinem Freunde L. V. sehr davon abgeraten, wegen der vielen Taugenichtse (rowdies) die das Land unsicher machten, und weil es zugleich noch das Kriegstheater war.« 31)

Skizzen des Missouriufers zwischen Belle Vue und Fort Berthold, Juni 1851. B.u.T., Ausschnitt BHM SB/38.

Nach anfänglichem Zögern – die Hoffnung, unerforschtes und künstlerisch noch nicht bearbeitetes Neuland zu finden, muß beim Künstler verständlicherweise doch recht groß gewesen sein – entschließt sich Kurz dennoch, den bekannten Spuren des Prinzen Maximilian und Karl Bodmers zu folgen und ebenfalls den Mississippi aufwärts nach Norden vorzustoßen:

»Am Neujahrstage 1847 verließ ich daher auf der Amaranth die ungesunde Stadt New Orleans, um den Mississippi hinauf nach St. Louis zu gelangen. . . . Von Tag zu Tag wurde es kälter und die Landschaft winterlicher. Cypressen, Pomeranzenbäume und das spanische Moos wurden immer seltener; der trübe Strom unterhalb Cairo, der Mündung des Ohio, ist so breit, seine Ufer meistens so flach, daß man wenig malerische Parthien vom Boote aus sieht. . . . Oberhalb Cairo fanden wir die Landschaft mit Schnee bedeckt, den Strom theilweise zugefroren, so daß bloß die eigentliche Strömung Fahrwasser hatte. Aber auch dieser Kanal ward immer beschwerlicher durch das Zunehmen des Treibeises, das sich am Kiele mit großem Geräusche die Seiten rieb und trotzig unter die Schaufelräder tauchte, dann wieder tanzend und gurgelnd aus den Wirbeln hervortauchte.« 32)

Am 12. Januar bleibt die ›Amaranth‹ bei Devils Hole im Staate Illinois im Treibeis stecken, was den Kapitän prompt veranlaßt, bei zwei kläglichen Mahlzeiten am Tag, einen Dollar zusätzlich zu verlangen. Der nicht gerade begüterte Maler vertreibt sich die Wartezeit knietief im Schnee des Uferwaldes watend und sinniert:

». . . doch ärgerte mich die Extraausgabe, da meine Geldmittel nicht Schritt halten konnten, mit meinem persönlichen Muthe und Ausdauer. Angriffen auf die Börse ist nicht zu trotzen; ich betrachte sie daher für die fatalsten Abentheuer.« 33)

Trotzdem ist Kurz des Lobes voll für die amerikanischen Schaufelraddampfer, die er als sehr bequem und zudem 5mal billiger als die weniger luxuriösen europäischen Schiffe bezeichnet: unter günstigen Bedingungen konnte man in der Regel für einen Dollar 100 Meilen weit fahren, bei drei täglichen Mahlzeiten und einem erträglichen Bett. Diesmal lassen aber die »höheren Mächte der Natur«, für die der Kapitän keine Verantwortung übernimmt, alle Bemühungen, das Eis zu brechen, erfolglos bleiben, und der sinkende Wasserstand läßt den Dampfer sogar auflaufen. Erst nach sechs Tagen gelingt es endlich, mit komplizierten Steuermanövern die ›Amaranth‹ wieder flottzumachen, und am 17. Januar erblickt Kurz die Turmspitze des Gerichtsgebäudes von St. Louis. Diese blühende Handels- und Grenzstadt, Hauptsitz der großen Pelzhandelsgesellschaften und wichtigster Umschlagplatz für die Produkte von Indianern, Trappern und Pelzhändlern des Nordens und Westens einerseits und die Erzeugnisse aus den zivilisierten Oststaaten und Europa andrerseits, gefällt dem Maler auf Anhieb. Er befreundet sich mit Landsleuten und sucht in der abwechslungsreichen Stadt, welche am 15. Januar 1847 ihren 83. Geburtstag feiert, eine seinen künstlerischen Fähigkeiten und Ambitionen entsprechende, vorübergehende Anstellung. Noch gibt er sich anspruchsvoll und zuversichtlich und bemerkt mit trockenem Humor, aber auch schon mit leiser Ironie:

»Verdienst als Künstler fand ich aber nirgend, die Daguerrotyppen verdrängten den Portraitmaler gänzlich, die Lithographen hatten bloß Drucker, aber keine Zeichner nothwendig, für Mädchenakademien hätt' ich verheirathet, fürs Knabenkollegium katholisch sein müssen. Hingegen als Flachmaler wäre ein gutes Auskommen gewesen, mir schwindelte aber hoch an Häusern und Dampfbooten zu hängen, entweder von der Sonne verbrannt oder vom Sturmwind geschaukelt zu werden. Wäre mein Hauptzweck wirklich Niederlassung in St. Louis gewesen, so hätte ich mir als Dekorationsmaler ein ordentliches Auskommen verschaffen können. Die Indianer, deren ich schon mehrere gesehen, zogen mich aber mehr an, als Geschäfte zu machen; ich fand bald daß ich zu schwärmerisch, zu wenig praktisch für das junge Land war, um als Geschäftsmann meinen Weg zu machen, so gut ich sonst mit Sprachen und Kenntnissen ausgerüstet war. Mir fehlte auch das sogenannte Sitzleder, ich wollte jetzt reisen, Urwald, Büffel und Indianer studiren.« 34)

Obschon ihm St. Louis vorläufig recht gut gefällt, scheint die Ruhelosigkeit, die Sehnsucht des Malers nach unberührtem ›Indianerland‹ wie auch seine Zivilisationsmüdigkeit in seinen Notizen deutlich auf. Kurz hätte sich zu der Zeit auch kaum träumen lassen, daß er erst mehr als vier Jahre später, im Juli 1851, etappenweise über Council Bluff, Fort Pierre und Fort Berthold nach Fort Union am oberen Missouri in ›unzivilisiertes‹ Indianergebiet vorstoßen sollte. Nicht ohne Grund sind deshalb drei Viertel seines umfangreichen Reisetagebuches der kurzen aber abenteuerlichen Zeit im hohen Norden der USA gewidmet, während die vorangehenden Jahre in St. Louis und St. Joseph dem Künstler als für ein allgemeines Publikum in Europa zu wenig interessant erschienen und daher nur summarisch – von wenigen episodenhaften Erzählungen abgesehen – schriftlich festgehalten wurden. In St. Louis spielt Kurz mit dem Gedanken, sich nach der Eisschmelze und dem Schiffbarwerden der Flüsse als Angestellter (clerk) einer der Pelzhandelsgesellschaften anheuern zu lassen und nach Norden vorzustoßen. Der rastlose Mann verbringt die Wartezeit aber nicht untätig und erlebt mit Begeisterung das frühlingshafte Erwachen des Urwaldes an den Ufern der Mississippi. Besonders die wild-romantische Pracht eines verborgenen kleinen Waldbaches, des Cahokia-Creek, zieht den Maler magisch an und veranlaßt ihn zu einer Überfülle unterschiedlichster Skizzen und Zeichnungen. Viele dieser Vegetations-und Landschaftsstudien werden ihm später in Bern als Hintergrund für größere Kompositionen und Phantasiebilder dienen (Abb. S. 29, 31, 69, 100, 126).

»White Willow. Cahok. R. 7. 7. 52«. Diese Landschaftsstudie am Cahokia Creek, welcher seinen Namen von der gleichnamigen größten Stadt der Mississippi-Indianer in der Gegend des heutigen East St. Louis bezog (vgl. S. 128), fertigte Kurz erst nach seiner Rückkehr von Fort Union, Montana, während seiner Rekonvaleszenz im Sommer 1852 an. B.u.T.lav., 38 × 27, KMB II/119.

Am 24. März 1847 lädt ihn der angesehene Schweizer Kaufmann Alfred Michel, welcher nach kurzer Zeit zum Freund und Gönner geworden war, zu einer Geschäftsreise mississippiaufwärts in die bedrängte Mormonenstadt Nauvoo im Staate Illinois ein:

»Bei der Erwähnung seines [Michels] werthen Namens kann ich nicht anders als auch öffentlich ihm für seine vielen Freundschaftsdienste zu danken. Wir fuhren auf dem Crackboat »Tempest« den Mississippi hinauf nach Keokuk, einer kleinen Stadt an den untern Stromschnellen (lower Rapids), machten einen Umweg zu Land nach Montrose, wo wir viele malerische Gruppen von Movers (eingeborene Auswanderer) am Des Moines gelagert fanden. Ein skiff brachte uns nach Nauvoo hinüber, dessen Tempel von einer bedeutenden Weite gesehen werden konnte. Nauvoo ist bekannt durch den Kampf der Mormonen mit den Suckers,

(Bewohner vom Illinoisstaate), wobei jene nach tapferer Gegenwehr ihre Häuser, angebautes Land, ja den Staat selbst räumen mußten. Sie zogen von da an den obern Missuri im Iowastaate, wo sie bald eine blühende Stadt (Kanesville) gründeten. Dies ist nun ihr Sammelplatz bevor sie nach dem Salzsee, dem jetzigen Staate Utah, wandern.« 35)

Das Schicksal der Mormonen hat den in religösen Belangen außergewöhnlich toleranten Maler sehr beschäftigt. Obschon er weit davon entfernt ist, das Buch Mormon (1830 erschienen) – welches er mit dem Buch der Könige und Richter des Alten Testamentes vergleicht – und die vom ersten Propheten Joseph Smith angeblich gefundenen goldenen Tafeln mit der Geschichte der verlorenen Stämme Israels für die einzige Wahrheit zu halten, entsetzt er sich über die von äußerster »politischer Gehässigkeit und Verleumdungen übelster Art« begleitete Vertreibung der Andersgläubigen und läßt sich in Anmerkungen zu radikalsten Äußerungen, in die auch seine Wut über die politischen Zustände in der Heimat mit einbezogen werden, hinreißen:

»Leider ist diese feige Sitte in öffentl. Blättern zu verläumden auch bei uns eingerissen, und selbst von solchen Leuten deren Beruf es ist Eintracht zu säen. Da thut Judge Lynch gut.«

Darüber, ob nun die Indianer Amerikas von den Israeliten abstammen oder nicht, wie dies das Buch Mormon behauptet, läßt er sich nicht weiter aus; er findet auch die »alttestamentarische Vielweiberei« der frühen Mormonen wenig anstößig, ereifert sich aber um so mehr über das unmoralische Verhalten ihrer Führer. Während er ihr Heiliges Buch für recht unschuldig hält, schimpft er in seinem Tagebuch über die Mormonen-Ältesten dermaßen, daß sich der Herausgeber der amerikanischen Übersetzung des Tagebuches (1937) veranlaßt sah, gewisse diesbezügliche Passagen wegzulassen! 36)

Bei aller Kritik verfällt der Maler jedoch zu keiner Zeit der beinahe hysterischen Verteufelung der Mormonen durch viele Amerikaner. Trotz seines tief verwurzelten Widerwillens gegen religiöse Sektiererei, heuchlerische Frömmigkeit und blinden Glauben weist er in seinen Tagebuchpassagen Berichte von sexuellen Mißbräuchen deutlich als Gerüchte und »Hörensagen« aus. Er bewundert die Tüchtigkeit der fleißigen Verfolgten und ist von der eigenwilligen Architektur des 1846 eingeäscherten Tempels von Nauvoo beeindruckt. Zu seinem Leidwesen sind aber die Skizzen dieses »einzigen Bauwerks in den Ver. Staaten von selbständigem Style« verlorengegangen. Überdauert haben dagegen seine herrlich prägnanten, aber keineswegs vorurteilslosen Randbemerkungen über Land und Leute:

»Wozu dient nicht die Religion zum Deckmantel! . . . Ich habe später öfters in Savannah einem ihrer ausgezeichneten Prediger [der Mormonen] zugehört, der mich wirklich erbaut hat. Besonders gefielen mir ihre Chorgesänge, die im Westen der Ver. Staaten höchst selten sind, denn der gemeine Amerikaner hat keine singende Natur, wie Deutsche und Franzosen; wenn man im Westen singen hört, sind es gewöhnlich Neger. Der Amerikaner singt selten etwas anderes als Psalmen und Zotenlieder. In Savannah kamen die Mormonen jede Woche einen Abend zusammen bloß um sich im Singen zu üben; das Zuhören war für mich jedesmal eine wahre Labung.« 37)

Auch später in St. Joseph und vor allem bei Belle Vue / Council Bluff (s. Seite 64) an der Mündung des Platte Rivers in den Missouri, sollte Kurz noch öfters auf Mormonen-Karawanen treffen. Die Verfolgten hatten sich aus dem zerstörten Nauvoo über den Mississippi in das 1846 zum Bundesstaat erhobene Iowa-Territorium geflüchtet, und sie sammelten sich in größeren Abständen in Council Bluff, um – zuerst mit Planwagen und ab 1856 mit ihren berühmten zweirädrigen Handkarren – auf dem vom Propheten Brigham Young und seinen Pionieren 1847 sorgfältig gelegten ›Mormon-Trail‹ in ihr verheißenes Land, eine ausgedörrte und menschenleere Salzwüste im Tal des großen Salzsees im späteren Staate Utah auszuwandern. Die ehrliche Begeisterung des Malers für die Tüchtigkeit »der Heiligen der letzten Tage« ist denn auch keineswegs aus der Luft gegriffen, sondern widerspiegelt die gute Beobachtungsgabe von Kurz. Es ist ihm nicht entgangen, daß die Mormonenkarawanen für ihren historischen Treck besser ausgerüstet und vorbereitet waren als etwa die Teilnehmer anderer epischer Migrationen dieser Zeit, welche er als Krämer und Kneipier in St. Joseph recht gut kennenlernen sollte; die chaotischen Goldsucher auf ihrem Weg nach Kalifornien und die zusammengewürfelte Schar der Oregonemigranten (s. Seite 47 und 50). Auch ist das Aufblühen von Salt Lake City mit seinen kunstvollen Bewässerungssystemen unzweifelhaft mit zu den größten kolonisatorischen Leistungen in Amerika zu zählen. 38)

Jäger und Pelzhändler in St. Louis, 20. 3. 47. B.aq., 30 × 22,5, KMB I/12.

Als »Spring Camp of the Indians« oder »Iowa Tribe at Foot of the Black Snake Hills on the Missouri« bezeichnetes, undatiertes Aquarell, 35,6 × 50,8. Th. Gilcrease Institute 0226.135.2. Das Bild dürfte aus verschiedenen Einzelskizzen von Iowa-, Potawatomi- und Oto-Indianern aus der Zeit in St. Joseph zusammengesetzt und erst in Bern aquarelliert und vollendet worden sein (vgl. Text S. 46 und Abb. S. 112).

◁◁ Iowa-Indianer. St. Joseph. Öl auf Leinwand, Bern, 1856, signiert Fred. Kurz. Privatbesitz. Eines der seltenen Ölbilder von Kurz, vermutlich zwischen 1852 und 1856 in Bern nach Skizzen gemalt, welche bei den ›Pachotschie‹-Indianern von St. Joseph (s. S. 49–61) anfertigt wurden. Die Indianerin links trägt die von Kurz für seine Iowa-Frau Witthae beschriebene Kleidung (S. 57/58).

Capt. Hudson und Major Mitchell, Indianeragenten der US-Regierung in St. Louis, 10. 8. 47. B.aq., 24,7 × 20,4, KMB II/49.

»Cahokia-River, 6. 7. 52«, unvollendetes Aquarell (vgl. Abb. S. 25), kurz vor der Rückreise nach Europa gemalt. St. Louis, KMB III/116 (s. S. 115).

Schmetterlinge. St. Louis, 27. 7. 47. Aq., 25,3 × 17, KMB A 3081.

Exotische Blumen, St. Louis, 6. 8. 47. Aq., 31,8 × 25,3, KMB A 3092.

Mit dem Dampfer ›Laclede‹, neben der ›Tempest‹ eines der schnellsten und komfortabelsten Boote des oberen Missouri, kehren Alfred Michel und Fred. Kurz – wie er sich den Landessitten gemäß zu nennen und seine Bilder zu signieren begonnen hatte – im April nach St. Louis zurück, wo es den Maler unwiderstehlich an seinen geliebten ›Cahokia-Creek‹ zieht. Dort malt er im nun üppig begrünten Urwald nach den tristen winterlichen Studien die ganze Fülle der malerischen Waldpartien und gelegentlich einen Virgina-Hirsch, der sich im stillen Wasser spiegelt:

»Der Sonnenuntergang im Urwalde«. Holzschnitt von Xylograph R. Buri nach Vorlage von R. F. Kurz, 18,8 × 14,4. ›Die Schweiz‹, III, Bern, 1860 (vgl. S. 120 und Abb. S. 121).

»Eschen, Ulmen, Pappeln, Platanen, Weiden, Nußbäume, Locust, Maples, Persimmon etc. hängen oder ragen mit ihren Schmarotzern über seinen glatten Spiegel. Was den Urwald auszeichnet, sind die wuchernden Schlingpflanzen und die abgestorbenen Bäume. Tod und Leben, Üppigkeit und Fäulnis, Wucher und Freigebigkeit, Stolz und Verfall begegnen dem Wanderer bei jedem Tritt; sein schmaler Pfad ist von keinem Wagen gebildet, auf keine Bequemlichkeit berechnet, denn er rührt vom Hirsche her, dessen Lauf kein gefallener Baum, kein Dickicht hindert.« 39)

Seitenlang beschreibt Kurz zusätzlich zu seinen unzähligen kleinen Detailskizzen diesen jungfräulichen Wald, wobei ihn besonders die verschiedensten lianenartigen Wildreben faszinieren. Das ersehnte Großwild, wohl schon seit Jahrzehnten in der Umgebung von St. Louis ausgerottet, bleibt aus. Dafür vermitteln ihm um so zahlreichere kleinste Vertreter der Tierwelt einen Vorgeschmack auf kommende Abenteuer:

»Wilde Thiere gab es zwar in diesem Urwalde keine mehr; Schildkröten, Frösche, Tauben, graue und weiße Reiher, Enten und Gänse, der weißschwänzige (virginische) Hirsch waren die einzigen namhaften Thiere. Wie gewöhnlich, wo Hitze und Feuchtigkeit eine reiche Vegetation erzeugen, sind die Muskiten auch hier im höchsten Grade lästig durch ihre Blutgier und Menge. Oft mußte ich die gleiche Parthie mehrmals besuchen, weil sie mir mit solcher Wuth Gesicht, Hände und Körper durchstachen, daß ich es bei all meinem Enthusiasmus nicht lange genug aushalten konnte, die Studie in einer Sitzung zu vollenden.« 40)

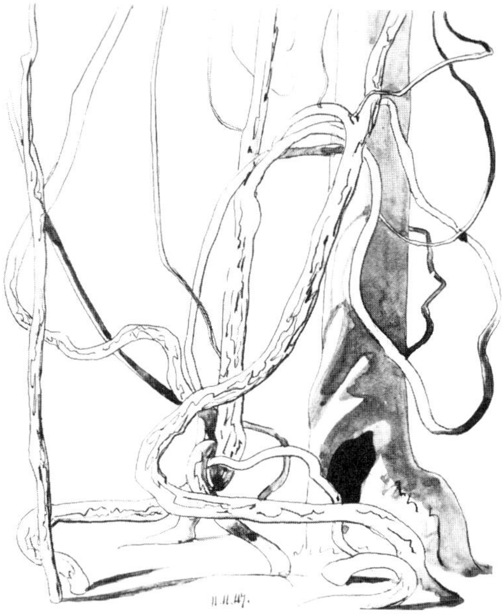

Lianen. St. Louis, 11. 11. 47. B.u.T.lav., Ausschnitt KMB III/59.

In dieser Zeit in St. Louis entstehen wunderschöne Aquarelle von Blumen und Schmetterlingen, und die strotzende Fülle einheimischer und europäischer Gartengewächse entlockt dem Maler einige seiner seltenen vollendeten Kompositionen (Abb. S. 30).

Ende Mai ist der rührige Albert Michel um eine erneute Abwechslung besorgt, indem er

Kurz auf eine Geschäftsreise mississippiaufwärts über Warsaw, Rockisland und die Stromschnellen der Upper Rapids nach Galena, von seinen deutschstämmigen Bewohnern Bleierz genannt, einlädt. Kurz beobachtet die abwechslungsreiche Uferlandschaft des klaren oberen Mississippi und skizziert, auf der Galerie der Kajüte sitzend, als unvermittelt am 29. Mai ein furchtbares Unglück über das Dampfboot hereinbricht:

Schlafender Matrose, Tallahassee, undatiert. B.u.T., Ausschnitt 13 × 14,8, KMB I/4 (1. Serie).

»Unser Boot, die Providence, hatte mehrere Stunden bei Rockisland-City Ills. angehalten um Bauholz und andere Waaren auszuladen. Der Engineer versorgte seine Kessel (boilers) nicht genug mit Wasser, so daß wir bald nach der Abfahrt, als wir um Rockisland herumbogen und gegen Wind und Strömung arbeiteten, durch einen Knall und Dampf aufgeschreckt wurden, wie wenn ein Zwölfpfünder losgebrannt worden. . . . Der Qualm des ausströmenden Dampfes hatte mich und meinen Nachbarn schwarz gerußt, mit Wasser überspritzt. Da alle Reisenden rückwärts nach der Damenkajüte eilten, als dem sichersten Platze auf einem Dampfboote wegen ihrer Entfernung von den Kesseln, lief ich mit, nicht wissend, ob wir im nächsten Augenblick in die Luft springen oder vom Fluße verschlungen oder vom Feuer verzehrt würden. Der erste Anblick der erschreckten Frauen und Männer, wie sie ängstlich durcheinander rannen, riefen, schrieen, war für mich fast komisch. Als Schwimmer hatte ich wenig mehr zu fürchten als ein Sprengen in die Luft. Gepäck hatte ich damals keines bei mir, war daher um so sorgloser. Einige der Damen hatten bei der drückenden Hitze ein Mittagsschläfchen in ihren Kabinen genossen, waren daher in ihren leichten Gewändern und offenen Haaren reizend genug anzusehen. Dieser Anblick wurde aber bald durch einen scheußlichen verdrängt, wie ich nie mehr hoffe zu erblicken. Man brachte nämlich den zweiten Koch, ein 17jähriges deutsches Mädchen mit einem jüngern Bruder schrecklich verbrüht herauf, um in der Kajüte ihre höllischen Schmerzen zu lindern. Ihre schwarzen, fast unkenntlichen Körper wurden mit Oehl eingerieben, und da dies nicht ausreichte rohe Kartoffeln geschabt aufgelegt, um den Brand herauszuziehen. Andere lagen noch unten mehr oder weniger verbrüht (scalded); im ganzen 14 verwundete Personen, wovon 4 noch dieselbe Nacht starben!

Die Kessel hatten zu wenig Wasser, wurden deshalb überheizt und 2 davon bekamen Risse (flues). Das siedende Wasser wurde mit großer Gewalt nach hinten getrieben auf wenigstens 30 Schritte, u. traf besonders solche Personen d. beim Kochherde d. Deckpassagiere sich befanden. Ein kleiner Junge direkt unter den Kesseln liegend wurde nicht verwundet. Trotzdem man dem Maschinenführer, der leider mit heiler Haut davonkam, mit Recht die Schuld des Unglücks beimessen konnte, wünschte der Kapitän daß man solle ihm ein schriftliches Zeugnis seiner Unschuld geben, damit er die Assekuranz des Schiffes und der Waaren nicht verliere. Freilich war er zur Zeit des Unfalls mit Poker spielen beschäftigt, daher aufmerksamer auf sein eingesetztes Geld und seine Karten, als auf d. Führung seines Bootes, wahrscheinlich der »Providence« zuviel vertrauend, also direkt nicht schuldig; sondern bloß durch die Nachlässigkeit seines Angestellten verantwortlich. Seine Spielgenossen unterschrieben sogleich!« 41)

Lesende Amerikanerin (?). St. Joseph, 29. 10. 49. B., Ausschnitt KMB II/141.

Am nächsten Tag übernimmt die ›Red Hawk‹ die überlebenden Passagiere und trägt sie an Rockisland vorbei durch die Oberen Stromschnellen nach Galena, der Bleiminensiedlung am Feverriver. Nach St. Louis zurückgekehrt, vermehrt Kurz, zwar arbeitslos aber nicht untätig, mit hübschen Aquarellen der lokalen Fauna und Flora seine wachsende Bildersammlung, bis ihm der Kaufmann Michel am 19. November 1847 eine Rekognoszierungsreise nach New Orleans zur Einrichtung einer »Commissionshandlung« anträgt. Dort verbringt Kurz seine Zeit mit Studien des Marktes der Choctaw-Indianer, welche Wildbret, Sämereien und Kräuter feilbieten, und zeichnet in den üppigen, subtropischen Wäldern von Louisiana und Arkansas. Der triumphale Einzug des »Helden von Buena Vista«, des im amerikanisch-mexikanischen Krieg mehrfach siegreichen Generals Zachary Taylor (Old Zack), beeindruckt den Maler, der sich aber im Gedränge und unbeschreiblichen Jubel nicht entgehen läßt, daß sich

». . . unter der Menge von weiblichen Zuschauern an den Fenstern, die farbigen Schönen hauptsächlich auszeichneten.« 42)

Die Rückreise auf dem winterlichen Mississippi wird unerwarteterweise wieder zum Abenteuer. Der Kapitän des ersten Bootes, der ›Hannibal‹, hält als frommer Mann sonntags plötzlich an und weigert sich weiterzufahren, weil angeblich der Ohio zugefroren sei. Die Passagiere müssen nun wohl oder übel auf das nächste Boot nach St. Louis, die alte ›Oswego‹ aus Louisville, warten:

»O du miserable alte Oswego, an dich werde ich mein Lebtag denken. Der Ohio war damals übermäßig angelaufen; er führte eine Menge Trümmer weggeschwemmter Häuser, Fenzen u. Bäume u. todtes Vieh mit sich, unter denen sich einige kühne Schiffer herumtummelten das Werthvollste auszuwählen und sich anzueignen. Diese Seeräuberei war unsre einzige Unterhaltung denn das Delta war gerade nichts als ein tiefer

Morast; wir konnten daher nirgends hin schlendern, waren daher froh vom Hurricandeck aus dem Treiben der Schiffer zuzusehen.« 43)

Der schmierige alte und schwache »Kasten« kämpfte vergeblich mit seiner schweren Last gegen die wilden Wasser des Ohio und die schwache Eisdecke des Mississippi und bleibt schon 60 Meilen, bei Chester, endgültig stecken. Die Passagiere müssen erneut umsteigen und langen erst mit der von frierenden deutschen Auswanderern überfüllten ›Boreas N° 3‹ am Heiligen Abend nach zwei Wochen Fahrt in St. Louis an. Wie so oft in Zeiten erzwungener künstlerischer Inaktivität scheint Kurz sich zu langweilen, beobachtet aber im unbequemen Gedränge seine Mitreisenden und schreibt einen seiner typischen seitenlangen Exkurse ins Journal, um sich die Zeit zu vertreiben und seinem Unmut Luft zu machen. Dabei sind einmal mehr Frauen, eingewanderte wie einheimische, Gegenstsand seiner teils lustigen, teils ironisch bis nörglerisch anmutenden Betrachtungen:

»Es ist sonderbar, daß unter den einwandernden Mädchen (keine Nation ausgenommen) so allgemein der Glaube herrscht, in den Ver. Staaten sei Mangel an ihresgleichen und es sei nichts Leicheres als zu heirathen, man brauche nur ein hübsches Gesicht zu haben. Diese letztere Eigenschaft glaubt nun glücklicherweise eine Jede zu besitzen, so denkt keine, es könnte fehlen, ob sie die nöthigste Eigenschaft, die englische Sprache, verstehe oder nicht. ... Daß die einwandernden Mädchen aus Europa wenig Umstände zum Heirathen machen, ohne lange Bekanntschaften, Höfe, ist natürlich. Sie stellen sich das Leben einer Amerikanerin (mehr oder weniger mit Recht) als ein wahres Schlaraffenleben vor. ... Wenn ein junger Mann 2 Mal ein Mädchen besucht, so erwartet man seine Erklärung u. sofortige Heirath, wo nicht, wird ihm bedeutet wegzubleiben, denn er verhindert Andere, u. raubt möglicher Weise die Liebe, die später dem Gemahl gehört. ... In den Ver. Staaten treibt man die Liebe zwar nicht zu solcher Schwärmerei, dafür sind auch die Enttäuschungen nicht so bedenklich. ... Sollte sich die Ehe als eine unglückliche herausstellen, so gewährt die Zivilehe große Leichtigkeit der Scheidung.« 44)

Daß er – infolge der von ihm als lächerlich übertrieben empfundenen Galanterie der amerikanischen Männer, dieser »geduldigen Schafe« – mit 40 anderen Leidensgenossen 10 Minuten hinter den Stühlen in der Kabine stehend auf den gezierten Auftritt des einzigen weiblichen Passagiers warten muß, erbost den eigensinnigen Maler dermaßen, daß er sich diesmal nicht mit einer ironischen Bemerkung über seinen Ärger hinwegzusetzen vermag; im Gegenteil, er zieht gegen die Emanzipation der Frauen und ihre Beteiligungsversuche in der Politik mächtig los und schiebt der Unterwürfigkeit der Männer diesen fehlgeleiteten weiblichen Ehrgeiz und das »Faulenzen der Weiber« zu.

»Weiber wollen doch noch zuerst heirathen, natürlich! Wie gnädig, daß man noch für sie arbeiten darf! ... Diese Trennung der Geschlechter und Übermuth der Weiber ist auch schuld an den vielen empörenden Fällen von Nothzucht, wie in keinem anderen Lande.« 45)

Zu allem Überfluß bleibt auch die ›Boreas‹ zwei Tage lang im Eise stecken, und eine Frau beschuldigt eine andere in der Damenkajüte, ihr

»... den Geldbeutel unter ihrem Kopfkissen wegstibitzt zu haben. Viel geschnattert worden, aber nichts bewiesen. Den 24.ten Dezemb. in St. Louis zurück; 14 Tage unterwegs!« 46)

Mit diesen leicht befremdenden Tiraden beschließt der eingefleischte Junggeselle (welch Wunder!) seine Tagebuch-Eintragungen für das Jahr 1847, um anschließend auf dem gleichen Bogen mit dem nächsten, ereignisarm beginnenden Jahr weiterzufahren.

Kurz sitzt nun den nicht sehr kalten Winter 1847/48 über in St. Louis ohne Aussicht auf eine bezahlte Beschäftigung, da sein Gönner und zeitweiliger Arbeitgeber Alfred Michel »bereits von früher genug Angestellte hatte«, wie er sich ausdrückt. Er vertreibt sich die Zeit vor allem mit dem Aquarellieren von Pferden, da gegenüber seinem Zimmerfenster ein vielbeschäftigter Sattler seine Werkstsatt betreibt (Abb. S. 39):

»Die ersten drei Monate des Jahre 1848 malte ich viele Pferde nach der Natur, da ich den ganzen Tag solche vor meinem Fenster stehen sah. Die amerikanischen Pferde gehören keiner besonderen Rasse an, sie sind ein Mischmasch vieler Kreuzungen. Durchschnittlich sind es gute Reitpferde, aber keine starken Zugpferde. Die indianischen ›ponnies‹ sind verkümmerte kanadische Pferde, welche viel Ähnlichkeit mit den lebhaften, aber zum Ziehen schwachen Bretonkleppern haben.« 47)

Junge Amerikanerin (J. Recordon) aus St. Louis, 29. 8. 47. B., 17 × 25,2, KMB I/23.

Pferdestudie. St. Joseph, 8. 9. 49. B., 19,8 × 16,2, KMB II/272 (s. auch Abb. S. 39 unten).

In dieser ereignisarmen Zeit vernachlässigt er zwar sein Tagebuch, setzt sich aber immer wieder mit seiner Berufung als Künstler auseinander und versucht, seinen Aufbruch in den ›wilden Westen‹ mit der inbrünstigen Suche nach dem archetypischen Urmenschen und der jungfräulichen Urnatur als einzig würdigen Motiven seiner Kunst zu rechtfertigen!

»Da meine Privatangelegenheiten das Publikum wenig interessieren werden, so übergehe ich den prosaischen Theil des Broterwerbens und begnüge mich bloß mit der Bemerkung, daß einstweilen ein Kunstmaler in den Vereinigten Staaten durchaus keine Aussichten hat, er sei denn ein Puffmacher, treibe ›humbug‹. Ein Flachmaler hingegen findet sein gutes Auskommen. Ich will den Amerikanern keinen Vorwurf machen, denn . . . [sie] sind . . . ein junges Volk, dessen Ehrgeiz dahin geht, mächtig zu werden und den europäischen Mächten Gesetze vorschreiben zu können; und . . . außer den Städtebewohnern ein farmendes Volk, das, wie überall, keinen Sinn zur Kunst hat, dieselbe als Luxus betrachtet. Da der Zweck meines Aufenthaltes in Amerika ein künstlerischer war, so mußten alle Pläne, durch andere Zweige mir eine Existenz zu verschaffen (denn mein mitgebrachtes Geld war bereits verbraucht) sich dem Kunstdrange unterordnen. Daß man nicht zweien Herren dienen könne, bewährte sich auch an mir; ich fand bald genug, daß ich meine Natur nie so sehr verleugnen könne, ganz Geschäftsmann zu werden, selbst nicht für solange, bis ich mir wieder soviel Mittel erworben, um unabhängig als Künstler vorwärts zu können. War mein Hang zur Darstellung der Urnatur schon früher so groß gewesen, daß mir mein malerisches Vaterland nicht genügte, so war jetzt durch den Anblick des Urwaldes, wilder Thiere und ächter Naturkinder derselbe zur wahren Leidenschaft worden. Ich war so glücklich mich in meinen Erwartungen nicht getäuscht zu sehen, ich fand den Urwald reicher, origineller, die Indianer edler in ihren Formen, als ich je geschwärmt.

Von meinem Plane, Landschaft, Thiere und Menschen im Urzustande zu studiren und malerisch darzustellen, hatte ich bereits einen Theil erreicht. Urwald, Prairie und Fluß hatte ich in allen Jahreszeiten gesehen, von Kälte erstarrt, von Hitze belebt. Nun sehnte ich mich nach Indianern, wilden Thieren.« 48)

Gesatteltes Pony für die ›Fort-Laramie-Express‹-Route. St. Joseph, 27. 8. 49. B., 19,8 × 16,2, KMB II/226.

Noch hat sich der Maler Mexiko und die Comanche nicht ganz aus dem Sinn geschlagen, hält es aber doch für vorteilhafter, den Spuren Bodmers folgend, dem Missouri entlang nach Nordwesten vorzustoßen:

»Der Krieg mit Mexiko hielt mich noch immer ab, dieses Land zu besuchen; höher den Mississippi hinauf als Galena waren zwar noch einige malerische Landschaftsparthien, aber wenig Büffel und Hirsche und die nördlichen Indianer durch das harte Klima verkümmert oder für meine Studien zu sehr bekleidet. Der Missuri zog mich daher besonders an; er war zwar künstlerisch mehr ausgebeutet als Nordmexiko und die Gegend der oberen Seen von Nordamerika, aber nicht nach meinem Sinne; auch blieb mir der Weg von Independence nach Santa Fé, von St. Joseph nach Oregon, Californien und Rocky Mountains zur Auswahl offen, im Falle die Missuriindianer mich nicht befriedigten.

Ich entschloß mich für St. Joseph am Missuri; dort waren Indianer genug zu sehen, indem das Land den Städten gegenüber noch freies Indianerland war, den Kickapoo's gehörend und das Städtchen selbst für die Pelzhändler des Missuri und Nebraska, schlechtweg Mountaineers genannt, den Sammelplatz bildete, so wie Independence für die Santa Fé traders und St. Louis früher für die ganze westliche Pelzregion.« 49)

Kneipenwirt in St. Joseph am Missouri und Maler bei den Iowa

Hauwepimme, Iowa-Frau. St. Joseph, 7. 2. 49. B., 16 × 20,3, BHM E.

Die nun folgende Reise in den Nordwesten stellte für das Leben des Malers in Amerika eine tiefgreifende Zäsur dar, einen sehnlichst erwarteten hoffnungsvollen Aufbruch ins Unbekannte. Nehmen wir daher diese Gelegenheit wahr, um den chronologischen Ablauf unserer Schilderung zu unterbrechen und auf ein unveröffentlichtes Manuskript einzugehen, welches die zwei folgenden Jahre im Leben des Malers zu illustrieren vermag: In der rohledernen Schutzhülle liegt neben dem umfangreichen Reisetagebuch und unzähligen Anhängen und Nachträgen ein 25seitiges, flüssig geschriebenes Manuskript mit dem Titel »Pa-chotschie. v. F. K.« Die Handschrift auf dem dünnen, bläulichen Papier der großen Folienbögen ist unverwechselbar die Kurzsche, und der Text des Essays erscheint – mit Ausnahme der optisch und inhaltlich chaotischen letzten Seite – wie aus einem Guß. Zu welchem Zeitpunkt der Maler diese Erzählung über sein Leben in St. Joseph und bei einer Gruppe von Iowa-Indianern, ›Pa-chotschie oder Staubnasen‹ genannt (s. S. 51), schriftlich niedergelegt hat, ist leider nicht mehr in Erfahrung zu bringen. Sicher ist nur, daß Kurz beim Verfassen dieser in sich geschlossenen Geschichte an eine mögliche Veröffentlichung gedacht haben muß, und daß sie nach dem eigentlichen Reisetagebuch entstanden ist: einzelne Passagen in der Einleitung des Essays sind nämlich fast wörtlich aus jenem übernommen worden. Die Arbeit mag aus der Langeweile schier endloser Winterabende am Kamin einer Pelzhandelsstation am Missouri entstanden sein; wahrscheinlicher ists allerdings, daß sie erst nach der Rückkehr in Bern verfaßt wurde. Die früheren Bearbeiter des Kurzschen Werkes haben diese unscheinbare Studie nicht berücksichtigt; für uns ist sie jedoch ein glücklicher Fund: der Maler hat nämlich während dieser Zeit in seinem Tagebuch nur kümmerliche Notizen gemacht und dabei wichtige Ereignisse verschwiegen. So erwähnt er zum Beispiel seine profane Tätigkeit als Krämer und Barkeeper in der ›City Hall‹ Alfred Michels nur am Rande; sie war wohl mit seinen hochfliegenden Plänen als Künstler nur mühsam zu vereinbaren. Wochenlang fehlen jegliche Eintragungen, doch plötzlich ergeht Kurz sich zu einer Zeit, in der er sterblich in eine junge Iowa-Indianerin verliebt war und seine Vermählung nach Einheimischensitte vorbereitete, wie beiläufig seitenlang über politische Zustände oder die Bildungsfähigkeit des Roten Mannes. Diese Sprunghaftigkeit der Notizen läßt uns vermuten, daß der Maler mit Hilfe seiner schriftlichen Aufzeichnungen eine Publikation, vielleicht den Textteil zu seiner geplanten Indianergalerie, verfassen wollte; dabei schien er überzeugt gewesen zu sein, daß seine Ängste und Freuden in diesem wohl für sein Leben, kaum aber für seine künstlerische Laufbahn wichtigsten Zeitabschnitt sein zukünftiges Publikum kaum zu interessieren vermöchten. Glücklicherweise rührte ihn aber – vielleicht während eines seiner häufigen Verzweiflungszusstände über den Wert seiner Malkunst – das Außergewöhnliche und Romantische, aber auch das Alltäglich-Lächerliche seines Lebens in Amerika dermaßen, daß er sich zum Verfassen der sehr persönlichen ›Staubnasen‹-Erzählung entschloß. Die anmutige Geschichte ist bis heute – vermutlich weil man ihren ethnographischen und historischen Gehalt als zu gering einschätzte – unveröffentlicht geblieben. Dabei ermöglicht uns gerade dieser unverfälschte Erlebnisbericht, dem Menschen Kurz näher zu kommen. Seine von Rousseau tief geprägte Suche nach dem Ursprünglichen, Echten, Wilden und Noblen, sein Hin- und Hergerissensein zwischen »schnödem Borterwerb« durch vulgäre aber einträgliche Malerei einerseits und den Ansprüchen idealisiert-vergeistigter, absoluter Kunst andrerseits, wird in diesen ohne wissenschaftliche Ambitionen verfaßten Passagen erst recht deutlich. Folgen wir deshalb dem Text der Erzählung und lassen den zivilisationsmüden und des Europa in der Mitte des 19. Jhs. überdrüssigen Maler, Idealisten und Abenteurer in seiner blumigen und oft leidenschaftlichen Sprache selbst zu Wort kommen!

»Auf dem Dampfboote Tamerlane verließ ich den 5ten April 1848 St. Louis um nach St. Joseph, Buchanan County, am Missuri zu gelange. Nach 2 Stunden schwenkten wir in die weite und flache Mündung des Missuri hinein. Diesem Fluße gebührte eigentlich die Ehre seinen Namen bis in den mexikanischen Meerbusen zu tragen, denn er ist mehr als 2000 engl. Meilen länger und hat bedeutendere Nebenflüsse als der Mississippi; aber die ersten Europäer (de Soto, Marquette, La Salle), denen wir die ältesten Nachrichten

Indianerstudie. Pa-chotschie-Iowa von St. Joseph, 28. 9. 49. B., 15,2 × 19,8, KMB II/39. Diese reizvolle während seines Aufenthaltes bei den ›Staubnasen‹-Iowa in der Umgebung von St. Joseph entstandene Skizze ist typisch für die vielen Phantasiestudien aus der Zeit der Liaison des Malers mit Witthae (S. 52f.). Kurz skizzierte Frauenfiguren grundsätzlich in ihrer (meist hypothetischen) Nacktheit, um sie erst auf vollendeten Studien bekleidet wiederzugeben (vgl. S. 74).

verdanken, kannten ihn seiner westlichen Lage wegen nicht. Über... die Gefahren vom Treibholze, den Snags, Sawyers, dem beständig durch den Mangel an Felsen herrührenden Wegreißen und Anschwemmen von Land, wodurch stromaufwärts die Fahrt des Dampfbootes nachts nicht fortgesetzt werden kann, da schon beim hellen Tage genug Boote den unsichtbaren Feinden in Form halbversenkter Baumstämme erliegen . . . ist bereits genug geschrieben worden. . . . Was mich jetzt mehr intressiert und mein Blut in Wallung bringt, ist der Gedanke an die mir bevorstehenden langersehnten Studien des Urmenschen, des Indianers, und daß mit jedem Schaufelschlage der Räder ich meinem künstlerischen Ziele trotz allen Hindernissen näher rücke. . . . Hier war nun das Land meiner sehnlichsten Wünsche! Mit Fort Leavenworth hörte am rechten Ufer alle Kultur der Weißen auf; hier fängt das Indianerland, der ferne Westen an! Undurchdringliche Wälder wechseln mit endlosen Prairien ab; flüchtiges Wild wird durch das Puffen des Dampfers oder das Schlagen der Schaufelräder vom Lager, oder von der Weide aufgeschreckt und eilt davon; Indianer, einzeln oder in Gruppen, betrachten staunend des Weißen Feuerboot; Reiter sprengen jauchzend durch das hohe Gras; blauer Rauch steigt aus den Wigwams in die Höhe und verschwindet; junge Indianer hüten ihre Pferde, andere schlendern herum, mit der Peitsche die Blumen von ihren Stengeln zwickend, als gälte es einem Feinde das »Licht auszublasen«. Aber vergebens blickt man nach Bisonten, Elks oder grauen Bären, die sind schon lange weit, weit zurückgedrängt. Um diese Thiere studiren zu können, muß ich später an den obern Missuri: das letzte Jahr habe ich nichts als Landschaft gezeichnet, jetzt kommt die Reihe an die Indianer.

Schon sind wir bei den Kanzas, Kickapuhs, Potawatomies, Musquaquis vorbei; vor uns sieht man den King's Hill in duftiger Ferne, in dessen Nähe St. Joe und dem Städtchen gegenüber das Land der Pachotschie liegt; aber dazwischen bildet der Missuri noch einen weiten Bogen, so daß wir erst nachts an unserem Ziele anlangen werden.« 50)

Die Fahrt geht wegen der starken Strömung und gefährlicher Untiefen nur sehr langsam vorwärts, weniger als halb so schnell wie auf dem Mississippi zwischen New Orleans und St. Louis. Der Maler genießt jedoch die für einmal ohne Unfall verlaufende, leidlich bequeme Reise, welche nach 13 Tagen in St. Joseph endet, wo die ›Tamerlane‹ nachts um 11 Uhr unter dem Jubel der schwarzen Bootsleute anlegt:

»St. Joe, früherer tradingpost von Joseph Robidoux, und von diesem später als »Stadt angelegt«, am Fuße des Blacksnakehill's, am linken Ufer des Missuri, zeigte obschon erst 6 Jahre alt, bereits die Merkmale einer aufblühenden Stadt. Trotz der vielen Neubauten in Holz und Backsteinen waren Wohnungen und Geschäftslokale schwer zu finden. Wenn schon zu dieser Zeit die Straßen von Pelzhändlern und ihren Engagés, von

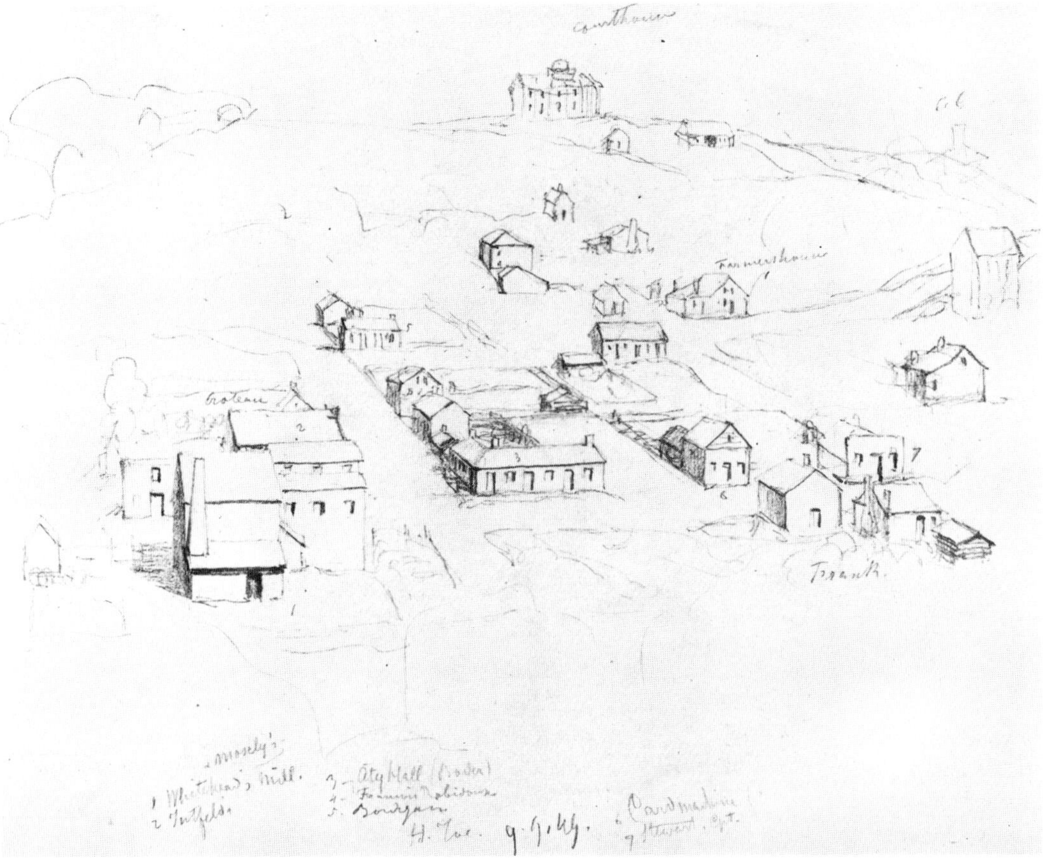

Ansicht von St. Joseph, vom Missouri aus gesehen. Das Gebäude Nr. 3 ist die Wohnung und Schenke ›City Hall‹ (vgl. Abb. S. 56) des Malers. St. Joseph, 9. 9. 49. B., 19,8×16, KMB III/95.

»Steam Saw Mill, St. Joe, 6. 7. 48«. B., Ausschnitt KMB III/79.

Auswanderern nach Oregon mit ihren bedeckten Wagen und von Indianern verschiedener Stämme belebt waren und mir als Künstler reichen Stoff zu Studien boten, so mußt' ich pflichtgemäß als angehender Kaufmann Wohnung und Magazin miethen;« 51) (Abb. S. 43)

Seine geschäftlichen Verpflichtungen bald zur Nebensache degradierend, wächst seine künstlerische Begeisterung erneut ins Unermeßliche:

». . . [das] Studium des Urmenschen, aber nicht nur wie die jetzige Kunstrichtung bloß nach Ausdruck und Wahrheit gehend, dabei gar zu oft die Hauptsache, die Schönheit opfert, ich wollte beides vereinigen . . . ich war daher entschlossen, . . . von der Zivilisation so wenig wie möglich verdorbene Indianer zu sehen« 52)

Kurz war sich wohl selbst nie ganz im klaren, wie er seine innigsten Sehnsüchte bei den Indianern zu konkretisieren hoffte. Diese betrachtete er gewissermaßen als legitime Nachfolger der alten Griechen oder der Germanen, weil sie sich am längsten der ›verderblichen‹ westlich-europäischen

Begegnung in St. Louis, 9. 2. 47. B.aq., 29,8 × 22,3, KMB III/5.

Pferdestudie, St. Louis, 12. 2. 48. Aq., 23,2 × 14,8, KMB I/39 (s. S. 33).

Omaha, bei Belle Vue auf die ›St. Ange‹ wartend (?). Aq., sign., Bern, 13. 4. 54. Wunderlich & Co., New York. Dieses Aquarell, auf dem verschiedenste Elemente aus Feldskizzen zu einem phantasievollen Ganzen verarbeitet wurden, ist eine der ersten Kompositionen, welche Kurz unmittelbar nach seiner Rückkehr und Genesung (S. 119) Ende 1852 in Bern im Hinblick auf eine geplante annotierte Indianergalerie gemalt hat (S. 45, 92, 119). Das Bild diente als Vorlage für einen Stahlstich in der illustrierten Zeitschrift ›Gartenlaube‹ 1862 (»Yanktonas, das Dampfschiff St. Ange erwartend«, 1851), als Illustration für eine Artikelserie von Balduin Möllhausen (vgl. S. 91). Dargestellt sind offenbar Mandan- und Hidatsa-Krieger (vgl. Abb. S.77f.); der sitzende Indianer links trägt aber die Federhaube eines Crow-Führers. Im Hintergrund ist das Dampfboot ›St. Ange‹ der ›American Fur Company‹ erkennbar (S. 68).

Liebespaar zu Pferd (Selbstbildnis?). St. Louis, 3. 5. 47. B.u.T.,aq., 22,6 × 29,5, KMB II/42.

Herbstliches Indianerlager (›Pa-chotschie‹-Iowa von St. Joseph). Bern, 22. 3. 1854. Aq., 33,7 × 48,3, The Peters Corporation, Santa Fe. Das Zelt im Vordergrund erinnert an eine Skizze aus dem Iowa-Lager bei St. Joseph (Abb. S. 51), in welchem sich Kurz 1848–50 längere Zeit aufgehalten hat.

Rizerémme, Iowa-Frau. St. Joseph, 9. 1. 50. Aq., 22,5 × 27, BHM E.

Puntantewemme, Iowa-Mädchen. St. Joseph, 9. 1. 50. Aq., 17 × 24, BHM E (s. S. 49f.).

›Fashion‹, die Lieblingsstute des Malers. Savannah, 11. 8. 50. Aq., 36 × 26,5, BHM SB/7 (S. 62 und Abb. S. 62).

Colonel Joseph Robidoux, Gründer von St. Joseph, 6. 9. 49. B., 19,6 × 16,1, BHM E (s. S. 38).

Ruhende Familie. St. Louis, 27. 8. 47. Sepia, KMB II/52.

Zivilisation mit ihren Bekleidungs- und Moralvorschriften zu entziehen und daher ›rein und ursprünglich‹ zu halten vermocht hatten. Immer wieder setzt er sich mit diesem dumpfen unbestsimmten Drängen in seiner Seele auseinander. Suchte er den wirklichen Urzustand der Menschheit, ihre Anfänge im Dunkel der Zeit, oder war diese Vorstellung nur ein Vorwand, nach der Natur, und organisch eingebettet in eine wilde, aber heile Umwelt nackte und schöne Menschen malen zu können, ohne die künstliche Atmosphäre eines Aktstudios in Anspruch nehmen zu müssen? Eine viel später, am 22. Januar 1852 in Fort Union auf Seite 238 seines Tagebuches niedergeschriebene Bemerkung, die er aber gleich wieder durchstreicht, gibt uns einen Hinweis auf seine zeitweilige Verwirrung und Unentschlossenheit:

»Adam und Eva im Paradiese von den schönsten Thieren und Pflanzen umgeben. Welche Aufgabe! Ach könnt' ich nur ganz der Kunst leben, sie aber nicht zum Broterwerb verwenden müssen. Würde ich aber dann die gleiche Hartnäckigkeit zur Überwindung der vielen großen Schwierigkeiten besitzen? Wie ein Dilettant bloß die Kunst als Zeitvertreib betrachten?« 53)

Ganz klar wird sein vom verfälschten, aber zu seiner Zeit weit verbreiteten Bild der klassischen Antike geprägtes Streben in einer Anmerkung am Rand der ersten Seite des Tagebuches: die vom

›Drei Grazien / Hidatsa-Krieger‹. Fort Berthold, 13. 8. 51. B.u.T.lav., BHM SB/68.

mitfühlenden Menschen Kurz bewunderten und auch in ihrem Elend ehrlich geliebten Indianer sind letztlich für sein Ideal als Künstler nur eine lebende Vorlage, eine Stufe auf dem Weg zur absoluten Kunstschöpfung geblieben (vgl. Abb. S. 37, 74f, 84f, 100f):

»... denn während meiner Studien stieg mein Ideal immer höher, selbst über die Antike, ja selbst über Raphaels Meisterwerke; so daß selbst der Indianer nicht mehr mein höchstes Ideal blieb, sondern mir bloß als lebende Antike zum Modelle dienen sollte.« 54)

Armer suchender Kurz! Es sollte ihm zeit seines Lebens nicht gelingen, seine Vorstellung vom ›Ideal‹ in *einem* Bild zu konkretisieren; mehr noch, er sollte sich nicht einmal endgültig darüber klar werden, was er eigentlich als Letztes und Höchstes mit seiner Kunst darzustellen gedachte. Dieses idealistische, für ihn letztlich ausweglose, aber zu Zeiten auch von banger Hoffnung getragene Suchen bereitete ihm in Amerika wie auch später in Bern mehr Kummer, Mühe und Enttäuschung als Krankheiten, unglückliche Liebschaften, fehlender Ruhm und die zeitweilige Armut seines profanen Daseins. Er versuchte verbissen, eine organische, beseelte Ganzheit zu komponieren, eine eigenständige bildliche Schöpfung aus den einzelnen Elementen und Vorlagen zusammenzusetzen, welche er beim Skizzieren in der Natur fand. Eine tragische Note schwingt daher in der Feststellung mit, daß ausgerechnet seine leicht hingeworfenen Skizzen und Aquarelle aus Amerika, denen er selbst kaum künstlerischen Wert beimaß, sondern sie nur als Dokumentationsmaterial, als Bausteine und Arbeitsunterlagen für sein geplantes Monumentalwerk einstufte, von außerordentlichem Leben erfüllt sind: sie wirken gekonnt, anmutig und wahrheitsnah, während die später daraus mühsam angefertigten Kompositionen in Kreide, Wasserfarben und Öl oft seltsam steif, plakativ-flach und gestellt erscheinen und im – mit dem Skizzenmaterial vertrauten – Betrachter Unbehagen hervorrufen (vgl. u. a. Abb. S. 28, 40, 126).

Doch zurück nach St. Joseph; in seiner ›Staubnasen‹-Erzählung schildert uns Kurz die Art der Beziehung zu seinem Arbeitgeber und Gönner Alfred Michel, von der wir im Tagebuch kaum etwas erfahren:

»... so blieb mir nichts anderes übrig als eine Commisstelle bei einem sehr unternehmenden, tüchtigen Kaufmanne, Hr. Alfred Michel anzunehmen; was mir um so leichter wurde als derselbe auch sehr gebildet und äußerst liebenswürdig war. Herr M. wollte in New Orleans ein neues Geschäft gründen, wozu er jemand brauchte, der wenigstens die 3 nothwendigsten Sprachen konnte, und sein unbedingtes Vertrauen verdiente; diese Eigenschaften gaben mir den Vorzug vor anderen, die vielleicht im Handel selbst bewanderter gewesen als ich.« 55)

Aus der Unternehmung in New Orleans wird zwar nichts, aber in St. Joseph erhält der Maler endlich Arbeit, und die gemeinsamen Pläne der ungleichen Geschäftspartner lassen sich im Frühjahr 1848 realisieren:

Weiblicher Akt, undatiert. B.u.T., Ausschnitt ca. 14 × 20, BHM SB/81.

Ansicht der Hauptstraße von St. Joseph, 10. 7. 48. B., 20 × 10,5, KMB III/82. Links oben ist die Ruine des ehemaligen Handelspostens von J. Robidoux angedeutet.

»Das war meine Situation bei meiner Ankunft in St. Joe. Sobald ich ein passendes Lokal gemiethet (wobei ich noch tapfer Thüren und Fenster anstreichen half, um schneller einziehen zu können), schrieb ich H. M., ich sei bereit, die Waaren in Empfang zu nehmen. Vor 3 Wochen konnten diese auf keinen Fall anlangen; die Zeit wurde dafür eifrigst benutzt, die belebten Gruppen von Indianern, Traders mit Herden von bepackten Maulthieren, Emigranten nach Oregon mit Wagen und Vieh zu skizzieren.

Die umliegenden Indianer, wie Pachotschies, Otoe, Musquaquy (Foxes), Potawatomies und Kickapus hatten gerade von den Vereinigten Staaten Agenten ihr »payment« für verkauftes Land erhalten; nämlich den Zins per Kopf vertheilt – das Kapital wird nie ausbezahlt, und den Indianern ihr Land durchschnittlich per Morgen zu 9 cent berechnet, um nachher zu 1¼ Dollar den Spekulanten oder Farmers zu verkaufen. Kein schlechtes Geschäft für Uncle Sam; dabei wird der Indianer mehr oder weniger von ihm abhängig, muß das Land, ob bebaut oder nicht, wieder verlassen sobald es U. S. beliebt. Es werden zwar Missionäre, Lehrer, Büchsenschmiede und andere Arbeiter den Agentschaften beigesellt, um den Schein zu haben, man wolle den Ind. zivilisiren. So lange aber ein Ind. sein bebautes Land nicht behalten kann so lang er will, so lange ein Ind. nicht Bürger der Ver. Staaten werden kann, ist alles Lug und Trug.

Durchreisende Potawatomi. Dieser Stamm aus der Sprachfamilie der Algonkin lebte ursprünglich in der Nähe von Lake Huron und wurde mehrfach vertrieben und umgesiedelt. Kurz begegnete ihnen sowohl in St. Joseph (Abb. 112) wie auch später bei Belle Vue. Sie leben heute in zwei kleinen Reservaten in den Staaten Michigan und Kansas. »Pottowatomies, 21. 5. 51.« Belle Vue, BHM SB/101.

Auch dafür ist gesorgt, daß das Kopfgeld wieder den Amerikanern zurückfließe. Die Pachotschie erhalten z. B. jährlich 8 Dollar per Kopf: dies ist nun keine Summe um zu kapitalisiren, oder in den Handel zu stecken, denn die Bedürfnisse einer Familie das ganze Jahr hindurch nehmen verhältnismäßig zu, wie die Jagd abnimmt, und die Aussicht einer baldigen neuen Wanderung durch das Umringen von Weißen näher rückt. Wer möchte Land bebauen, wenn man der Ernte nicht sicher ist?

»Traders returning. St. Joe, 7. 5. 48.« B., 31,5 x 19,5, KMB II/71. Zwei kanadische Jäger und Pelzhändler kehren nach ihrer winterlichen Anstellung für die ›American Fur Company‹ nach St. Joseph zurück (S. 48).

Oregonemigranten und californische Pelzhändler verschwanden nach und nach im jenseitigen Walde; das Gras der Prairien war nun hinreichend für ihre Thiere. Noch kamen verschiedene Banden von Indianern, schlugen ihre Lederzelte (lodges) oder solche von gebogenen Weidenruthen mit Häuten oder Bisondecken gedeckt, am Rand, öfterer im Innern des Waldes auf, und ließen sich auf der Fähre herüberrudern. Daß es nicht lange gieng, bis ich meine Sehnsucht, ächten Indianerboden zu betreten stillte, versteht sich von selbst. Wie schwärmte ich im Walde herum! Jeden Baum hätte ich umarmen mögen und ihn ausfragen, was er alles gesehen. Nur wer einen Lebenszweck mit den größten Schwierigkeiten verfolgt, kann diesen Taumel begreifen, wenn man Schritt für Schritt, oft mit jahrelangen Pausen, oft wieder zurückgedrängt, dem Schicksale Boden abgewinnt. Wie oft ist man der Verzweiflung nahe, trotz seines Wahlspruchs never despair (oder wie man zu Hause sagt – nüt nah la, gwinnt)!« 56)

Während der ersten Wochen seines Aufenthaltes in St. Joseph weiß sich Kurz vor lauter Begeisterung über die zahlreichen Indianer der Umgebung oft kaum zu fassen; er malt und zeichnet wie ein Besessener und verfaßt nebenbei überschwengliche Passagen in seinem Essay, die manchmal durch ihre hochromantizistischen Übertreibungen literarischem Kitsch der Epoche bedenklich nahe kommen:

»Mein zweiter Besuch des jenseitigen Ufers wurde durch einen jungen Musquaqi veranlaßt, dessen wunderbare, noble Schönheit mir fast die Besinnung raubte. [schon] . . . sprengte [der] junge Krieger das steile Ufer hinunter, auf einem ungesattelten, feurigen Renner . . . des Jünglings Augen blitzen, seine Lippen pressen sich und er hebt die Peitsche zum Schlagen empor . . . während sein Gaul hinter mir stampfte und knirschte, und meine Hand mit Schaum bedeckte . . . Und solche Bilder sollten mich, selbst »halb Roß und halb Urmensch«, geschweige denn als Maler nicht begeistern?« 57)

Ein Brief von Herrn Michel mit genaueren Anweisungen zum geplanten Unternehmen rüttelt Kurz aber abrupt aus seinen Schwärmereien und spannt »den Pegasus an den Pflug«, wie er sich ausdrückt. Zu seinem Entsetzen soll er nun aber nicht einen Krämerladen, eine Tuch-, Eisen- und Kolonialwarenhandlung eröffnen, wie besprochen, sondern eine Schenke halten, was ihm sehr mißfällt; lieber noch wäre er ›Farmer‹ geworden (Abb. S. 56):

Kanadischer Trapper. St. Joseph, 31. 8. 49. B., 16,3 × 19,8, KMB II/24.

»Ich der damals weder Wein trank, (hatte sonst heftiges Blut genug) noch rauchte, noch Karten spielte – Alles dies mußte ich nun lernen, wenn ich mein neues Geschäft mit Kenntnis treiben wollte.

Herr M., indem er diese meine Eigenschaften kannte, hatte auch schon dafür gesorgt, mir einen jungen mir unbekannten barkeeper als Partner (Associé) mit den Waaren zu senden. Auch das noch! In den Ver. Staaten, tröstete ich mich, ist kein Stand verächtlich, oder gemein, als wenn man ihn selbst dazu macht. Da wird nur der Bettler verachtet, weil man so leichte Gelegenheit hat sein Brot zu verdienen, wenn man arbeiten will, und keine ehrliche Arbeit unter seiner Würde hält. Man darf auch Stand ändern, so oft man will, vom Hufschmied zum Lehrer, dann Photographist, Missionär, Schreiner, Pflästerer, Spekulant, Politiker, Senator etc. werden. Ja man darf selbst mit der Ehrlichkeit markten; denn Pfiffigkeit (smartness) ist des Amerikaners Ideal; ein Überlisteter wird nur ausgelacht, nicht bemitleidet.

Schnell mußte nun mein gemiethetes Lokal in einen Bar-room umgewandelt werden, damit mein zukünftiger Associé sich nicht etwa über den unpraktischen Maler zu beklagen habe. Bald war »City-Hall« eingerichtet; und wir standen hinter der Bar, die Durstigen zu bedienen. Aller Anfang ist schwer; für mich war das Bedienen der schwierigste Theil des Geschäftes (Rauchen und Trinken gieng schon leichter); aber ich mußte und wollte.« 58)

»Lambert, Guyot, imitant la danse de guerre des Indiens. Council Bluff, 1. 6. 51«. B.u.T., Ausschnitt ca. 16 × 18, BHM SB/6.

Auf diese wenig romantische Weise machte der gebildete und trotz seines Eigensinns und aufbrausenden Wesens für amerikanische Verhältnisse äuußerst wohlerzogene Europäer Bekanntschaft mit der rauhen Wirklichkeit des Wilden Westens. Geträumt hatte er wohl von ganz anderen Abenteuern in unberührter Wildnis. Der zivilisationsmüde Maler hat sich offensichtlich immer ein wenig seiner Tätigkeit als Barmann und Kneipier geschämt; jedenfalls erwähnt er sie im Tagebuch kaum und beschreibt, als ob er etwas vertuschen möchte, während des langen Aufenthaltes in St. Joe ausschließlich die Sitten und Bekleidung der verschiedenen Indianerstämme, der Trapper, Fellhändler und Goldsucher. Das junge Städtchen St. Joseph hatte für viele dieser abenteuerlichen Gestalten die Funktion von St. Louis als Umschlagplatz für Waren und Ausgangspunkt zur Anwerbung von Leuten übernommen (Abb. S. 27, 29, 39, 47):

»Unsere besten Kunden den Sommer über waren die bourgeois, commis und engagés der Pelzhandelsgesellschaften des obern Missuri. St. Joseph ist diesen Leuten jetzt was früher St. Louis war, der Sammelplatz zur Werbung. Hier wurden die Pferde und Maulthiere gekauft, um den obern Indianern gegen Bisonhäute einzutauschen. Hier wurden die packs Pelzwaaren von den Kielbooten auf Dampfboote umgeladen, die Kielboote verkauft, ihre Mannschaft entlassen. Diese Leute, gewöhnlich nur Handlanger, weder Handwerker noch Jäger noch Clerks oder Traders geben sich nach einer solchen Reise von einem Jahr gerne als montagnards, mountaineers aus, weil sich an diesen Namen abentheuerliche Gefahren, Hunger und andere Leiden der Wildnis, nebst romantischen Episoden (die schwache Seite der Kanadier) knüpfen; je mehr ein solcher Engagé aufschneiden kann, ein desto größerer Löwe des Tages ist er, wenigstens in seinen Augen.

Sehr selten haben aber diese Handlanger die Felsengebirge (Rocky mountains), woher sie sich den Namen geben, auch nur von weitem gesehen, noch weniger Gefahren bestanden, wohl aber hart arbeiten müssen an der Cordelle und mit der Axt. Spottweise werden sie »mangeurs de lard« genannt, weil ihr Appetit größer ist als ihr Muth.

Unter diesen Kanadiern giebt es aber auch sehr ehrenwerte Ausnahmen, Leute von unbestrittenem Muth, loyal und mit angenehmen Manieren, obschon ihre Bildung auch wenig über die Elementarfächer reicht. Mit 4 solcher Männer wurde ich durch meine Geläufigkeit im parler français näher bekannt. Sie hießen Lambert, Désolles, Michaux und Wiscom. Ersterer war ein anerkannter Krieger bei den Tetons, südlichste Bande der Dacotah's oder Sioux; Sioux oder Suhs (amerikanisch ausgesprochen). . . . Diese 4 Kunden kamen seit mehreren Jahren jeden Sommer nach St. Joseph, um aus ihren Ersparnissen, als Dolmetscher oder Traders Pferde anzukaufen, mit denselben in eines ihrer bekannten Forts der Pelzhändler zu reisen und den dortigen »Bourgeois« zu verkaufen. Eigenen Pelzhandel dürfen nur die 2 patentierten Gesellschaften treiben. Da die Pelzwaaren hauptsächlich nur ihrer Haare wegen eingekauft werden, nicht der »Haut« wegen, und das Haar bloß in der kalten Jahreszeit in good order ist, so wird im Frühjahr und Sommer wenig gehandelt. Die Vier nehmen also bloß für den Winter Dienst; sind im Frühjahr wieder frei.

Lambert, undatiert, Council Bluff. B.u.T., Ausschnitt ca. 5 × 8, BHM SB/10.

Lambert gefiel mir besonders; von ihm lernte ich auch die indianische Zeichensprache. Alle Indianer von Nordamerika haben nämlich die gleiche Zeichensprache, um sich bei der großen Verschiedenheit ihrer Mundsprache gegenseitig verständlich zu machen. Diese Zeichen zu kennen ist absolut nothwendig für jeden, der sich mit Indianern abgeben will, deren Sprache er nicht kennt. Diese Zeichen sind sehr verständlich und einfach; jedes Zeichen drückt einen Gegenstand oder eine Handlung aus. Die Indianer sind so gewöhnt an diese Zeichen, daß sie dieselben auch beim Reden brauchen, was ihren Handbewegungen viel Ausdruck und Zierlichkeit verleiht.« 59)

Kurz bei den ›Pa-chotschie‹-Iowa von St. Joseph, 10. 3. 51 (?). B.u.T., BHM SB/77.

Im Winter 48/49 schließt Kurz zum erstenmal Bekanntschaft mit einer Gruppe von Iowa-Indianern aus der Umgebung von St. Joe. Sie bezeichnen sich selbst als ›Pa-chotschie‹, ›Staubnasen‹ und leben während der kalten Jahreszeit von den Abfällen der großen Schweineschlächtereien bequemer als von der unergiebig gewordenen Jagd:

»Da in den hiesigen Schlächtereien von den Schweinen nur die vorderen und hinteren Viertel nebst den Zungen eingesalzen werden, so sind die übrigen Theile zu einem Spottpreis zu erhalten; ja bei den tausenden von Grunzern, die während 2–3 Monaten geschlachtet werden, ist aus obigem Grunde und weil nicht »gewurstet« wird, der Abfall so bedeutend, daß man oft froh ist, denselben zu verschenken, er würde sonst durch die Fäulnis die Atmosphäre verpesten.« 60)

»Californians, Council Bluff 18. 5. 51«. Goldsucher auf dem Weg nach Kalifornien. B.u.T., BHM SB/79.

»Trader, 28. 8. 51«. Pelzhändler bei Fort Berthold. B.u.T., Ausschnitt ca. 10 × 13, BHM SB/151.

Während im Sommer 1848 die mit dem Pelzhandel verbundenen ›montagnards‹ noch die Szene in St. Joe beherrscht hatten, wurden sie nun vom zuerst langsam, dann aber rasend um sich greifenden Goldfieber, welches im März 1848 durch die Funde bei der Sägemühle des Schweizers August Sutter am American Fork in Kalifornien ausgelöst worden war, völlig verdrängt (61). Ein ganz anderer, unbeschreiblich bunt zusammengewürfelter Haufen respektabler bis zweifelhaftester Existenzen zwängte sich vor den Augen des verblüfften und vorerst skeptischen Malers und Barkeepers durch das als Sammelplatz und Abfahrtsstation für die transkontinentale Reise günstig gelegene Städtchen; sie brachten einen ungeahnten Aufschwung aller Geschäfte mit sich, von denen auch Kurz profitierte. Trotzdem er in der ›City Hall‹ (Abb. S. 56) alle Hände voll zu tun hatte, skizzierte er die Goldsucher und schrieb von ihnen (Abb. S. 49):

»Ende Januar 1849 zeigten sich in St. Joe die ersten Goldjäger. Lange hatte ich mit vielen andern dies Auffinden von soviel Gold als einen Humbug der Vereinigten Staaten-Regierung angesehen, um das neu eroberte Kalifornien schnell zu bevölkern. Als aber im Herbst ein gewisser Widmer von Solothurn, von Sutter in Cal. hergesandt, um seine Frau undd Tochter über die Prairie zu geleiten, hier anlangte, so durfte man nicht länger zweifeln.« 62)

»Das gab gute Zeiten für jeglichen Handel. Tausende und tausende strömten von der ganzen Union herbei, um das Gras wachsen zu sehen, das ihre Thiere auf der langen Reise ernähren sollte. Viele Goldjäger kamen so früh, daß ihnen die Mittel zur Reise ausgiengen. Jeder war bis unter die Zähne bewaffnet. Die meisten mußten erst reiten und fahren lernen. Da gab es drollige Szenen genug, besonders mit eigensinnigen Maulthieren. Der kühnste Abentheurer, den ich hier sah, war ein Irländer, der aus Armuth selbst Roß war, indem er die ganze Reise von 3 Monaten mit einem Schubkarren vor sich her stoßend unternahm! Und von diesem Manne weiß ich von rückgekehrten Kameraden, aß er richtig nach Kalifornien gelangte, während mancher in seinem Übermuth oder Unklugheit seine Zugthiere oder Reitpferde zu Grunde richtete, und, weil selbst nicht abgehärtet, elendiglich zurückbleiben mußte. Dieser Irländer trat aber seine Wanderung erst an, als bereits ein großer Theil der Goldgräber sich auf der Prairie befand; der Schlaukopf konnte flott von den weggeworfenen Lebensmitteln leben, womit viele ihre Wagen überladen hatten; ferner fand er bei jedem Campfeuer gastliche Aufnahme.

Zu verwundern war es, daß bei diesem Zusammenströmen so vieler Abentheurer keine Unordnungen vorfielen. Trotz ihrer Bewaffnung hatten die Goldjäger einen solchen Respekt vor den wegen ihrer Verwegenheit berüchtigten Grenzbewohnern (wozu wir auch gezählt wurden), daß sie schön ruhig blieben. Die wenigen Balgereien, von denen ich hörte, wurden durch Betrüger am Spieltische oder von den sogenannten Anführers (captains) der Gesellschaften verursacht, die, anstatt das anvertraute Geld zu Ankäufen von Wagen, Zugthieren oder Nahrungsmitteln zu verwenden, dasselbe verspielten, und ihre Kameraden dadurch in großen Schaden brachten.« 63)

Trotz der von Emigranten vermutlich aus St. Louis eingeschleppten Cholera, die auch in St. Joe viele Todesopfer forderte, darunter den ungeliebten trunksüchtigen und unredlichen Partner von Kurz, dessen Name im Tagebuch nie erwähnt wird, läuft das Geschäft blendend, und der Maler bleibt gesund.

»Es war eine lustige, bewegliche Zeit. Sie währte bis zum Juni. Unsere Handelsleute machten herrliche Geschäfte. Zuletzt sammelten sich die Mormonen bei Kanesville, 8 Meilen von Council-Bluffs, um nach dem Saltlake zu wandern und ihr neues Zion zu gründen. Die Stille, welche auf dieses Wirrwarr folgte, war unerträglich.« 64)

In dieser Stille und drückenden Hitze bricht am 4. Juni um 10 Uhr nachts unvermittelt die Katastrophe aus: ein stündiger Wolkenbruch, eine eigentliche Wasserwand ergießt sich auf die ausgedörrte Prärie, und der benachbarte kleine ›Blacksnake Creek‹ schwillt zum reißenden, trüben Strom an, schwemmt mehrere Häuser fort und setzt auch Keller und Wohnzimmer der ›City Hall‹ unter Wasser:

»Die ganze Nacht schöpfte ich Wasser; wie Goethe's Zauberlehrling fehlte mir aber die Formel. Alle Mühe umsonst! Den andern Morgen war ich ein halb ruinirter Mann; den andern Abend lag ich krank im Bett, ein heftiges Gallenfieber hatte mich überfallen. So ganz allein in der Fremde krank zu sein, ist kein Spaß; wie oft fiel ich im Fieber zum Bett hinaus, und fand mich beim spätern Erwachen am Boden liegend; wie oft lag ich verkehrt im Bett, weil ich im Fieber nicht wußte, was oben oder unten war, ja ich kroch selbst einmal in das Kamin, dasselbe für die Thüre nehmend!

Nach einem Monate etwa, hörte zwar das Fieber auf, aber als Folge davon mußte ich noch 2 Monate so angeschwollene Beine herumschleppen, daß das Wasser beim Auftreten unter der Sohlenhaut knatschte, daß ich an den Schenkeln mit den Fingern Löcher eindrücken konnte. War das nicht zum Verzweifeln?

▷▷ Iowa-Tipi (links, 27. 1. 49), -Hütte (rechts, 30. 12. 49) aus dem Lager der ›Staubnasen‹ bei St. Joseph. B., 16,1 × 19,8 und 19,6 × 16,1, BHM E.

Doch nach und nach verschwand das Wasser und ich ward so »gesund und bös« wie in meinen besten Tagen.

Der Wolkenbruch hatte mir aber materiell bedeutend geschadet, so wie meine Krankheit schuld war, daß ich viele Kunden verlor. Ohnehin war mein Geschäft nicht nach meinem Geschmacke, um so weniger jetzt da ich »rückwärts« machte. Meine lieben Pachotschie und die Erwartung, im Frühjahr mich an der Emigration wieder erholen zu können, hielten mich noch vorm Aufgeben von City-Hall ab.« 64a)

Kirutsche (?), Oberhaupt der ›Staubnasen‹-Iowa. St. Joseph, 10. 1. 49. B., Ausschnitt BHM E.

In dieser kritischen Phase schließt sich Kurz gegen Herbst immer enger an die in ihr Winterlager zurückgekehrten ›Pa-chotschie-Iowa‹ an, welche sich erneut mit etwa 30 Zelten (lodges) in der Nähe von St. Joe niedergelassen hatten. Mit besonderer Freundlichkeit begegnet dem Maler das Oberhaupt der kleinen Gruppe, Kirutsche:

»Im Sommer [1848] war er [Kirutsche] öfter mehrere Tage bei mir, um mich die Iowasprache zu lehren; er hatte große Freude an meinem Eifer. Er ist ein älterer, freundlicher Mann, nicht groß, aber äußerst behend. Er war schon sehr weit herumgekommen, war selbst bei Louis Philip in Paris gewesen.« 65) »Dieser Stamm nennt sich Pa-chotschie (Nase-Staub; Staubnasen). Sie wissen gar nicht, woher sie von den Amerikanern Iowas (Ayowa) genannt werden; niemand weiß es. Das Wahrscheinliche ist, daß sie so oder ähnlich von anderen Indianern genannt wurden. Ayo (Io) bedeutet bei den Iroquin schön, woher Ohio, Ontario etc. Da es jetzt einen Iowa Staat gibt, seine Bewohner also auch Iowas sind, so werde ich die Indianer um Verwechslung zu verhüten bloß nach ihrem eigenen Namen nennen. Die Verwirrung in den Benennungen der Stämme ist ohnehin schon groß genug.« 66)

Blenden wir an dieser Stelle einige packende Schilderungen aus dem winterlichen Iowa-Lager um die Jahreswende 1848/49 ein: Kirutsche hat Kurz an ein Fest zu seinen Ehren eingeladen; der Maler überquert begeistert den gefrorenen Fluß und versucht im eisigen Wind das Zelt des Häuptlings zu finden:

»28. 8. 49. . . . er hatte durch Trunkenheit das Fest gestört. Es war Uotschetsche (der welcher sucht; englisch wurde er Hughes genannt) . . .« (Ms Pa: 13). St. Joseph. B., 16 × 19,8, BHM E.

»Wotschimme, 11. 12. 49«. Kirutsches Squaw, Mutter von Witthae. St. Joseph. B., 16,2 × 19,8, BHM E.

»Sobald ich aber außer dem Bereiche des heulenden Windes in's Innere des Waldes kam, hörte ich gleich die Taktschläge der Trommel ertönen; . . . Ich hatte erwartet, ein Lederzelt zu finden, wie ich bereits an mehreren vorbeigegangen; es war aber eine elliptisch geformte Hütte aus gebogenen Weidenruthen mit Binsendecken überhängt, oben befand sich eine Öffnung für Licht und Rauch, an einer der langen Seiten eine niedere Öffnung mit einem Felle gedeckt als Thür.

Während ich vor der Hütte stand, um noch bei Tageshelle das intressante Bild eines indianischen Lagers im Urwalde zu genießen, wurde ein stämmiger Indianer aus der Hütte geworfen. Nackt, wie er war, fiel er in den aufgehäuften Schnee und blieb da liegen zum großen Vergnügen der umstehenden Weiber und Kinder: er hatte zuviel Whisky getrunken, deshalb das Fest gestört.

Wie ich durch die niedere Thür in die Hütte schlüpfen wollte, fand ich einen großen Indianer als Wache aufgestellt; er wollte mich nicht hineinlassen. Kirutsches Squaw hatte mich aber bereits erblickt, rief ihrem Manne zu, der mich denn auch sogleich holte und mich bei seiner hübschen sechzehnjährigen Tochter Witthae niedersitzen hieß. Ohnehin begeistert durch das Bewußtsein, trotz Geduldproben, Schicksalsschlägen, Hindernissen und vieljährigem Ausharren endlich doch meine höchsten Wünsche in Erfüllung gehen zu sehen, endlich mich in der Mitte von Indianern zu befinden, die lebendige Antike gefunden zu haben, – ohnehin romantisch genug gestimmt, mußte die reizende Witthae einen tiefen Eindruck auf mich machen. Wir konnten zwar nur wenige Worte wechseln, sie verstand englisch, wollte aber nicht reden, ich sprach noch wenig »Pachotschie«, mußte mich daher der Zeichen- und Augensprache bedienen. Mit einigen kleinen Geschenken, die ich für die Gelegenheit mitgenommen, suchte ich ihr wenigstens meinen guten Willen kund zu thun. Dabei machte ich die später oft erprobte Erfahrung, daß man viel schneller Bekanntschaft macht, wenn man die Sprache nicht versteht.

Über der schönen Nachbarin vergaß ich aber den Tanz nicht. In der Mitte der Hütte brannte ein großes Feuer; rund herum saßen etwa zwanzig Männer und junge Burschen (von den Canadiern »bannerets«, von den Amerikanern »bucks« genannt, weil sie in diesem Alter nichts thun, als den Mädchen nachstreichen). Am oberen Ende der Hütte saß Kirutsche, wie alle mit verschränkten Beinen am Boden, neben ihm seine besten Freunde, und zwei Trommler, die zum Taktschlagen (ein wiederholtes–◡) laut sangen. . . .

Bei einem der Zwischenakte setzte Kirutsche sich neben mich um zu schwatzen, mich seiner Tochter näher bekannt zu machen. Ich schenkte ihm Blei und Pulver, dessen er sehr nöthig hatte, worauf er einige Worte zu Witthae sprach, die dann sogleich aus ihrem Tragsacke (nebenbei als Hauptkissen dienend) ein Daguerreotypbild hervorzog und mir zeigte. Beide hatten große Freude, als ich den Alten gleich erkannte. »Paris, Louis Philipp, big king, french«, sagte er und machte das Zeichen »zum Geschenk erhalten«. Witthae drückte das Bild in meine Hand und schenkte es mir. Die Mutter (Wuotschimme) deutete lachend, ich soll ihre Tochter dafür küssen; wie aber Witthae merkte, daß ich den Arm um sie schlingen wollte, sprang sie lachend auf und schlüpfte aus dem Zelt. Ich wurde tapfer ausgelacht; ich dachte aber: warte nur!

Nach etwa drei Stunden gieng der Whisky aus, die Leute waren müde und verliefen sich; ich hoffte immer noch, Witthae werde zurückkommen, aber vergebens; sie in den anderen Zelten aufsuchen, wollte ich nicht. Als Finale tanzte noch zum allgemeinen Vergnügen eine alte Hexe ein Solo für sich allein. Sie war betrunken. Mit zusammengehaltenen Füßen hopste sie bald rechts, bald links, nach dem Takte der Trommel und ihrem eigenen Geschrei; dabei hielt sie sich mehr gebückt, bewegte abwechselnd ihre Ellenbogen vor- und rückwärts und ließ ihr langes Haar wild um sich flattern.« 67)

Während dreier Wintermonate wird Kurz zu einem regelmäßigen Besucher im Iowa-Lager; er studiert ungestört indianische Sitten und Gebräuche, versucht die Sprache, die er als weich und wohlklingend empfindet, zu lernen, und skizziert und porträtiert dabei soviel es ihm seine klammen Finger erlauben (Abb. S. 27, 41, 42).

Als ihm eine alte Squaw gegen ein Entgelt von einem Reit-Pony und einer wollenen Decke für sie, Brautkleidung, gute Nahrung und »keine Prügel« (!) für die Braut und einem Sack Mehl für die Verwandten ein schüchtern weinendes 13jähriges Mädchen, Omene, als Frau aufdrängen will, und er, »neugierig und zu jedem Abentheuer bereit«, wie er schreibt, ihr Zelt aufsucht, zieht er den wortlosen, aber unmißverständlichen Zorn der offensichtlich eifersüchtigen Witthae auf sich, was ihn sonderlich erfreut:

»Der Handel war verdorben, aber dafür war ich Witthae gewiß.« 68)

An dieser Stelle müssen wir auf eine kleine zeitliche Unstimmigkeit in den Manuskripten hinweisen: Während Kurz im Tagebuch dieses Winterfest und sein Fast-Eintreten in den Ehestand mit der indianischen Kind-Frau Omene mit Nachdruck auf den Neujahrsmorgen 1849 datiert, verlegt er das Ereignis in seiner ›Staubnasen‹-Erzählung – wohl um den Fluß der Schilderung nicht unnötig zu unterbrechen – auf das Neujahr 1850; dies ist jedoch aufgrund der Datierung diesbezüglicher Skizzen wenig wahrscheinlich. Wie dem auch sei, die beiden jungen Leute sind sich nicht gleichgültig, auch wenn die Iowa bei Einbruch der warmen Witterung 1849 wieder in die Prärien ziehen, für den Barkeeper unerreichbar. Weder die hektische aber erfolgreiche Geschäftszeit, noch die sommerliche Überschwemmung und die anschließende Erkrankung vermögen die Iowa und besonders Witthae aus dem Gedächtnis des Künstlers zu verdrängen, Kirutsche besucht seinen weißen Freund im Krankenbett des öftern, und nach seiner Genesung muß oder darf sich Kurz sogar zum Retter eines Iowa-Mädchens profilieren:

»Wegen einem bekannten Pachotschiemädchen wär ich um diese Zeit, nämlich Herbst 49, beinahe in einen gefährlichen Handel geraten. Wahotonni kam eines Abends atemlos zu meiner Thür hereingesprungen, verfolgt von einem Dutzend amerikanischer Schlingel, welche das einzelne Mädchen als gute Beute unter sich vertheilen wollten. Wahotonni war aber nicht die Art wie sie sie wünschten; sie ließ sich weder berühren noch einschüchtern; da sie mir früher zum Portrait gesessen hatte, kannten wir uns, und sie suchte nicht umsonst bei mir Schutz. Ich schlug den jungen Amerikanern die Thüre vor der Nase zu, und schloß ab. Da gab es einen Höllenlärm; sie wollten hereinbrechen, das Mädchen herausheben, den damned dutchman lyntschen. Das Mädchen führte ich in mein Wohnzimmer und setzte ihr einige Erfrischungen vor. Da krachten Steine ans Haus und gegen die Thüre; Wahotonni klammerte sich fest an mich; sie zitterte bei der Aussicht, in die Hände solchen Gesindels zu fallen. Aber ich reckte und streckte meine Glieder, vor Freude bei der Aussicht sie wieder zu was Besserem verwenden zu können als Gläser hinzustellen und zu fragen: you take some? Brandy? Whisky? etc. und dann die Gläser wieder zu waschen. Auch die draußen, übermüthig durch ihre Zahl, brannten vor Begierde mich zu klopfen, denn einige von ihnen hatte ich früher wegen roher Aufführung barsch zur Thüre hinaus spedirt, daher doppelte Lust, sich an mir zu rächen.

Die Steine flogen häufiger, doch hüteten sich die Angreifer Fenster einzuschlagen. Meine Doppelflinte noch mit einer Handvoll Rehposten bereichernd, stellte ich mich ans Fenster, meinen Feinden dieselbe zeigend. In diesem Augenblick trat ein alter Schulkamerad (aber leider ein Spitzbub schlimmster Art) zur Hinterthüre herein, mit den Worten: er wolle mir beistehen. Da ich aber sonst seine Gesellschaft abgewiesen, so sagte ich, meine Flinte werde mich hinlänglich beschützen. Er wollte aber auch seinen Spaß haben, und nahm einen Besenstiel, um als geübter Stockschläger die Amerikaner ins Staunen zu setzen; doch mußt' ich ihm ein Glas Whisky mit Pulver reichen, um seinen Muth nach alter Soldatengewohnheit (er hatte in der neapolitanischen und der U.S. Armee gedient, aber immer desertiert) zu stärken. Dann trat er hinaus; seinen Stock herumwirbelnd marschierte er unter die Schlingel, die vor Verwunderung die Mäuler aufsperrten und sich in gehöriger Entfernung zusammenscharten. Da sich auch einige Männer der Stadtbehörde zeigten, so glaubt' ich den Augenblick günstig, meinen Vogel durch die Hinterthüre fliegen zu lassen. Ich drückte Wahotonni ein clap knife in die Hand um sich im Nothfalle vertheidigen zu können, und empfahl ihr, wie ein Hirsch zu springen. Sobald ich gewiß war, daß sie unbemerkt entwischt sei, öffnete ich die Thüre wieder, um die Magnaten hereinzulassen, die vor dem Hause standen.« 69)

Spätestens beim Lesen dieser dynamischen und aggressionsgeladenen Schilderungen wird klar, daß sich Kurz trotz seiner Liebe zu den Indianern gut im Westen Amerikas eingelebt hatte und seiner ungeliebten Aufgabe als resoluter Barkeeper durchaus gewachsen war. Wie jedesmal, wenn sich der grundsätzlich friedliebende Maler durch Kritik, Angriffe oder Ungerechtigkeiten provoziert fühlte, brauchte er geraume Zeit um sich zu beruhigen, wobei ihm offensichtlich das Niederschreiben von Erlebnissen half:

»Nach den Landesgesetzen ist ein Barroom ein öffentlicher Ort, dessen Eintritt nur in besondern Ausnahmefällen verweigert werden darf; hingegen hinter den Schenktisch darf ohne des Eigenthümers Erlaubnis niemand, da beginnt sein Hausrecht; wer ihn hinter der Bar angreift, kann selbst niedergeschossen werden. Während meiner Schenkzeit mußt' ich mehrere Paukereien durchmachen, um mein Haus in respektablem Rufe zu erhalten. Wie oft sind gamblers und andere rowdies zu mir gekommen mit einem: damned dutchman, um meinen pluck (Muth) zu versuchen, oder zu sehen ob sie mich ungestraft beschimpfen können. Der Gleiche probiert' es nie zum zweiten Male. Obschon kein Freund von Prügeleien, finde ich es doch ehrenhafter, eine Beleidigung sogleich mit der Faust zurückzuzahlen, als sie einzustecken und sitzen zu lassen; hier ist dies wenigstens erlaubt, und dabei fühlt man sich mehr als Mann, als da wo unzählige Schimpfwörter erlaubt sind, die Ohrfeige als Antwort aber bezahlt werden muß.« 70)

Witthae, 16. 1. 50. St. Joseph. B., 15,8 × 19,6, BHM E.

Wahotami oder Wahotonni, St. Joseph, 29. 11. 49. B., 16,2 × 19,8, BHM E.

Kurzes Glück – ›Eisenaugen‹, Freund der ›Staubnasen‹

»Campmeeting. 23. 7. 50«. Liebespaar aus Savannah. B., 16,2 × 19,8, KMB II/547.

Kurz mit Witthae oder Niukogré. St. Joseph, 12. 9. 49. B., 16 × 19,8, KMB II/298.

Das Wetter bleibt herrlich, ein prächtiger warmer Spätherbst, der in den Prärien als »Indianischer Sommer« bekannt ist, hält den Missouri eisfrei. Als daher die von Kurz sehnlichst erwarteten Iowa am 22. Dezember endlich auf ihre alten Lagerplätze zurückkehren, können sie St. Joseph nicht besuchen, weil ihnen das Geld für die Fähre fehlt. So läßt sich der ungeduldige Maler denn selbst hinüberrudern. Er wird herzlichst empfangen und beginnt sogleich mit seinen Studien im Lager, scheint aber in seiner wieder auflebenden Verliebtheit und Schwärmerei oft nicht ganz bei der Sache zu sein:

»Eines Abends war es zu schön in der Wildnis; ich blieb im Walde, machte Besuche, hörte den verliebten Burschen zu, wie sie ihre Mädchen mit der Flöte lockten, oder sonst durch Blasen in die fast geschlossenen Hände Zeichen gaben. Ich hatte selbst mit der niedlichen kleinen Niukogré ein Stelldichein beim »hohlen Baum« am Ufer des Missuri. . . . Der Mond schien mir nie so schön, wie damals, die Bäume nie so kolossal, und das Leben so romantisch. Lange saß ich mit dem lieblichen, schalkhaften Mädchen auf einem umgefallenen Baumstamm; den Mond vor uns im Missuri, neben mir in ihren feuchten, schmachtenden Augen sich abspiegelnd. Ich fragte viele Worte, schrieb aber keine auf; erst spät in der Nacht giengen wir ins Zelt, hüllten uns in Mantel oder Decke, – wer schlafen konnte, schlief.« 71)

Der bezauberte Künstler schließt sich immer enger an ›seine Pachotschie‹ an, vernachlässigt sein Geschäft und macht sich durch seine Indianerkontakte unter den weißen Amerikanern, welche in der Regel die Einheimischen als »dreckiges zerlumptes Gesindel und Untermenschen« verachten, unbeliebt. Während Kurz im Tagebuch, abgesehen von einigen überschwenglichen Passagen wie der obenstehenden, vieles verschweigt, finden sich glücklicherweise in der ›Staubnasen‹-Erzählung aufschlußreiche und oft ergreifende Episoden aus dieser Zeit:

»Die Pachotschie beschäftigten mich jetzt so sehr, daß mein Geschäft ganz Nebensache wurde. Seit der Ankunft des letzten Dampfbootes wurden nicht weniger als 6 neue barrooms eröffnet; einer davon mir gegenüber. Bei jeder neuen Eröffnung muß der Wirt . . . mit allen möglichen Beigaben Kunden anziehen. So überbot einer den andern, die Wirte machten schlechte Geschäfte, weil sie ohne Profit verkaufen mußten, die Kunden hingegen blieben keinem treu, sondern löschten ihren Durst da wo man ihnen das meiste bot. Ich behielt lieber meine gute Waare, als sie mit Verlust verkaufen; verlor daher alle Amerikaner, bloß die Franzosen blieben mir, sie betrachteten mich als »pays«, Landsmann; auch liebten sie meine Indianer mehr als die Amerikaner.

Kurz mit Witthae und Schwester Niukigremme vor der ›City Hall‹. St. Joseph, 29. 9. 49. B., 16,3 × 19,8, KMB II/156.

»Witthae, 19. 1. 50. . . . bei Frauen und Mädchen kommen auch Tätowierungen vor, an welchen die Nation erkannt werden kann. Z. B. haben viele Iowamädchen einen großen Punkt zwischen den Augenbrauen, oft zwei übereinander. . .« (E, Kurz, 1894, S. 125). St. Joseph, B., 16,2 × 19,8, BHM E.

An wärmeren Tagen schloß ich meine Bude zu und skizzierte Lager und Zelte, Menschen und Thiere; sonst aber war ich in der Wohnung immer umringt von Pachotschie, die ich portraitirte. Witthae sah ich täglich, unsre »Flamme« wurde bald verzehrend. Ihr Einfluß wurde oft gebraucht, um von mir den verbotenen Whisky zu erhalten. Jeder Handelsmann übertrat das Verbot, nur durfte kein weißer Zeuge dabei sein, dessen man nicht ganz sicher war.

So wurde W. eines Abends sehr spät mit einigen alten Weibern zu mir gesandt, um für ein Gelage Whisky zu erhalten. Das Wetter war scheußlich, ihre Kleider total durchnäßt. Witthae legte Holz ins Kaminfeuer, wie wenn sie das Haus anzünden wollte, die Mocassins wurden ausgezogen, die Füße gewärmt und getrocknet; die wollenen Decken vor das Feuer gefaltet, daß ein Dampf aufstieg, genug um eine Maschine von 12 Pferdekraft zu treiben – und das feine Gerüchlein! Dabei kam ein Krug zum Vorschein. Witthae deutete darauf und sagte genji (Whisky, von getsche Feuer und ni Wasser). – Monteka (Geld, Silber)? – Nienge (keines). Rohantsike (zu viel), ich fand es nämlich zu viel Whisky, um anderen zu schenken als ihr selbst. Witthae gieng zum Feuer und schmollte.

»City Hall, St. Joe, Mo., 1. 12. 49«. Kurz empfängt hinter seiner Theke in der ›City Hall‹ heimlich Besuch von Witthae (rechts) und ihrer Schwester (?). Der Inhalt von Flaschen und Einmachgläsern aus seinem Angebot ist am linken Bildrand aufgelistet. Es war gesetzlich untersagt, an Indianer Spirituosen auszuschenken, aber Kurz war nicht der einzige Barkeeper, welcher Ausnahmen machte (s. S. 55). St. Joseph. B., 32,5 × 19,8, KMB I/49.

Da ich seit eingetretener Kälte meine Küche im Kamin selbst besorgte, hatte ich auch immer Vorräthe. Ich schüttete Kaffeepulver in die Kanne und stellte sie an das lodernde Feuer. Der gute Geruch des Kaffees (mankan-thewa, Erde schwarz; th englisch ausgesprochen) stimmte mein Mädchen bald wieder freundlicher; mit dem Zucker, Brot und Äpfel kam der Schalk wieder zum Vorschein. Während sich die alten Weiber noch am Kaffeesatz erquickten, nahm Witthae den Krug und gieng in den barroom, wo sie das Whiskyfläschchen wußte. Vor den Leuten war sie nie zärtlich, aber unter uns machte sie von ihrer Liebe kein Hehl. Der Krug war bald mit Feuerwasser gefüllt und im Triumph eilten die Weiber durch Nacht, Regen und Kot ihrem Lager zu.« 72)

Anfangs Januar ergreift der Führer Kirutsche die Initiative und trägt Kurz die Heirat mit seiner Tochter Witthae an. Er soll sich auf dem Land der Iowa niederlassen, wodurch ihm von den Führern des Stammes und von den Indianeragenten der USA 2000 acres Land sicher zugesprochen würden. Kirutsche wünscht zu arbeiten, sieht aber im Alleingang keine Lösung, weil ihn ein etwaiger Erfolg doch nur zum Unterhalt seiner zahlreichen arbeitslosen und untätigen Verwandten moralisch verpflichten würde. Um aber Nutzen aus seiner Arbeit ziehen zu können, will er sich mit dem Maler als Partner verbinden und ein bekanntes Steinkohlenlager auf Stammesgebiet am Missouri ausbeuten. Einerseits, so glaubt das weitsichtige und doch wieder realitätsferne Stammesoberhaupt, könne der Landbesitz von Indianern kaum je besser abgesichert werden als durch einen zusätzlichen Besitztitel eines Weißen, in unserem Falle Kurz, und andrerseits vermöchten auch hungernde Indianer Kohlen nicht einfach aufzuzehren wie Mais oder Korn. Kurz ist vom Vorschlag über den kombinierten ›Handel‹ begeistert, ohne sich aber in seiner Verliebtheit wirklich Gedanken über die Zukunft zu machen. »Wer nichts wagt, gewinnt nichts«, sagt er sich und willigt freudig ein:

»Den andern Nachmittag besuchte mich Kirutsche in St. Joe; wir setzten uns an das Kaminfeuer in meinem Wohnzimmer, denn es war fast niemand da. Ich konnte mir leicht denken, was kommen werde; daher sparte ich weder Tabak noch Whisky. Ista-mantugra intaro Pa-chotschie. (Eisenaugen ist der Freund der Staubnasen) – hu! – »Willst du heirathen, Witthae liebt dich, meine Tochter gut.« – Der »Gipfel« ist umwölkt. – »Sonne wird Wolken vertreiben. Witthae deine Frau, ich dein Vater, du 2000 Morgen Land erhalten; von unserm Land vom U.S. Agent verschrieben. Ich mit dir arbeiten, nicht mehr hungern will, am Missuri ich viel Kohlen gesehen, gut für Feuerboot. Du dort wohnen, weit von Pachotschie Dorf, arme Indianer nicht immer kommen, sagen gib mir, gib mir.« – Kirutsche spricht gut, ich werde Witthae fragen. Ich hier bleiben bis Laub kommt, viel Amerikaner kommen mit Geld, dann gehen. Witthae meine Frau sein hier, morgen, heute. Gebe dir ein gutes Roß. – »Hou, nauwe unungere, gut, Hand drücken«.

Noch ein Schluck, noch eine Cigarre, und mein »Schwiegervater« gieng fort. Die Freude Witthae mein nennen zu dürfen, war so groß, daß ich gar nicht an die wichtigen Folgen dieses Entschlusses für meine Zukunft dachte; das Ausschenken war mir zum Ekel, obschon es in letzter Zeit sich als eine sehr bequeme Gelegenheit erwies, die Indianer herbeizuziehen und zu studiren.

Nach einigen Stunden kam Kennachuk um mir zu sagen, Witthae werde nach eingebrochener Dunkelheit sich wieder wie früher beim »hohlen Baume« befinden. Diese Nachricht verdiente einen guten Botenlohn. Wie es finster wurde, eilte ich mit klopfendem Herzen dem wohlbekannten Baume zu, der ziemlich weit vom Lager entfernt war. Doch bevor ich die Stelle erreicht, sprang eine dunkle Gestalt auf mich zu, um mich zu erschrecken, aber ich faßte sie mit solcher Gewalt, daß sie froh war, sich mit dem Rufe »Fred« erkennen zu geben. – Witthae! hintami! Wir setzten uns auf einen umgefallenen Baumstamm, schwatzten und lachten, machten Pläne bis tief in die Nacht. Beim Abschied fragte ich meine Zukünftige, wann sie Frau sein wolle? »May be in five days, may be in six days, now go, not ask.« Schon sah ich sie nicht mehr, als sie noch mit ihrer melodischen Stimme mir nachrief: »may be not come!« 73)

»Als daher den 10. Januar Witthae mit der Mutter kam, bewillkommnete ich sie als meine Frau; hieß die Mutter einen warmen Kaffee machen, Fleisch braten, Brot holen. Auch White Cloud, der Chef der Iowas, kam zu Gaste, um Zeuge unseres Bundes zu sein. Den folgenden Tag kaufte ich ihr Zeug, damit sie sich eine vollständig neue Kleidung verfertigten könne – kurzes Calicohemd, rother, wollener Unterrock und

Kurz und Witthae im Wald bei St. Joseph, 7. 3. 50. Der Maler hält sein Skizzenbuch unter dem Arm; Witthae ist nach den Wünschen des Malers traditionell gekleidet (S. 57/58). B., 16,2 × 19,9, KMB II/425.

Kurz und Witthae im Zimmer der ›City Hall‹ beim Betrachten von Skizzen, St. Joseph, 7. 3. 50. B., 16,2 × 19,8, KMB II/429.

pantlettes, ferner eine rothe Decke, eine Auswahl von großen Glasperlen zu Halsbändern und viele farbige Seidenbänder zur Verzierung der Haare und Kleidungsstücke; später auch Strickwolle und kleinere Glasperlen für Gürtel und Hosenbänder. Ich wollte sie als Indianerin gekleidet haben, nicht als Europäerin; es hatte für mich einen besonderen Reiz und Nutzen. Witthae hätte lieber einen Rock nach europäischer Mode gehabt.« 74)

Unzählige Skizzen entstehen in den folgenden Monaten, den glücklichsten seines Lebens, wie Kurz sie bezeichnet. Porträts zeigen das ungleiche Liebespaar im trauten Zimmerchen der ›City Hall‹, auf Waldspaziergängen und an den Ufern des Missouri. Der Maler ist vor Freude wie benommen und bemerkt in seiner Arbeitswut die Veränderungen im Verhalten der zusehends von Heimweh nach ihren Verwandten und nach der angestammten schweifenden Lebensweise geplagten jungen Indianerin kaum. Der vereiste Fluß, über den Witthae im Winter noch jederzeit mit dem Lager der Iowa Kontakt aufnehmen konnte, beginnt aufzubrechen, und Treibeisschollen verunmöglichen eine Überfahrt. Der Frühling zieht zaghaft ins Land, doch der gewissenhafte Barkeeper kann sich trotz der fortschreitenden Trübsinnigkeit seiner Gefährtin nicht entschließen, die wegen der Einkäufe der kalifornischen Goldsucher blühenden Geschäfte aufzugeben:

»Fast immer weinte sie [Witthae] und sah durch das Fenster nach dem anderen Ufer hinüber. Kein Versprechen, sobald als die Goldjäger vorüber seien, mein Geschäft zu verkaufen, wollte helfen.« 75)

Trübsinnige Witthae, nach dem Iowa-Lager jenseits des Missouri bei St. Joseph blickend, 19. 3. 50. B., 16,2 × 19,8, KMB II/436.

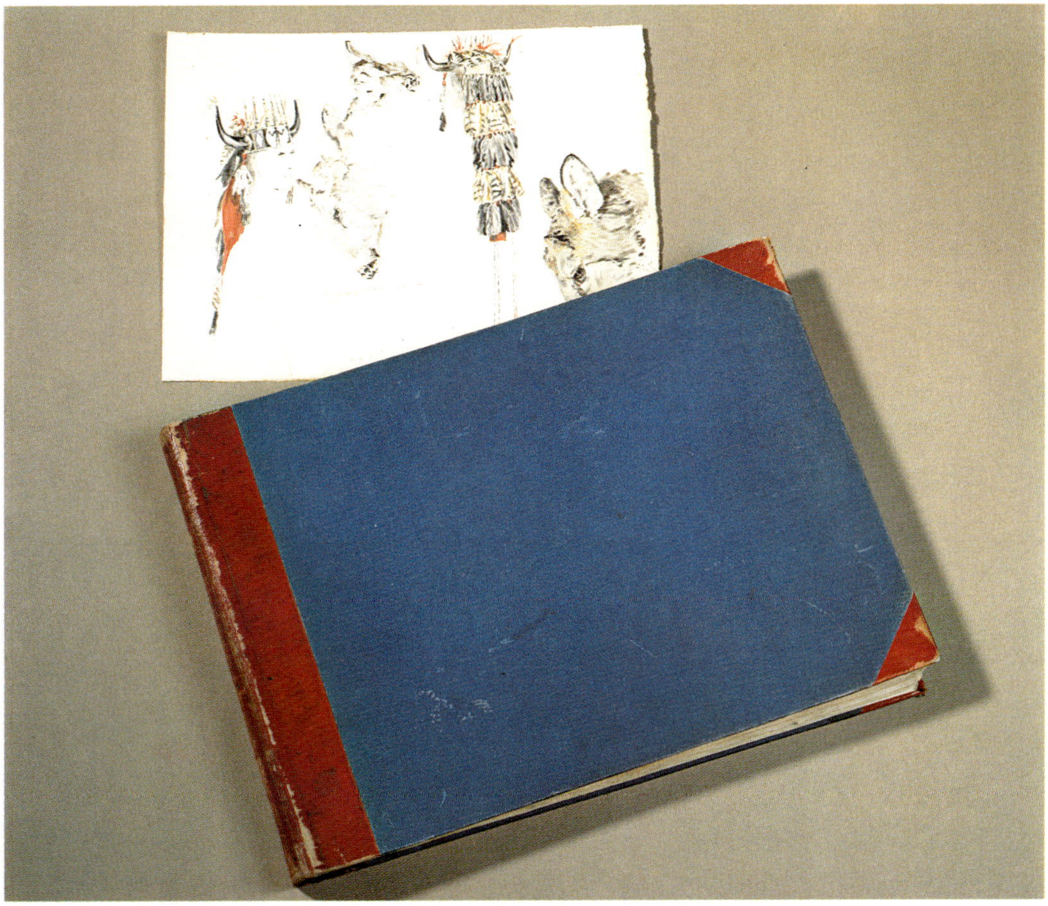

Originalskizzenbuch 1850–52, 36 × 27 cm (s. S. 63) und Aquarellstudie (Abb. S. 122 o.), BHM.

Pferdestudie. Bern, Sept. 1854, signiert Fred. Kurz. Öl auf Leinwand. Privatbesitz.

Omaha-Indianer mit Pferden. B.,aq., 3. 3. 51, Savannah. 36 × 26,5, BHM SB/55.

»Omahaw. Belle Vue, Nebraska Ty, 10. 6. 51«. Aq., 24,4 × 33,5, BHM E.

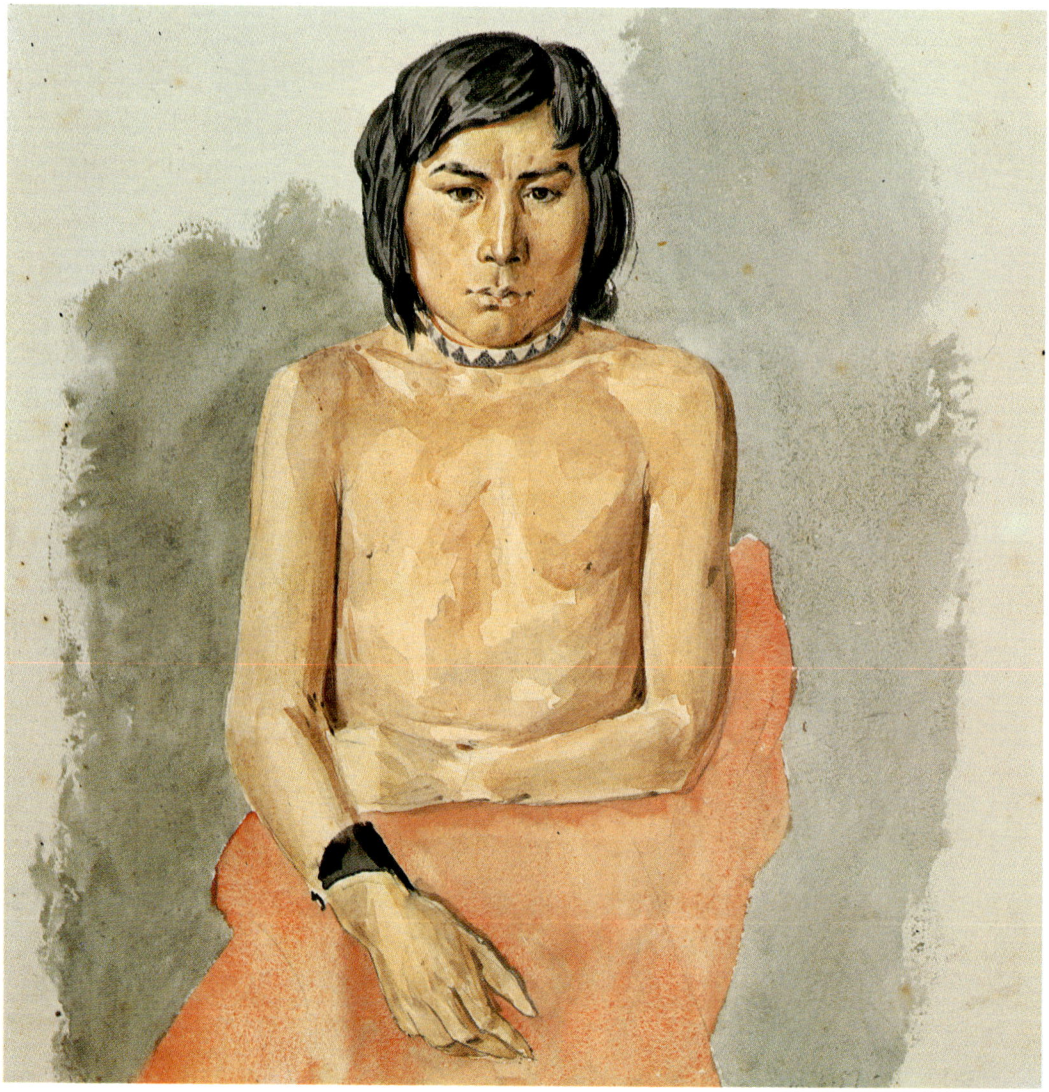

Bei Eintritt der warmen Witterung stellen die Schweineschlachthäuser ihren Betrieb ein, und eine Iowa-Familie nach der andern – darunter auch Witthaes Eltern – zieht in ihre entfernten Sommerwohngebiete auf die Jagd.

»Witthae fühlte sich bald wie ein eingespèrrter Vogel, sie hatte niemand als mich zur Unterhaltung; meine Mühe, sie aufzuheitern schlug fehl, sie ward schwermüthig, hatte offenbar Heimweh. Mit nassem Auge blickte sie unverwandt über den Fluß; träumte in ihr blanket eingehüllt von ihrer früheren Freiheit.« 76)

Nun ist das Schicksal nicht mehr aufzuhalten, so sehr sich der eigensinnige Künstler auch über das Gravierende der Situation hinwegzutäuschen versucht: sein sturer, kategorisch-männlicher Stolz vereitelt – mehr noch als sein sprichwörtliches Pech – einen durchaus möglichen glücklichen Ausgang der Liebschaft:

»Eines Morgens nach dem Frühstück, während ich mich im Schenkzimmer rasierte, verschwand sie mit ihren Habseligkeiten! Und ohne vorhergehende Szene; im Gegenteil. Abends vorher war ihrer Mutter Schwester mit ihrem Mädchen gekommen, was Witthae wieder fröhlich stimmte; vernahm sie doch wieder alle Dorfneuigkeiten. Noch beim Frühstück war sie so freundlich wie je und ich hatte meine größte Freude daran. Die alte Tante mußte Witthae verführt haben. Aber fort war sie – und weg blieb sie. Umsonst hofft ich auf ihre Wiederkehr.

Nach 14 Tagen kam Wuotschimme, aber ohne Tochter; sie werde mit dem Vater kommen, sagte sie. – Wenn Witthae gezwungen kommt, so bleib sie fort, war meine Antwort. Die Mutter gieng traurig von dannen.« 77) »Das war das Ende meines romantischen Traumes einer indianischen Ehe. Kurzes Glück!« 78)

Die riesige Enttäuschung des Künstlers läßt seine Welt in St. Joseph, das ihm nun verleidet ist, völlig zusammenbrechen. Er wird wortkarg, und beschränkt sich auf äußerst lakonische Notizen im Tagebuch; er zieht sich völlig in sich selber zurück, liquidiert – zu spät für Witthae – sein Geschäft unter peinlichster Beachtung aller Verbindlichkeiten Alfred Michel gegenüber und flüchtet in das Provinznest Savannah, nachdem er sich den verzweifelten Plan, dem Treck der Goldsucher zu folgen, wegen der erschütternden Zeitungsberichte über Gewalttaten in Kalifornien aus dem Kopf geschlagen hat (April 1850):

»Der Hauptgrund, der mich eigentlich zurückhielt, war übrigens das Bewußtsein, meine ferneren Studien von Indianern und wilden Thieren in der Nähe finden zu können, ohne so weit zu wandern. Californien selbst hätte mir im besten Falle bloß die Mittel zum Reisen, aber nicht die Gelegenheit zur Vollendung meiner Studien geboten.« 79)

Stelldichein mit Witthae beim »hohlen Baum«. St. Joseph, 27. 3. 50. B., Ausschnitt KMB II/ 127.

»[Whittae] träumte, in ihr blanket gehüllt, von ihrer früheren Freiheit.« St. Joseph, 21. 1. 50. B., 16,2 × 14,6, BHM E.

Der erfolglose Pferdehändler von Savannah

Selbstporträt des Malers mit seiner Lieblingsstute ›Fashion‹, Savannah, 6. 9. 50. B.u.T., BHM SB/13 (vgl. Abb. S. 42. »Am 7. August für 50 Dollar eine zierliche schwarze Stute mit vier weißen Füßen gekauft, ein ächter Mu-

Kurz vergräbt sich im unbedeutenden Savannah, 12 Meilen nordwestlich von St. Joseph und 6 Meilen vom Missouri entfernt. Bis zum Mai 1851, also über ein Jahr lang, lebt er zurückgezogen und reizbar unter den ihm verhaßten kleinbürgerlichen Einwohnern, deren Verlogenheit und religiöses Sektierertum ihn mit Abscheu erfüllen; ihrerseits erwidern sie seine Gefühle in gleicher Währung und meiden den unsteten und absonderlichen Schweizer Künstler, den ›dutchman‹

(Verballhornung von ›Deutschmann‹). Kurz, der zeitlebens ein ausgesprochener Pferdenarr gewesen ist, versucht nun vergeblich sein Glück als Kutscher, Pferdehändler und -spekulant; nebenbei langweilt er sich fast zu Tode, weil er kaum noch Indianer – höchstens einige vertriebene Potawatomi und Kansa – sieht. Seine einzigen Freuden sind das Reiten und seine Pferde, welche in unzähligen Studien und Selbstporträts auftauchen (Abb. S. 39, 42). Zahlreiche Unfälle mit den Tieren zwingen ihn aber schließlich dazu, seine überlebenden Stuten, welche er eigentlich mit großem Profit im neugegründeten Salt Lake City zu verkaufen gedacht hatte, in der Gegend für wenig Geld zu verhökern. Daß ihm vor dem Verkauf auch noch die Pferde ausreißen, und er sie tagelang in wilder Jagd verfolgen muß, vermag ihn schon nicht mehr sonderlich zu erschüttern. So verkauft er einen vollständigen Vierspänner mit Verlust in St. Joseph und Stuten und Füllen in Weston.

Erst im Mai 1851 beginnt er aus seiner Lethargie zu erwachen, zögernd wieder Pläne zur Fortsetzung seiner künstlerischen Laufbahn zu schmieden und stockend und im Telegrammstil seine Erlebnisse im vernachlässigten Tagebuch nachzutragen:

»Salt Lake und Fort Laramie aufgegeben, würde doch keine wilden Thiere antreffen. Also den Missuri hinauf. Er ist zwar schon ausgebeutet, aber vollständig nicht. Der Indianer, wie das Wild mehr als naturhistorische Gegenstände behandelt, aber nicht ihr Leben künstlerisch dargestellt. Übrigens ist ja mein Hauptzweck die Urnatur zu studiren. Gallerie oder ein gedrucktes Werk sind bloß Nebensache und nur dann möglich, wenn meine Studien ein vollständiges Ganzes bilden und mir später die Mittel verschaffen sollen, meine Hauptgemälde auszuführen, mich als Künstler dafür vorzubilden.« 80)

Diesem mutigen Entschluß zu einem künstlerischen Neubeginn verdanken wir heute die wohl bedeutendste Hinterlassenschaft des Malers: sein Album oder Skizzenbuch, welches ihm – neben den Tagebuchbögen in einer rohledernen Schutztasche sicher verwahrt – in allen zukünftigen Abenteuern der treueste Begleiter werden sollte. Nach der bitteren Flucht aus St. Joseph im Frühsommer 1850 muß der Künstler während seiner freiwilligen ›Verbannung‹ in Savannah ein solides, in dunkelblaues Leinen gebundenes Skizzenbuch mit bordeaurotem Lederrücken und goldgeprägter Aufschrift ›sketchbook‹ erworben haben (Abb. S. 59, 70). Zuerst nur zögernd zeichnend, überzieht er später jede leere Stelle der 195 Blätter mit Bleistiftskizzen, Federzeichnungen und einigen Aquarellen. Die frühen Arbeiten aus Amerika, von der Überfahrt Ende 1846 bis im Juni 1850, welche auf Papieren und Zetteln unterschiedlichster Formate und Beschaffenheit angefertigt wurden, sind zum Teil verloren gegangen oder nach der Rückkehr in Bern in großformatigen Büchern (›Studies of the Far West by Fred. Kurz‹) auf blauem Papier in recht willkürlicher Reihenfolge eingeklebt worden; die späteren Bilder hingegen – dessen frühestes vom Juli 1850 datiert ist – blieben im soliden Reiseskizzenbuch in der ursprünglichen Reihenfolge erhalten. Das Album überlebte glücklicherweise auch die widrigsten Abenteuer seines Schöpfers, wie zum Beispiel die katastrophale Überschwemmung des Jagdlagers von Fort Union am 24. März 1852:

»Es war hohe Zeit uns zu retten: der Fluß war übergelaufen, das Wasser hatte uns nach und nach und ohne alles Geräusch umschlichen ... der sichelförmige Mond beleuchtete nur schwach diese trostlose Szene; unsere dunkeln Gestalten mit den Büffelhäuten hin und her eilend, durch das Wasser stürzend wie Räuber mit ihrer Beute. ... Auf dem Trocknen angelangt band ich meine Kostbarkeiten, nämlich Album, Tagebuch und Material in der Tasche in mein liebes Kalbsfell, das mir beständig wegen seiner feinen Haare als Kopfkissen dient;« 81)

Ein ganzes ereignisarmes und glückloses Jahr lang bleibt Kurz in Savannah, bis er die enttäuschende Liebschaft mit Witthae einigermaßen verkraftet hat und sich seine gewohnte Ruhelosigkeit und Reiselust wieder einstellt. Im Mai 1851 erwacht sein ungestümer Schaffensdrang aber um so heftiger, und in Anbetracht seines Fiaskos im Pferdehandel wirft er sich in die Flucht nach vorne und zieht nach Nordwesten.

stange. Welche Freude, auf »Fashion« in den Wäldern herumschweifen und meinen Studienkreis erweitern zu können.« A Ms: 50).

Pferdestudie, Belle Vue, 6. 6. 51. B., Ausschnitt ca. 17 × 13, BHM SB/16

Bei den letzten Omaha von Belle Vue 1851

»Council Bluff, Ferry house«. Undatiert. B., Ausschnitt ca. 12 × 6, BHM SB/10.

Am Abend des 11. Mai 1851 besteigt Kurz in St. Joseph die ›Sacramento‹, um nach Council Bluff zu fahren, einer wichtigen Anlegestation für die Dampfboote der Pelzhandelsgesellschaften des oberen Missouri. Dort will er auf eines der zwei ›Company-boats‹ warten, um dann nordwestwärts bis an die Mündung des Yellowstone vorzustoßen. Iowa Point bei Council Bluff findet er:

»... ein miserables Nest. Dem Fluße nach alle Häuser verlassen, weil er durch beständiges Wegschwemmen ihre Existenz gefährdet. ... Mein Bett ist ein Schragen, über den eine Büffelhaut gespannt ist. ... Die hiesigen Bewohner sind meistens Mormonen. Kaum ein Dutzend bewohnte Häuser...« 82)

In der Folge verläßt er seine Absteige in Council Bluff, wo es nichts zu zeichnen gibt, so oft als möglich, um die Handelsstation Peter A. Sarpys mit den letzten Omaha-Indianern, ›Belle Vue‹ genannt, am gegenüberliegenden westlichen Ufer des Missouri aufzusuchen. Dieser Ort war

Belle Vue. Ansicht der Handelsstation von Peter A. Sarpy am Missouri gegenüber von Council Bluff. 16. 5. 51. B.u.T., BHM SB/69.

schon 1805 vom erfolgreichen spanischen Pelzhändler Manuel Lisa, dem Mitgründer der ›Missouri Fur Company‹, aus St. Louis errichtet und benannt und 1810 von W. P. Hunt, einem Mitglied der Johann Jakob Astor Expedition, zu einem Handelsposten ausgebaut worden. Karl Bodmer und Prinz Maximilian von Wied hatten 1833, ein Jahr nach dem amerikanischen Maler Catlin, diese damals von den Iowa und Omaha, aber auch von den Pawnee und Oto noch stark frequentierte Station unter Lucien Fontanelle besucht und abgebildet (83). Nun, 18 Jahre später, schreibt Kurz:

»In Belle Vue außer Sarpy's Haus befindet sich die Wohnung des U.S. Agenten Barrow (derzeit abgesetzt wegen unbefugten Handels mit den Indianern), die Schule für Pawnee Kinder (Ellet, Lehrer), sechs Blockhäuser von Halfbreeds mit Pflanzungen und ein kleiner Überrest (Ruine darf man es wohl nicht nennen) von Fontanelles früherem Handelsposten (in Neuwied's Atlas abgebildet); weiter unten die protestantische Mission unter Mc Kinney für Otoes und Omahaws mit schöner Fernsicht über die Mündung des Big Platte oder Nebraska.« 84)

▷▷ Gruppe von Oto-Indianern mit Einbaum bei Belle Vue, 15. 5. 51. B.u.T., Ausschnitt ca. 30 × 12, BHM SB/67.

▷▷ Palisaden, Erdhütten und Zelte des Omaha-Dorfes bei Belle Vue (s. a. S. 139f.), 20. 5. 52. B.u.T., BHM SB/97.

3.
Otoes. 15.5.51.

27.

Der Maler läßt sich nun kaum eine Gelegenheit zum Skizzieren entgehen: neben vielen Ansichten des Omaha-Dorfes, Zeichnungen von Erdhütten, Lederzelten und Stangengräbern entstehen auch eindrucksvolle Porträts stattlicher Omaha-Krieger; diese sind allerdings schon so ›zivilisiert‹ und von Bodmer und Catlin her an Maler-Besuch gewöhnt, daß sie von Kurz die nicht gerade bescheidene Summe von einem halben Dollar pro Porträt verlangen. Die zunehmende Fülle der Studien verbildlicht, wie sich der Maler langsam aus seiner Resignation zu befreien vermag und mit erneuter Energie und Schaffensfreude an die Arbeit geht. Daß die Bilder dieser stoisch und irgendwie entrückt wirkenden Indianer wie von leiser Tragik erfüllt scheinen, darf nicht weiter verwundern, stellten die 80 Krieger doch den kläglichen Rest eines einstmals mächtigen Stammes dar. Eine Pockenepidemie dezimierte im Jahre 1800 unter dem berühmt-berüchtigten Häuptling ›Schwarzer Vogel‹ (Washinga-Saba) die Omaha, welche sich von diesem furchtbaren Aderlaß auch durch die Allianz mit den ebenfalls reduzierten Pawnee nie mehr erholten (85) (Abb. S. 12, 60. S. 133f).

Porträts von Omaha-Indianern bei Belle Vue, 4. 6. 51. »Wasabaschinga u. squaw, Hauwemahe und Harika« (rechts). B.u.T., BHM SB/117.

Mitten in einer seitenlangen Schilderung der unkonventionellen Omaha-Frau Betsy, die ihn als »eine Art genialen Originals« stark beeindruckt, läßt er in der typisch Kurzschen Manier gespielter Gleichgültigkeit eine lakonische Mitteilung einfließen:

»Ich erhielt Nachrichten von Witthae, die in der Nähe mit einem Oto verheirathet ist;« 86)

Soviel von seiner ehemaligen Frau; auf der gleichen Zeile fährt er mit seiner Schilderung von Betsy weiter:

›Aschäwagi‹, ›geflecktes Pferd‹ (›spotted horse‹), Führer des Wolf-Clans der Pawnee (links) und Omaha ›Tahnugusch‹, Belle Vue, 9. und 8. 6. 51. Später, in Fort Union, setzte Kurz aus Platzmangel noch die Skizze eines Cree (rechts) und Porträts von ›Rassade au Cou‹ und ›Belle Jambe‹ (»Crihs, 28. 9. 51«, unten) auf das gleiche Blatt. B.u.T., lav., BHM SB/118.

». . . sie [Betsy] hätte einst bei einer Hungersnoth sich allein auf einigen zusammengebundenen Balken über den Fluß gerudert, ein Stück Vieh mit ihrem rifle erlegt, dasselbe zerschnitten, in das Floß gelegt und mit der gestohlenen Beute zu ihren Landsleuten zurückgesteuert.« 87)

Kurz schließt Bekanntschaft mit Charles Martin, dem imposanten Steuermann eines ›Mackinaw‹-Bootes und zeichnet für dessen indianische Frau ihren Sohn. Er erzählt von Pferdediebstählen, Falschmünzern und Spielern und regt sich über zwielichtige Gestalten im Grenzland auf:

»Gemeines Pack hier; Präsident Monroes Spruch nur zu sehr bestätigt: the worst Indians I have seen in my travels are the white people that live on the borders. Ein siebzehnjähriges Mädchen gesehen, welches vom Propheten Brigham Young zu Grunde gerichtet worden war; er wollte in ihrem Schooße ein »Christuskind« erwecken, sie kann kaum mehr gehen!« 88)

Nach einer Überschwemmung siedelt er endgültig nach Belle Vue in das Haus Sarpys über und lernt dort drei abenteuerliche Halbblut-Angestellte, Stephen Decatur (ein Neffe des berühmten Navigators), Joseph La Flêche und Sagan Fontanelle kennen und schätzen (Abb. S. 114; s. S. 136f). Als aber der Agent der mächtigen ›American Fur Company‹ für den oberen Missouri, H. Picotte, für die Reise-Absichten des unbetuchten Malers endlich Verständnis zeigt und ihn auffordert, weiter nach Norden mitzufahren, zögert Kurz keinen Augenblick:

». . . [ich] müßte wenigstens zwei oder drei Jahre in einem Fort zubringen, um das Intressanteste zu sehen. Wußte dies zum voraus, hatte aber nicht die Mittel, auf eigene Kosten mich in einem Fort einzuquartieren wie ein . . . Prinz von Neuwied, Audubon etc. Fragte, ob es möglich wäre, als Clerk Anstellung zu finden? [Picotte:] »Wollen sehen, kommt jedenfalls auf's Boot; glaubt ihr, das Nothwendige zu sehen im Vorbeifahren, so könnt ihr mit dem Boote wieder zurück.« 89)

Weil der Dampfer auf sich warten läßt, bringt die Verzögerung der ersehnten Abreise dem Maler die unverhoffte Gelegenheit, am 12. Juni mit Joseph La Flêche (Vater des Ethnographen Francis) dem berühmten Bisontanz der Omaha beizuwohnen, welcher zur Beschleunigung der Genesung von Tecumthe Fontanelle zelebriert wird. Das junge Halbblut hatte sich durch Unvorsichtigkeit mit der eigenen Flinte den linken Arm zerschossen und wurde nun in der Hütte seiner Mutter gepflegt (s. S. 134f).

Vor der Abreise kauft der Maler in Belle Vue noch verschiedenste Waren ein, welche er auf dem Boot gegen Ethnographika der »oberen Indianer« einzutauschen gedenkt, um seine geliebte und recht ansehnlich gewordene Kostbarkeiten-Sammlung zu ergänzen (Abb. S. 111).

›Bourgeois‹ Honoré Picotte, Agent der ›American Fur Company‹ für den oberen Missouri mit seiner indianischen Frau. Kurz bezeichnet ihn aus unerfindlichen Gründen als *W.* Picotte. B.u.T., Ausschnitt ca. 6 × 13, BHM SB/18.

Aufbruch nach Norden – Cholera bei den Hidatsa von Fort Berthold

Die Missourifahrt, beinahe mit einer Flucht zu vergleichen, sollte äußerst dramatisch werden! Das sehnlichst erwartete ›Company boat‹, die ›Robert Campbell‹ bleibt zwar aus, doch an seiner Stelle erscheint frühmorgens am 16. Juni 1851 unverhofft der Schaufelraddampfer ›St. Ange‹ bei Belle Vue / Council Bluff. Nun geht alles sehr schnell, die Tagebuchnotizen der turbulenten und tragischen Bootsfahrt sind von seltener Kürze, Prägnanz und Dramatik: diese Schilderungen aus ereignisreichen Perioden, in denen sich Abenteuer und Zwischenfälle regelrecht überstürzen und dem Maler kaum Zeit für sorgfältige Notizen lassen, wirken auch in knappem Telegrammstil authentisch und spannend; sie stehen in angenehmem Kontrast zu den langatmigen, nicht selten von tiefer Frustration oder leiser Schwermut gezeichneten, philosophischen Betrachtungen aus den Zeiten künstlerischer Inaktivität. Es ist denn auch kaum überraschend, daß ein ähnlich markanter Unterschied in Dynamik und Lebendigkeit zwischen den meist in aller Eile oder gar im Versteckten hingeworfenen Skizzen und Aquarellen aus Amerika einerseits und den mühsam später in Bern daraus komponierten Bildern andrerseits aufscheint (vgl. S. 45)!

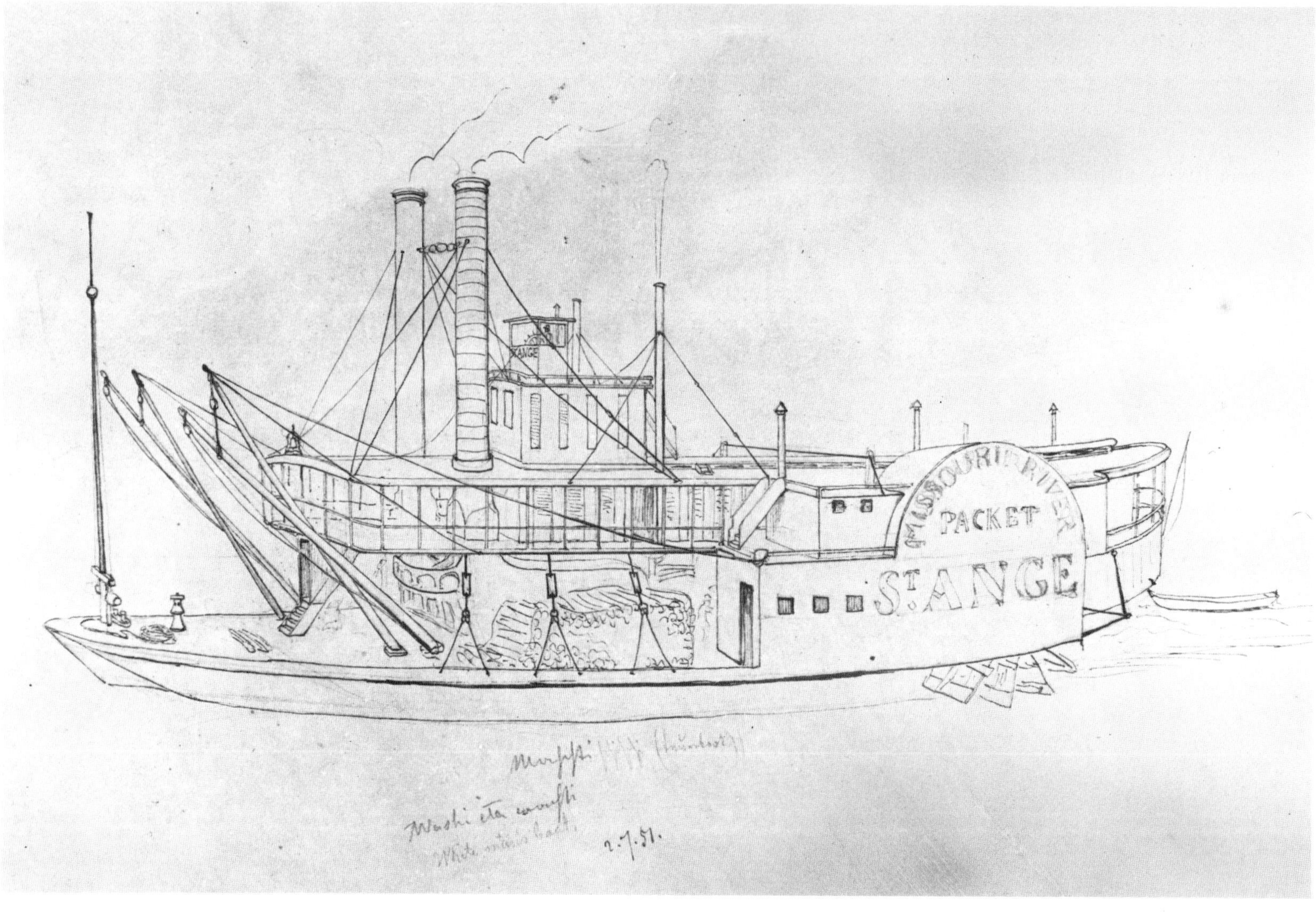

Missouri-Schaufelraddampfer ›St. Ange‹, welcher im Dienst der ›American Fur Company‹ die befestigten Handelsstationen der Pelzhandelsgesellschaft bis nach Fort Union (S. 90f.) an der Mündung des Yellowstone bediente. Auf dem Missouri zwischen Cedar Island und Fort Pierre, 2. 7. 51. B.u.T., Ausschnitt ca. 26 × 16, BHM SB/60.

Wir schreiben den 16. Juni 1851, die ›St. Ange‹ taucht unverhofft aus einer Biegung des Missouri bei Belle Vue auf:

»Das Boot hält an; ein junger Stier wird im Hofe schnell für das Boot abgeschlachtet, Tauben und Katzen eingefangen, einige Waaren umgeladen, – und mir erlaubt, das Boot benutzen zu dürfen. Aber das Boot ist ein Spital von Cholerakranken, von Sterbenden! In meiner Cabin sind die Effekten bereits Verstorbener aufgeschichtet, mein Koffer dient schon einem Kranken als Kopfkissen – soll ich's wagen? Doch schon ist das Boot weg, im Strom, good bye Decatur! Das Anhalten bei C. Bluff wurde sogleich von zwei Engagés benutzt um auszureißen, nachdem sie bereits wages zum Voraus bezogen.

17. Juni. Schon wieder zwei Todte und kein Arzt! Ein Professor der Geologie, Evans, bereitet die Mittel und Klistiere (Stärkemehl mit verdünntem Whisky?), die ich besorge, während père van Hoeken geistlichen Trost spendet; père de Smet auch unwohl, doch nicht von der Cholera. Die Engagés trinken zu viel Whisky, die Deckhands oder Matrosen bleiben nüchtern, daher gesund.

19. Juni. Abends bei Blackbirdsgrave durch ein tobendes Ungewitter anzuhalten gezwungen worden.

»Rivière à Basil. N.Mo., 25. 6. 51«. Flußlandschaft am Missouri bei Fort Vermillion, während der Flußfahrt nach Fort Berthold skizziert und im Dez. 1852 (unten rechts) in Bern in Sepia-Technik ausgeführt. 33,8 × 43,6, GKS KMB A 467.

Berittene Indianer. St. Louis, 27. 1. 47. B.aq., 29 × 22,5, BHM E.

Selbstporträt mit ›Fashion‹ (Abb. S. 42, 62), Skizzenbuch (Abb. S. 59) und Reitpeitsche (Abb. S. 116). Bern, 29. 5. 54. Ausschnitt aus einem Aquarell nach der Vorlage im Skizzenbuch (rechts), 42 × 33,5 (s. S. 86). Privatbesitz.

Selbstporträt des Malers mit der Stute ›Fashion‹ auf dem Opferplatz der Hidatsa. Im Hintergrund Fort Berthold. »26. August. Die große Opferstätte, welche der Sonne und dem Mond geweiht ist, ist gezeichnet; ein Kreis von Feindes- und Büffel-Schädeln um einen bemalten Büffelschädel in der Mitte, auf einem kleinen Erdaufwurfe. Vor jedem Schädel steckt ein weißes Flaumfederchen an einem Stäbchen. Neben dem Schädelkreise stehen zwei Stangen, an denen gegerbte Bärenfelle hangen. Oben an den Stangen sind Bündel Reiser befestigt; über dem einen Bün-

Welch Sturmwind, welche Leuchten, welch' Ströme von Regen! Katzen und Tauben, zur Fortpflanzung in den oberen Forts in Käfigen auf dem Hurricandeck, durch den Wind in den Fluß geworfen.

20. Juni. Hielten den ganzen Tag am rechten Ufer an, um das Boot zu reinigen, Kleider an der Sonne zu lüften, den Kranken bessere Pflege angedeihen zu lassen, und einige Todte zu begraben.

21. Juni. Père van Hoeken todt, gestorben wie ein Christ; nur zwei Stunden krank gewesen! Gegen 4 Uhr Morgens wurde ich durch sein Rufen geweckt, fand ihn halb angezogen auf seinem Bett in heftigen Krämpfen, weckte Père de Smet. Abends angehalten, um ihn bei Fackellicht zu begraben. Hatte noch sein Portrait für Père de Smet zu zeichnen. Der Verstorbene sollte zu den Nez percé als Missionär.

22. Juni. Bei Sergeant's Bluff (Floyels grave) einen Augenblick angehalten, um La Charité und La Vérité zu sprechen; hier soll später eine Stadt gegründet werden, es liegt noch im Iowastaate.

23. Juni. Bei Bruyère vorbei, fahren langsam; habe aber keine Eile; werde jetzt von Herrn Picotte als Clerk gebraucht, weil Louis gestorben; muß daher morgens früh die Engagés wecken, an's Holzhauen treiben, den verschiedenen Köchen ihre Rationen Caffe, Zucker, Crackers, Speck für ihre »messes« (Abtheilungen) abwägen und austheilen etc., was mir gute Hoffnung zu einer Anstellung giebt; jedenfalls das Reisegeld erspart.

25. Juni. Fort Vermillion wird verlassen. Schlegel der bourgeois kam mit Sack und Pack aufs Boot, um 60 Meilen höher am Fluße einen neuen Posten zu errichten. Iowastaat und Whisky zu nah, schlimme Konkurrenten für die Company, die keinen Whisky verkaufen darf. Ein Beispiel, wie der Pelzhandel von der Kultur zurückgedrängt wird! Oh Whiskykultur!

26. Juni. Der Preuße Schlegel trank im Verborgenen all meinen French brandy – als Arznei gegen die Cholera – ward betrunken und ich dafür von H. Picotte zur Rede gestellt. Bei der Isle de Bonhomme Schlegel und squaw mit Gepäck und Waaren ans Land gesetzt, um einen neuen Posten bei den Sioux zu gründen. . . .

27. Juni. Cedar Island.« 90)

del liegt eine Pelzkappe, zum Zeichen des Mannes, das andere soll die Frau vorstellen, nämlich Sonne und Mond . . .«. (A OMs: 103). Fort Berthold, 26. 8. 51. B.u.Aq., 36 × 26,5, BHM SB/146.

Fort Pierre mit Lager der Teton-Dakota (Sioux), 4. 7. 51 (s. S. 72). B.u.T., BHM SB/127.

4. Juli. . . . Nach dem Mittagessen endlich Fort Pierre erreicht; W. Picotte's Hauptposten für die Teton-Sioux. Ein Dutzend geputzter und geschmückter Krieger hütete die ausgeladenen Waaren. Siouxweiber tragen meistens noch das ursprüngliche Lederhemd. Das Fort und Lager auf dem St. Ange gezeichnet. Viele Waaren und Leute hier gelassen. Ein prachtvoller Stier von der Devonshire-Rasse wird zum Ziehen gebraucht; er soll schon öfter Büffelstiere besiegt haben!

5. Juli. Um 10 Uhr Fort Pierre verlassen; Tetonkrieger gaben eine Salve. Mehrere verlassene Indianerdörfer und Winterhäuser demolirt, um Stangen und Pfähle als Brennholz zu benutzen. Wir müssen seit wir keine Farmen mehr am Fluße antreffend, selbst unser Feuerholz schlagen und aufs Boot tragen. Au bois, au bois! ruft H. P.

7. Juli. Die ersten Büffel gesehen – vor 80 Jahren sah man sie noch im Staate Ohio. Good bye, buffaloes, Indians und Furcompanies. Auf einer Sandbank standen mehrere Büffel uns verdutzt angaffend; da sie uns nicht rochen des Windes wegen, konnten wir auf sie pfeffern. Einer wurde erlegt, lief aber noch eine Strecke weit, ehe er zusammenbrach. An einem starken Seile wurde er von den Engagés mit lautem Hurrah aufs Boot gezogen, sogleich geschlachtet und so aß ich das erste Buffalosteak.« 91)

Kapitän La Barge der ›St. Ange‹, nach Fort Pierre, 7. 7. 51. B.u.T., Ausschnitt ca. 5 × 9, BHM SB/18.

Bisons und Hunde bei Fort Berthold, 6. und 22. 7. 51. B.u.T., Ausschnitt ca. 30 × 14, BHM SB/40.

»Cedar Island. 27. 6. 51«. B.u.T., BHM SB/26.

Unzählige Zeichnungen begleiten den knappen und doch irgendwie überschwenglichen Text des Tagebuches; Kurz zeichnet ohne Unterlaß in sein Album, auf lose Folio-Bögen und auf allerlei Papierfetzen. Nicht wenige Bilder aus dieser Zeit sind in ihrer unvollendeten Lebendigkeit glücklicherweise erhalten geblieben. So schien Kurz das Leben im Grenzland geliebt zu haben, trotz Cholera, explodierender Dampfkessel und betrunkener Passagiere, trotz Tod und Gefahr auf Schritt und Tritt. Darüber hinaus geht auch noch ein anderer sehnlicher Wunsch des Malers auf dieser turbulenten Flußreise in Erfüllung und schlägt sich in vielen Bildern nieder: indianische Frauen und Mädchen vom Stamme der Arikara (»Ricaras oder Riks« bei Kurz), die in der Regel in bezug auf Nacktheit recht prüde waren und kaum so häufig wie sie im Skizzenbuch mit stereotyp wohlgestalteten Körpern verewigt sind, ohne Bekleidung vor den allzu wachen Augen des Malers herumstolziert sein dürften, lassen sich beim Bade bei Fort Clark überraschen:

»Postirte mich hinter Père de Smet's Fuhrwerk und betrachtete Fort, Dorf und Leute mit meinem Fernglas; hatte einen intressanten Anblick auf etwa 50 badende Mädchen und Weiber. Da diese sich unbeachtet und versteckt glaubten, gaben sie sich ganz ihren natürlichen Scherzen hin; fand einige zierliche Figuren unter ihnen; so schlank, geschmeidig und doch rund, doch fest. Wie sie sich spritzten und balgten, hinter den angeschwemmten Baumstämmen versteckten, und wieder andere träumerisch sich von der Sonne trocknen ließen, in so natürlichen, ungezierten und doch zierlichen Stellungen! Hätte nur das Dogfeast bis in die Nacht gedauert, ich hätte es nicht bereut. Ein gebratener Hund wurde Herrn P. und comp. als Leckerbissen im Dorfe servirt! (Ich hätte nicht getauscht). Herr P. wurde auf einem geschenkten Pony zurückgeführt, ich mußte ins Office, um die Bewirthung in der Cajüte zu besorgen.« 92)

Badende Arikara-Frauen bei Fort Clark. Fort Berthold, 17. 7. 51. Später hinzugefügt: Crow-Porträts, Fort Union, 24. 12. 51. B.u.T., BHM SB/72.

Diese vom Maler des öftern sehnlichst herbeigewünschte Gelegenheit, ›seine Naturkinder‹ ganz ohne Hülle – wenn auch im Versteckten und durch ein Fernglas – beobachten zu dürfen, muß ihn außerordentlich beschäftigt haben: In seinem Skizzenbuch häufen sich nach diesem Ereignis, welches in einer reizvollen, auf den 17. Juli 1851 datierten Federzeichnung seinen Niederschlag gefunden haben dürfte, in auffälliger Weise die Studien nackter, badender Indianerfrauen. Dabei sind ausschließlich junge und schöne, wie aus einem Guß wirkende weibliche Körper abgebildet; die zugehörigen Gesichter tragen kaum individuelle Züge, eine erstaunliche und sicher nicht zufällige Erscheinung bei einem so geschickten Porträtisten wie Kurz! Einmal mehr dürfte durch diese flüchtige Beobachtung im Maler die Sehnsucht nach der bildlichen Darstellung des ›absoluten weiblichen Ideals‹ so stark geworden sein, daß der sonst in seinen Skizzen um äußerste Authentizität und Detailtreue bemühte Künstler seiner brennenden Phantasie, seinem erotischen Wunschdenken mit Dutzenden von erfundenen Kompositionen Ausdruck verlieh. Diese ›Modellstudien‹ hat er als Idealist sicher mit der Notwendigkeit der Beschaffung von Dokumentationsmaterial entschuldigt, um sich nicht selbst der von ihm verabscheuten und an anderen arg kritisierten »banalen und vulgären Lüsternheit« bezichtigen zu müssen (vgl. S. 84/96f). Vermerken wir an dieser Stelle, daß Kurz unzählige Frauengestalten, die ihm kaum je hüllenlos Modell gesessen haben dürften, vorerst in ihrer ›hypothetischen‹ Nacktheit skizziert hat, um sie später, für die endgültige Ausführung der Studien wieder ›anzuziehen‹. Dieses Vorgehen ist auf vielen unvollendeten Skizzen noch deutlich zu erkennen; der Maler rechtfertigt seine Arbeitsweise in einer Tagebuch-Bemerkung folgendermaßen:

»Das Studium der lebenden Antike war mein Hauptzweck. Weil nackte Leute andere Stellungen anzunehmen gewohnt sind, als angekleidete, mußte ich Indianer aufsuchen, die mir als Modell dienen konnten; akademische Modelle waren gut genug zu den Vorstudien.« 93)

Frauenfiguren. Fort Berthold, Juli 1851. B.T. BHM SB/58. Rechts: Savannah (?), 19. 5. 50. B., 16 × 19,8, KMB II/398.

Zu seiner großen Freude sollte er während des Aufenthaltes in Fort Berthold dank des ausgesprochenen Reinlichkeitssinnes und der Badefreudigkeit der Hidatsa noch öfters Gelegenheit haben, Bildstudien nach seinem Geschmacke aufzuzeichnen und über die ihn begeisternde, vermeintlich naturnahe Moralität der Einheimischen zu sinnieren. Daß er bei der Interpretation indianischer Verhaltensweisen ständig eigene Werturteile und eigenes Wunschdenken einfließen ließ, ist wohl verständlich, dürfte Kurz aber kaum bewußt geworden sein:

»Die Nacktheit der Männer übt keinen wohllüstigen Einfluß auf die »Weibchen« aus; diese sind daran gewöhnt, die Neugierde belebt ihre Phantasie niemals, ebensowenig bei den Männern, die beständig Gelegenheit haben, nackte Weiber, Mädchen und Kinder im Fluße baden zu sehen. Bekanntlich reizen halbverborgene Nacktheiten die Sinne viel mehr, als ganz unenthüllte. Sie betrachten es als Natur, als etwas, das sich von selbst versteht, die Kleidung mehr zum Schutz gegen Sonne und Witterung. Mädchen gehen nackt bis ins dritte, Buben bis ins sechste Jahr, dabei säugen sie oft noch. – Beim Baden der Mädchen kann man gewöhnlich durch ihre Manier sehen, ob sie noch unschuldig im eigentlichen Sinne des Wortes (moralisch und körperlich genommen) seien. Ein unschuldiges Mädchen schämt sich nicht, es weiß nicht warum, unbedeckt springt es herum, jagt und spritzt seine Kameraden, jauchzt und lacht so gemüthlich, wie wenn die ganze Welt sein wäre; nicht so das schuldbewußte Mädchen; es weiß, was es weiß, bedeckt die Theile à la Venus; lacht nicht mehr in den Tag hinein, sondern sinnt dem nach, was es weiß, was es wünscht oder fürchtet.« 94)

Badende Hidatsa-Frauen mit Kindern. Fort Berthold, 19. 7. 51. B.u.T., teilweise laviert, BHM SB/86.

Im seit der Gründung Fort Bertholds recht bedeutungslos gewordenen Fort Clark hält sich die Gesellschaft nur über Nacht auf; die Station war noch zu Zeiten Bodmers und Prinz Maximilians unter dem Kanadier deutscher Abstammung James Kipp ein wichtiger Handelsposten gewesen, in dem die beiden Reisenden und der Jäger Dreidoppel in einem eigens für sie erbauten Haus den Winter 1833/34 verbrachten. Einige von Bodmers schönsten Bildern entstanden unter den dortigen Crow (Absaroka), Mandan und Hidatsa (95). Die Arikara, zu deren ›Dorf‹ Fort Clark nun geworden war, zogen erst später in die von den beinahe ausgestorbenen Mandan verlassene Siedlung. Der Bericht des Malers George Catlin über den Untergang des blühenden Mandanstammes unter Mató-Topé durch eine mit Pelzhandelsschiffen aus St. Louis 1838 eingeschleppte Pockenepidemie, gehört mit zu den ergreifendsten Schilderungen über das tragische Schicksal der Prärie-Indianer (96). Kurz bemerkt dazu trocken:

»Einige Mandans begleiteten uns nach ihrem nahegelegenen Dorfe. Armer Überbleibsel (14 Hütten, aber meistens leer) eines großen Stammes; . . . Das jetzige Dorf der Riks gehörte früher den Mandans; Prinz Neuwied brachte dort einen Winter zu, und Bodmer gab eine sehr gute Zeichnung davon.« 97)

Am 9. Juli 1851 trifft die ›St. Ange‹ in Fort Berthold an der Mündung des ›Little Missouri‹ im heutigen Staate North Dakota ein. Dieser mit weißgetünchten Palisaden befestigte Handelsposten der ›American Fur Company‹ war in der Nähe der gemeinsamen Siedlung der Hidatsa/Mönnitarri und Mandan (›Like-a-Fishhook‹) aus etwa 80 Erdhütten errichtet worden (98). Die wenigen Mandan und Hidatsa, welche die Pockenepidemie überlebt hatten, zogen sich in umzäunten Dörfern zusammen, um sich gegen die Übergriffe feindlicher Nachbarstämme besser verteidigen zu können. In dieser Handelsstation beauftragt der Agent ›Bourgeois‹ Honoré Picotte den Maler, als Angestellter des Veteranen James Kipp, Verwalter von Fort Berthold, die Arbeit aufzunehmen und den Handel mit den benachbarten Indianern überwachen zu helfen. Kurz hatte sich schon auf der ›St. Ange‹ von den mitreisenden Mandan und Hidatsa beeindruckt gezeigt und hoffte deshalb, in ihren Dörfern um Fort Berthold reichlich Anschauungsmaterial für sein Skizzenbuch zu finden; er beschließt, den Auftrag anzunehmen und sich vorläufig im Fort in den Diensten Kipps niederzulassen:

James Kipp, Verwalter von Fort Berthold, 15. 7. 51. B.u.T., Ausschnitt ca. 5 × 8, BHM SB/56.

»Crow Ind., 29. 9. 51«. Die ackerbautreibenden Mandan und Hidatsa bei Fort Berthold wurden oft von Banden vollnomadischer Krähenindianer (River Crows) aus dem Norden auf der Suche nach Mais heimgesucht. Später in Fort Union porträtierte Kurz einen dieser stolzen Reiterkrieger, vermutlich das Oberhaupt ›Rottentail‹ der Absaroka-Crow. B.u.T., BHM SB/52.

»Nach dem Abendessen mit Alexis mein neues Quartier bezogen: dunkles nur durch ein Fensterchen mit nie gewaschenen Scheiben erleuchtetes Zimmer mit großem Kamin; zwei hölzerne Bettstellen, die ich aber bei genauerer Untersuchung von rothen Wanzen bewohnt fand, was mich sogleich bewog, meine Büffelhäute auf dem Boden auszubreiten.

10. Juli. Was ich heute sah und hörte, deutet für mich auf eine reichliche Skizzenernte. Das nahe Dorf von 80 Erdhütten, von Pallisaden umgeben, die Billardspieler, Gaffer, Pferdehüter, arbeitenden squaws etc. bilden meine tägliche Umgebung. Aber auch die musquitoes sind lästig, und ohne Räucherung mit »sweet sage« (Wermuth, artemisia) an keinen Schlaf in den Zimmern zu denken. Das Fort soll immer so lebendig mit Indianern sein, außer im Winter, wenn sie die Büffel in der Umgegend jagen; aber dann werde ich auch dieses Schauspiel genießen. Auf diesem Posten wird nicht gereist; die Mönnitarri oder Gros Ventres, wie man sie nennt, gehen nie weit von ihren Pallisaden aus Furcht vor den Sioux, sind auch nicht in verschiedene Banden getheilt, es sind ihrer zu wenige. Nach der Ernte von indianischem corn (wilder Mais) von welchem die Squaws hier bedeutende Felder anpflanzen, kommen oft Banden von Crows, einem verwandten Stamme, jetzt auch Assiniboins, seit sie Frieden geschlossen, um Korn einzutauschen, oder vielmehr zu betteln. Die

Mönnitarri sind durch Krieg und Seuchen so heruntergekommen, daß Herr Kipp ihr Lager gegen Bezahlung von hundert Büffelhäuten verpallisadirte, um sie wenigstens vor Überfällen und gänzlicher Ausrottung zu sichern. Von außen sieht man daher keine Hütten, man muß durch die Thore hineingehen; Bellangé verspricht mir auch Gelegenheit zu erhalten, ein Gefecht zu sehen, da noch alle Jahre die Sioux gekommen seien.« 99)

Zu einem eigentlichen Überfall kam es glücklicherweise nicht, aber der Hidatsa ›Le Boeuf Courte Queue‹ wird von fünf streifenden Sioux erschossen, ohne daß diese aber den Skalp des Gefallenen an sich nehmen können. Die anschließende Plattformbestattung auf einem hohen Totengerüst bietet dem Maler Anlaß zu vielen Studien. In Mißachtung des von ›Bourgeois‹ Picotte schon in Belle Vue nachdrücklich geäußerten Verbotes, im Streifgebiet der als abergläubisch geltenden Mandan und Hidatsa zu porträtieren, zeichnet der Künstler mehr oder weniger im Versteckten wie ein Besessener. Die trotz ihres Elendes noch stolz und malerisch auftretenden Hidatsa haben es ihm dabei besonders angetan. Es tut seinen brillanten und detailgetreuen Skizzen und Kompositionen wenig Abbruch, daß er – trotz des Erstellens einer langen Wörterliste – die Zugehörigkeit der von ihm als Herantsa bezeichneten Hidatsa zur großen Familie der Sioux-Dakota-Stämme nicht erkannt hat.

Hidatsa-Krieger mit Körperbemalung und Bisonroben. Fort Berthold, 1. 8. 51. B.u.T., teilweise laviert, BHM SB/130.

Eine Zeitlang sollte alles gut gehen. Kurz wird von seinem neuen Vorgesetzten kaum beansprucht; seine Arbeit besteht vorerst aus der Zusammenstellung und Niederschrift eines Wörterbuches der Mandansprache mit 600 Einträgen, angelegt nach der Aussprache von Kipp, der von seiner indianischen Frau unterstützt und korrigiert wird. Dieser Auftrag kommt dem wissensdurstigen Maler sehr entgegen – um so mehr als er schon bei den Iowa von St. Joseph ein ›Wörterbuch‹ angelegt hat – und er fertigt für sich gleich eine Kopie der Mandan-Listen an, welche er seinem Journal beigesellt. Außerdem bietet sich ihm in Fort Berthold die Gelegenheit, seine Sammlung indianischer Artefakte mit einigen seltenen Stücken zu erweitern; er erwirbt von James Kipp unter anderem für den stolzen Betrag von je 5 Dollar ein Halsband aus Grizzlybärenklauen und einen Bogen aus Hirschhorn. Zur Hauptsache aber malt er, trotz Picottes ausdrücklichen Verbotes, stundenlang: er skizziert verschiedene pittoreske Hidatsa-Kriegergruppen, zeichnet das Fort, indianische Erdhäuser und die Umgebung und aquarelliert dazwischen ein eindrückliches Selbstporträt, eines der wenigen Bilder im Skizzenbuch, welches als abgeschlossene Studie betrachtet werden kann (Abb. S. 70).

Die tragischen Ursachen der sogenannten Abergläubigkeit der Mandan und Hidatsa sind ihm bekannt; da er sie zwar für beklagenswert, nicht jedoch für zutreffend hält, kümmert er sich in seinem schöpferischen Fieber kaum darum. Viele Indianer der Umgebung überwinden ihr anfängliches Mißtrauen und erweisen sich als so neugierig, daß sie dem Maler freiwillig Modell stehen und sich kindlich freuen, wenn sie eine ihnen bekannte Person in seinen Porträts und Skizzen wiedererkennen. Kurz ist nun so beschäftigt, daß er sogar freundliche Besuche als Störungen empfindet und darauf äußerst unwirsch reagiert:

Mandan. Fort Berthold, 13. 7. 51. B.u.T., lav., Ausschnitt ca. 6 × 20, BHM SB/36.

»15. Juli. Die Mandan sind mir immer im Wege, wenn ich in meinem Zimmer zeichnen möchte, sie wollen immer mit ihrem Freund Alexis tubaken. . . . Nun sehe ich täglich so viele Gruppen, die ich niederzeichnen muß, während der Eindruck noch frisch ist, weil zu viele einander folgen, so daß ich nicht leiden kann, so oft gestört zu werden. Das schlimmste ist dabei, daß Mandans wie Mönitarris höchst abergläubisch sind und das Zeichnen und Malen als böse Medizin betrachten. Es traf sich nämlich unglücklicherweise, daß die wilden Blattern zum erstenmal sich unter diesen Stämmen zeigten, als vor 20 Jahren Catlin seine Reise hierher machte; daß gleich darauf nach Freund Bodmers Anwesenheit mit dem Prinzen von Neu-Wied die Cholera ausbrach und ebenso schreckliche Verheerungen anrichtete. Daß endlich auch in diesem Jahr auf unserm Boote die Cholera 15 Opfer weggerafft und diese Krankheit sich bereits unter den Indianern zeigt, während in den andern Jahren keine verheerenden Krankheiten regierten; – darum fürchten sie die Maler, und wer kann sich wundern bei diesem sonderbaren Zusammentreffen? Schon in Belle Vue hatte mich Herr P. gewarnt und mir verboten, in ihrem Revier kein Portrait zu malen, bei dem geringsten Unfall müßte ich die Schuld davon tragen und vielleicht gar mit meinem Leben dafür büßen und für sie als meine Beschützer könnte es ebenfalls Unannehmlichkeiten nach sich ziehen.

Ich hatte mich deshalb wohl in acht genommen und keinen Indianer zu Portrait sitzen heißen, sie bloß im Verstohlenen angesehen und skizzirt. Trotz des Mißtrauens war ihre Neugierde aber doch zu groß, sie wunderten und freuten sich sehr ob der Zeichnungen, kannten die Umrisse von Père de Smet, Picotte und Cap. Labarge sogleich, obschon mir diese Herren nicht gesessen.« 100)

Obschon die von Kurz angeführte chronologische Abfolge der Ereignisse nicht ganz stimmt, war doch die schicksalhafte Verknüpfung der tragischen Vorfälle dazu angetan, den Mandan und Hidatsa aus ihrer Sicht allen Grund zu geben, dem Maler gegenüber mißtrauisch und feindlich gesinnt aufzutreten. 1833/34, zur Zeit des Besuches von Karl Bodmer und Maximilian Prinz zu Wied waren die Mandan noch ein zahlreiches und stolzes seßhaftes Volk, das Bedeutendste am oberen Missouri, gewesen, welches den blaublütigen Wissenschaftler besonders beeindruckte und seinen Zeichner zu einigen seiner schönsten Bilder inspirierte. Schon 1838, nach dem Abklingen der von den Weißen eingeschleppten Pockenepidemie, waren nur noch 150 Seelen überiggeblieben, welche beim Besuch von Kurz unter den ebenfalls grauenvoll reduzierten Hidatsa um Fort Clark und Fort Berthold dahinvegetierten. Nun sollte sich das tragische Schicksal abermals wiederholen, als ob es die Indianer für ihr in der Zwischenzeit abgebautes Mißtrauen erneut auf gräßliche Weise ›bestrafen‹ wollte.

Das Unheil braut sich unmerklich zusammen, während der Maler noch unbekümmert Skizzen zweier erfolgreicher Skalpjäger anfertigt, welche noch 19tägiger Abwesenheit, mit schwarzgefärbten Gesichtern und weißen Nasenspitzen ihren Erfolg beim ›Coup‹ von weitem signalisierend, ins Lager einreiten (siehe Abb. S. 81). Daß die beiden auf Stangen getragenen

Jäger im Lager. St. Louis, 19. 5. 47. B., aq., 31 × 22, KMB II/45.

Bisons am Missouri, undatiert. B.u.T., aq., BHM SB/159.

Weil die kranken Indianer nun ausbleiben, skizziert der Maler an ihrer Statt Hunde und übt sich beim Halbblut Bellangé in der pan-indianischen Zeichensprache. Er scheint nicht zu realisieren, daß die grassierende Influenza für die Einheimischen lebensgefährlich sein kann, und beschreibt unbeteiligt, was er sieht:

»2. Juli. Krankheit immer schlimmer; fast keine Indianer außerhalb des Dorfes. Hie und da eilen Fieberkranke zum Fluße, stürzen sich hinein, trotz Husten und Schweiß.« 102)

Seine geradezu bedenkliche Einspurigkeit, welche ihn mitten im Elend oft nur noch die Förderung seiner künstlerischen Laufbahn sehen läßt, wird aus einer unmittelbar anschließenden, befremdenden Bemerkung vom 23. Juli deutlich sichtbar:

»Wie glücklich bin ich hier; welch passende Gelegenheit für meine Indianerstudien. Noch die Jagden, wilden Thiere, dann sind sie vollständig; es wird schon kommen. Geduld überwindet Sauerkraut.« 103)

In der Folge bieten sich dennoch reichlichste Gelegenheiten, das Skizzenbuch mit Zeichnungen zu füllen: Eine Gruppe von über hundert festlich geschmückten ›Sauteurs‹ (kanadische Ojibwa) wird

»Langhaar« (›Long Hair‹, ›Longue Chevelure‹), Hauptredner und Unterführer der Hidatsa von Fort Berthold mit Körperbemalung, Bisonrobe und Fächer aus einem Adlerflügel, 15. 8. 51. B. (unten Mitte: Aq. eines Hidatsa-Mädchens), BHM SB/138.

vom Hidatsa-Chief ›Quatre Ours‹ (Abb. S. 81) und seinem Hauptredner ›Longue Chevelure‹ – beide in einen schwarzen Frack ohne Hemd gezwängt, mit einem Fächer aus Adlerflügeln als Statussymbol in den Händen – festlich und würdig empfangen. Die sie begleitenden Mestizen (métifs) aus den unglücklichen Red-River-Kolonien Lord Selkirks, die durch die Arbeiten eines früheren Schweizer Malers – Peter Rindisbacher (104) – bekannt wurden, vervollständigen das Palaver. Bei solchen Besuchen nimmt Kurz jede Gelegenheit wahr, seine Sammlung indianischen Kunstgewerbes zu vervollständigen:

»Von den Métifs tauschte ich einen schönen Zaum für einen Zuckerstock, ein ›plug‹ tobacco; ein eigenthümlich geformtes Messer mit sehr breiter, spitz zulaufender Klinge nebst verzierter Scheide für ein ›plug‹ tobacco und ein Pfund Candy kisses; eine sehr schön verzierte Tasche und Peitsche gegen eine rothe Decke; von den Sauteurs einen Federschmuck gegen ein Pfund coffee und ein Pfund Candy kisses, ein Knabentomahawk gegen ein Messer; von Bellangé sechs Paar Kinderschuhe . . .« 105)

Trotz allem scheint sich der Maler im Fort Berthold gelegentlich zu langweilen: seine Notizen werden von Tag zu Tag umfangreicher. Jedes kleine Detail wird aufgeschrieben, und seitenlang ergeht sich Kurz in recht sprunghaften und trotzdem langatmigen Erläuterungen über sein Ideal in der Kunst. Ein Stoß Zeitungen, die mit dem ›Company boat‹ eingetroffen sind, lassen ihn ob den »ekelhaften Zwistigkeiten in Europa« erschaudern und sein ruhigeres Leben unter den »friedlichen Wilden« über alle Maßen preisen. In seine Betrachtungen über das Wesen der Indianer fließen dabei allerdings – oft unbewußt – auch eigene Vorurteile oder Vorlieben des reizbaren und leicht beleidigten Malers ein:

»Ehrverletztende Beleidigungen sind bei uns nicht bestraft oder bloß mit vielen Kosten erreicht; das Duell ist verboten. Ehrverletzungen sind ärger zu betrachten als Diebstahl . . . damit will ich dem Duell auch nicht das Wort reden, es ist ja kein Gottesgericht . . . Der Richter sollte wenigstens ohne Geld, ohne Umschweife den Verleumder bestrafen . . . Man hört diese Wilden nie fluchen, zanken . . . eine Beschimpfung würde die tödtliche Rache des Beschimpften nach sich ziehen.« 106)

Obwohl der alkoholkranke Kipp in seinen Plänen, nach Norden zu reisen, unschlüssig ist und oft seine Meinung ändert, stellt sich Kurz im stillen darauf ein, das ganze Jahr in Fort Berthold zu bleiben; seine ständige Unterbeschäftigung kommt ihm gelegen und läßt ihm besonders viel Zeit für Studien. Allerlei wirre Pläne durchziehen seinen Kopf; er will ein Büffelfell mit einem Indianer-Dorf und einem Fort und mit den wichtigsten Lebensstationen eines Kriegers und seiner ›squaw‹ bemalen; wie ein Schuljunge wäre er gerne in »Chemie bewandert«, um den Indianern imponieren und mit »übernatürlichem Hokuspokus«, mit »großer Medizin« Achtung abringen zu können; auch möchte er ein möglichst lärmiges Musikinstrument spielen, um »sich und den andern viel Vergnügen zu verschaffen«. Seine Grübeleien nehmen mit der Zeit bedenkliche Formen an, wie etwa am schwülen 10. August 1851:

». . . die höchste Vollkommenheit der menschlichen Figur, als Spiegel seines lebendigen Geistes oder in der Sprache der Bibel das Ebenbild Gottes zu erreichen, so hoch stieg endlich mein Ideal.« 107)

Vielleicht war es an diesem Tag wirklich nur sehr heiß; Kurz hält aber beim »Ebenbild Gottes« keineswegs inne, und sein kunsttheoretischer Höhenflug wird rasant: das Ideal der von ihm bewunderten griechischen Bildhauer ist ihm zuwenig durchgeistigt, Raphael wird zum »Kind seiner Zeit« degradiert:

». . . sein Christus u. seine Maria sind Muster des blinden Glaubens; mit all ihrer moralischen Reinheit kein geistiges Leben, keine schöpferische Intelligenz, keinen freien Willen. . . . Mein Ideal ist der Mensch mit ausgezeichneter Intelligenz, edler Gesinnung, warmen Gefühlen harmonisch vereinigt, in einer entsprechenden Form dargestellt: der Verschiedenheit der Geschlechter Rechnung tragend, der Mann mehr Geist und Energie, das Weib mehr Gemüth ohne die anderen Eigenschaften auszuschließen.« 108)

Wir wollen uns hier keine Beurteilungen anmaßen, und es bei der Frage bewenden lassen, ob wohl nur Raphael ein Kind seiner Zeit war? Und nun bricht etwas scheinbar Triviales aus dem Künstler hervor, ein Aufschrei, welchen man aufgrund vieler seiner Skizzen erwarten konnte:

»Diesem meinem Ideal würden Christus und Maria entsprechen, wenn sie nicht bekleidet dargestellt werden müßten. Kleider sind aber ein Zeichen der Schwäche und der Schaam. . . . Der Urmensch! Die Urwelt!« 109)

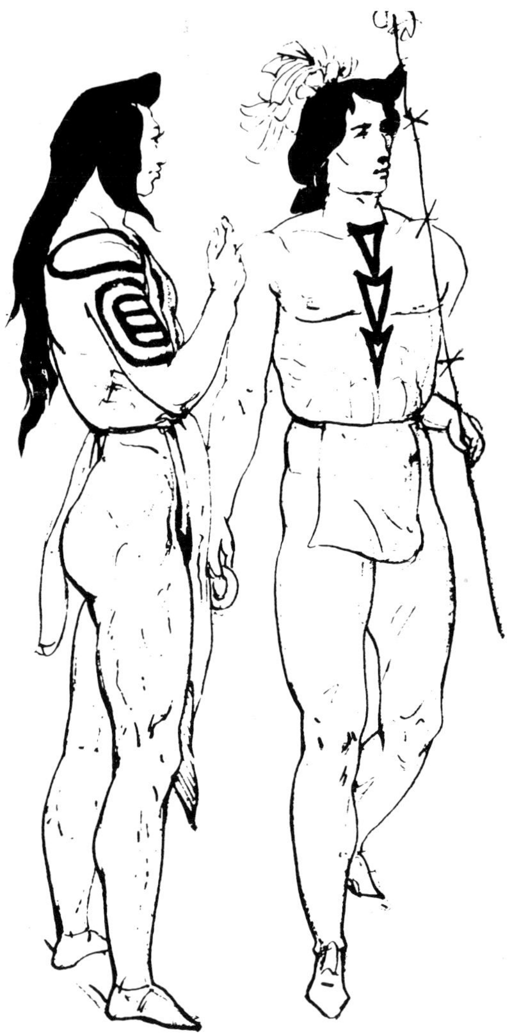

Hidatsa-Krieger mit Körperbemalung beim Speer- und Ringspiel. Fort Berthold, 8. 8. 51. B.u.T., lav., Ausschnitt ca. 9 × 20, BHM SB/133.

Kurz muß an der bürgerlichen Moral seiner Zeit schwer gelitten haben, und sein innigstes Anliegen, den nackten Körper so schön und edel darzustellen, daß beim Anblick desselben »keine Spur von sinnlichen Gedanken im gebildeten Beschauer aufkommen darf«, wurde zu seiner bitteren Enttäuschung nicht nur von seinem späteren Arbeitgeber Denig in Fort Union – beim Anblick einer Studie der »idealen Frau, Marina« – gründlich und auf wohl natürliche Weise mißverstanden (siehe S. 96f.). Mit Recht befürchtete er, mit seinen wenig bekleideten Figuren bei einem Teil seines zukünftigen Publikums Anstoß zu erregen: mehrere seiner ›unzüchtigen‹ Bilder wurden tatsächlich nach seinem Tod von aufgebrachten weiblichen Mitgliedern der Familie Kurz vernichtet!

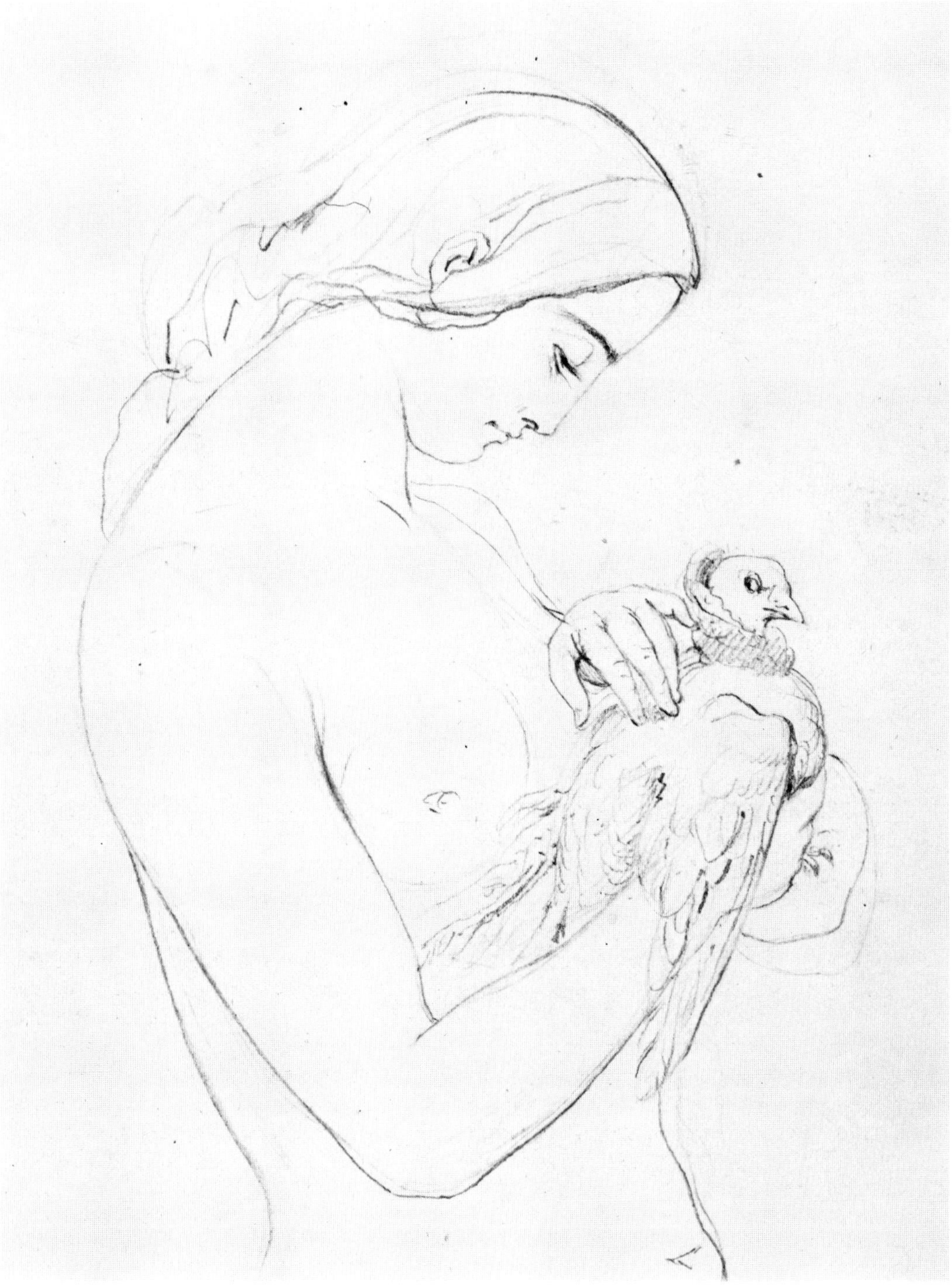

Mädchen mit Taube. Undatiert. B., 16,2 × 19,8, KMB II/542.

Entwurf zum weiblichen »beau idéal, Marina« (S. 96f.). Fort Berthold, 26. 8. 51. B., Ausschnitt ca. 15 × 26, BHM SB/149.

Ohne daß der Maler es in seiner Schreibwut richtig bemerkt, spitzt sich seine Lage weiter zu. ›La Grande Chevelure‹, in Abwesenheit von ›Quatre Ours‹ Chef der Hidatsa, verlangt in seinem Skizzenbuch nachzuprüfen, ob die darin enthaltenen Zeichnungen wirklich die Ursache der grassierenden Erkrankungen sein könnten. Da er sie aber angeblich keineswegs verdächtig findet, will er sein Volk darüber aufklären. Kurz erfaßt unverfroren die Gelegenheit und skizziert den Chef gleich nach seinem Weggang aus dem Gedächtnis. Unterdessen versucht aber der ›Bourgeois‹ Schmidt im Oppositions-Fort, aus Brotneid seine Indianer unermüdlich davon zu überzeugen, daß der Maler und damit auch die gegnerische Pelzhandelskompagnie an den verheerenden Seuchen schuld seien. Als auch die Frau von ›Longue Chevelure‹ mit Krämpfen, Erbrechen und Kolik stirbt, sucht Kipp die klaren Symptome dem Genuß unreifer Früchte, dem verseuchten Wasser des stinkenden Dorfteiches, der heißen Sonne und dem kalten Wind zuzuschreiben, um den Ausbruch einer Panik zu verhindern. Kurz aber beginnt nun zu zweifeln, da ja die angeführten zyklischen Ursachen logischerweise jedes Jahr zu tödlichen Erkrankungen führen müßten. Trotzdem zeichnet er weiter und seine furchtlose Besessenheit nimmt bald unmenschliche Formen an:

»Queue Rouge«. Fort Berthold, 20. 8. 51. B.u.T., Ausschnitt ca. 10 × 25, BHM SB/157.

»Die neue Krankheit nimmt überhand, täglich stirbt jemand im Dorfe. Die Indianer haben solche Furcht davor, daß sie beschlossen haben, in die hohe prairie [zu ziehen] und zu jagen; sie würden ihre Familien mitnehmen und ihre Sommerhütten am Kniferiver bewohnen. Dies würde mir Gelegenheit verschaffen, das Dorf zu zeichnen, sowie die Opferstätten, Todtengerüste; aus Allem, selbst dem Widrigen Nutzen ziehen, das ist das Wahre. – – –« 110)

Am nächsten Tag verhängt aber der besorgte Kipp über den verärgerten Maler Hausarrest und läßt sein Skizzenbuch einschließen, um die verzweifelten Indianer, welche ihm nun doch die Schuld am Ausbruch der Cholera zuzuschreiben beginnen, zu beruhigen. Die Hidatsa glauben nämlich, daß Kurz ihnen »durch das Zeichnen ihrer Portraits von ihrem Leben wegnehmen müsse, sonst könnten sie nicht so ähnlich werden«. Der Maler bleibt widerwillig im Fort, muß sich aber für einen Notfall immer aufbruchbereit halten. Erstaunlicherweise ist er, fast als einziger, völlig gesund, was er nicht so sehr seiner regelmäßigen Ernährung, als vielmehr seiner fehlenden Furcht und vor allem seiner glücklichen Stimmung und seiner Arbeitsfreudigkeit zuschreibt. Er zweifelt nun aber nicht mehr daran, daß es sich bei der verheerenden Krankheit um mit der ›St. Ange‹ eingeschleppte Cholera handelt, von der er glaubt, daß sie beim Öffnen der Warenballen aus St. Louis übertragen worden sei. Nicht alle Indianer scheinen sich jedoch vor dem Maler zu fürchten; ›La Queue Rouge‹, den Kurz respektvoll als seinen Sprachlehrer bezeichnet, besucht des öftern mit ›Loup Courte Queue‹ sein Zimmer, um sich in verschiedensten Kleidungen und Kopfputzen porträtieren zu lassen. Die meisten Indianer haben aber das Fort verlassen, dessen restliche Bewohner nun zu allem Unheil nicht einmal mehr mit Frischfleisch versorgt werden können.

Gegen Ende August wird es sehr heiß, und Fliegen und Mücken quälen die unglücklichen Kranken zusätzlich, welche sich in Schwitzzelten mit traditionellen Dampfbädern Linderung zu verschaffen suchen:

»Unsere Umgebung sieht aus, wie ein Spital; Die acht Altersschwachen hocken beieinander . . . lausen sich und essen mit Gusto das Gewild. Die junge Schwägerin des ›Quatre Ours‹ liegt nackt in einer Ecke vor der Bastion, während ihr Mann ihr beständig frisches Flußwasser herbeiträgt, stampft ein blindes Mädchen ihren Unterleib nach Kräften mit ihren Fäusten, um die Krämpfe zu vertreiben . . . Stirbt eine Alte, so ist niemand da, sie zu begraben, als wir; haben schon zwei in durchstochenen Büffelbooten den Fluß hinabgesandt, dort versinken lassen.« 111)

Kurz läßt sich durch nichts vom Malen abhalten. Er zieht nun regelmäßig ins Freie, um die große Opferstätte der Hidatsa abzubilden. Wohl in Ermangelung eines geeigneten Indianers setzt er sich und sein Lieblingspferd mitten in den Schädelkreis. Dieses Aquarell ist eines der wenigen vollendeten Bilder im Skizzenbuch, und es muß Kurz selbst so gefallen haben, daß er es, Jahre nach seiner Rückkehr, 1856 in Bern mit geringen Abweichungen kopierte (Abb. S. 70).

Da sie von den kranken Indianern nicht mehr bejagt werden, wagen sich einzelne Bisonherden bis in die Nähe von Fort Berthold, wo sie von ›Queue Rouge‹, Bellangé und anderen Halbblut-Engagés sofort angegangen werden. Trotz des nun reichlichen Frischfleischangebotes wird die Lage im Fort kaum erträglicher, und Kurz trägt sich offensichtlich mit dem Gedanken, das ›sinkende Schiff‹ zu verlassen, obwohl er dem Tagebuch keine konkreten Reisepläne anvertraut. Die letzte Eintragung in Fort Berthold ist vom 30. August 1851 datiert:

»Da sich unser Spital eher vermehrt als vermindert, indem wieder alte Weiber mit kleinen Mädchen den Fluß herunter zurückkommen, so werden meine Aussichten für längeres Dableiben nicht besser. . . . Hätte ich nur Büffel und Hirsche, Elk und Bären studiren können, für den Rest würde ich mich nicht plagen. Antiken habe ich einstweilen genug. – – –« 112)

Abrupt hören die Tagebuchnotizen nach obiger Bemerkung auf, um erst sechs Tage später mit erstaunlichen Nachrichten wieder einzusetzen.

Schwitzzelt der Hidatsa. Mit im Feuer erhitzten Steinen, welche mit kaltem Wasser begossen werden, wird im Fellzelt Dampf erzeugt. Fort Berthold, 24. 8. 51. B.u.T., Ausschnitt ca. 11 × 36, BHM SB/145.

Epische Flucht an die Yellowstone-Mündung

»5. September. Fort Union!!
Ich habe mich drei englische Meilen über die Mündung des Yellow-Stone flüchten müssen; am Ende mußte ich weiter reisen als mir lieb ist. – Letzten Sonntag . . . nahm mich Bellangé mit . . . um Enten zu schießen. . . . Nachmittags um zwei Uhr zurückgekehrt, hörten wir schlimme Nachrichten von Oben und Unten.« 113)

Die Hidatsa starben noch immer an der Cholera und ihre rasende, von der gegnerischen Pelzhandelsgesellschaft eifrig geschürte Wut auf den zum Sündenbock gestempelten Kurz veranlaßte endlich den wankelmütigen Kipp zu einem Entschluß: er schickt den Maler am 1. September mit dem kanadischen Halbblut-Engagé Bellangé als Führer auf dem Landweg ins 170 Meilen entfernte Fort Union in Sicherheit. Mit wenig Gepäck, aber bis an die Zähne bewaffnet, ziehen die beiden ungleichen Gefährten auf »den schlechtesten Pferden des Forts« los. Kurz schenkt den düsteren Prophezeiungen Kipps zwar keinen Glauben, weil sich ›Queue Rouge‹ vom überstürzten Abschied völlig überrascht gezeigt hatte; er fügt sich aber dennoch den Anweisungen seines Vorgesetzten, von dem er nicht zu Unrecht vermutet, daß er ihn offensichtlich los werden will.

Die Schilderung dieser erzwungenen Flucht über die Prärie, welche Kurz erst in der wohligen Sicherheit Fort Unions zu Papier bringen konnte, gehört trotz der zeitweiligen Dramatik der Ereignisse mit zu den erfrischendsten Passagen des Tagebuches, wenn nicht der gesamten Abenteuerliteratur des amerikanischen Westens. Die besonders geglückte Mischung von begreiflicher Angst vor einem Überfall der Sioux, tolpatschigem Jagdpech, ans Lächerliche grenzenden Mißgeschicken, jugendlich-übermütigen Prahlereien und ständiger Querelen zwischen den beiden Helden strahlt durch die rührende Ernsthaftigkeit, Wahrheitsliebe und Akribie des Malers große Lebensnähe aus. Stellenweise wirken die fast atemlosen Erzählungen auch wie eine zauberhafte Parodie. Weil Kurz jegliche Effekthascherei vermied und sich wohl nur zeitweise der Komik seiner Erlebnisse bewußt gewesen war, ermöglicht uns die Schilderung dieser Wandertage in der Wildnis des Westens, die Akteure als sehr menschliche ›Helden‹ zu erleben; ein wohltuender Gegensatz zu den üblicherweise maßlos verzerrt gezeichneten Macho-Figuren und Super-Heroen in der Trivial-Literatur Amerikas!

Bellangé mit Kanadagans. Fort Berthold, 29. 7. 51. B.u.T., Ausschnitt ca. 7 × 13, BHM SB/128.

Kurz (rechts) und Bellangé auf der Flucht nach Fort Union. Im Hintergrund ›Big Bend‹ (›Grand Détour‹) des Missouri. Fort Union, 7. 9. 41. B.u.T., BHM SB/153.

Als Auftakt erschießt Bellangé beim Entenjagen aus Versehen beinahe seinen Gefährten; schon beim ersten, mit Bisonmist gekochten ›Präriefrühstück‹ bemerken die beiden, daß sie ihren Fleischproviant im Fort vergessen haben. Der Jäger verspricht dafür reiche Beute zu machen, während der kurzsichtige Maler entzückt mit seinem Fernglas die Prärie nach Motiven absucht. Aus Angst vor den streifenden Hidatsa, die sich zwar nicht blicken lassen, aber nun doch wegen der Choleraepidemie als potentielle Feinde zu betrachten sind, verbietet Bellangé dem Maler das Benutzen seiner Flinte; er selbst, bei jeder Gelegenheit mit seiner Treffsicherheit prahlend, verfehlt aber aus nächster Nähe mit Kurz' Doppelstutzer einen fetten Gabelantilopenbock zweimal, so daß die beiden ihr Nachtlager im Uferwald des Kniferiver mit knurrenden Mägen beziehen müssen. Während des 16stündigen Rittes am nächsten Tag lamentiert der begeisterte Reiter Kurz ständig über die »lahmen Klepper« aus Fort Berthold und schwärmt mit Wehmut von den feurigen Pferden, welche er während seiner erfolglosen Laufbahn als Kutscher und Pferdehändler in Savannah besessen hatte.

Endlich, nach Überschreiten einer Hügelkette,

»die einem Feinde tausend Gelegenheiten zu Überfall und Angriff oder heimtückischem Todtschießen gegeben hätte« 114),

wie der Maler fast frivol bemerkt, zeigen sich in einer engen Schlucht in 200 Schritt Entfernung drei Bisonstiere:

»Während ich in der Schlucht die Gäule hielt, schlich Bellangé auf dem Bauche den Büffeln zu. Er besinnt sich wieder lange, bevor er schießt, obschon die Büffel ruhig grasen; endlich knallt es, die Kugel wirft Staub auf unter dem Bauch des nächsten Stieres; erstaunt sieht dieser sich um; es knallt wieder, die Büffel diesmal erschreckt, heben zornig die Schwänze und geben Pech; doch halten sie bald wieder, da sie niemand verfolgt, da keiner verwundet ist. Trefflicher Schütze! Auf hundert Schritt mit einer bekannten, erprobten Büchse einen ruhigen Büffelstier zu verfehlen, – diesmal war keine Ausrede anwendbar, auch schämte sich Bellangé nicht wenig.« 115)

Dennoch erfindet der Jäger neue Ausreden und behauptet, daß um diese Zeit das Fleisch brünstiger Stiere sowieso ungenießbar sei! An mehreren Bisonherden und zahllosen Kadavern mit herausgeschnittener Zunge reiten die hungrigen Reisenden vorbei, ohne sich gegenseitig etwas

Fort Union an der Mündung des Yellowstone in den Missouri, undatiert. T.lav., Ausschnitt ca. 36 × 12, BHM SB/157.

anmerken zu lassen. Einige in der Ferne kaum erkennbare Indianer erschrecken aber unsere Reiter plötzlich zu Tode. Bellangé jagt auf seinem Schimmel davon, während Kurz auf seiner Mähre zu lange zögert:

»Während ich sie [die Mähre] mit Gewalt zurückhalte, dreht sich meine Malertasche um, Album, Farbschachtel, Schreibzeug, Tagebuch etc. alles fällt zerstreut auf den Boden. Meine Skizzen, mein Zeichnungsmaterial im Stiche lassen, nie und nimmer! Absteigen und zusammenraffen, was das Wichtigste schien, war im Nu geschehen; meine Tasche hat sich aber verdreht, mit einer Hand mußte ich Gaul und Flinte halten; wie ich sehe, daß das Album nicht in die Tasche wolle, nehme ich es unter den Arm, werfe meinen herabgefallenen Mantel wieder über den Sattel, die Mähre springt zurück, zerreißt den Zaum, der mir in der Hand bleibt und fort im Gallop ist das verdammte Thier. Ah, jetzt kannst du gut laufen, wart' nur! Das Buch mit Farben, Pinseln, Malpapier, Kompaß etc. endlich in der Tasche versorgt und umgehängt, den Mantel über den linken Arm geworfen, die Flinte mit gespannten Hahnen fertig zum Anschlag in beiden Händen, erwarte ich die »Wilden«, die jetzt von verschiedenen Seiten dahersprengten.« 116)

Der tapfere aber kurzsichtige Kämpfer sieht sich jedoch zu seiner Erleichterung von einer Gruppe bekannter Hidatsa umringt und freundlich begrüßt; gemeinsam mit Kurz belachen nun die Indianer die überstürzte Flucht des erbosten Bellangé.

»Bellangé war voller Widersprüche mit der »Gefahr«. Nachts wurde nie gewacht; er schoß, so oft sich eine Gelegenheit erbot, obschon er mir es verbot; jeder Knall seiner Büchse ebenso hörbar, als der meinigen. Er war furchtsam, übel gelaunt, wollte sich aber doch wichtig machen.« 117)

Vor dem Einschlafen unter einem prachtvollen Mond am klaren Himmel und dem fernen Brüllen und Stampfen der brünstigen Bisonstiere vergißt Kurz seine Quengeleien, trauert aber, wohl in einem leichten Anflug von verdrängtem Heimweh, den aus seiner Maltasche verlorenen Habseligkeiten nach:

»... mein Briefsiegel, »fier mais sensible«, ein werthes Andenken von Bruder Louis (1838 nach Paris) ein Tintenfäßchen von Freund F. Studer, Zündkapseln, Bleistifte, Kompositionen auf losem Papier und andere Kleinigkeiten mehr; noch ein Bleistift blieb mir für den Rest meiner Reise.« 118)

Im weiteren Verlauf des Trecks fallen die beiden gleichermaßen erfolglosen Jäger noch öfters mit abschätzigen Bemerkungen über ihre Treffsicherheit und Reitkünste wortgewaltig übereinander her, erreichen aber trotz allem am 4. September glücklich Fort Union, das mit seinen Palisaden und weißen Bastionen von weitem sichtbar ist; durch das Tor reiten sie auf einen »kleinen Mann mit harten Zügen, den Schirm seines Strohhutes hinten hinaufgebogen«, zu.

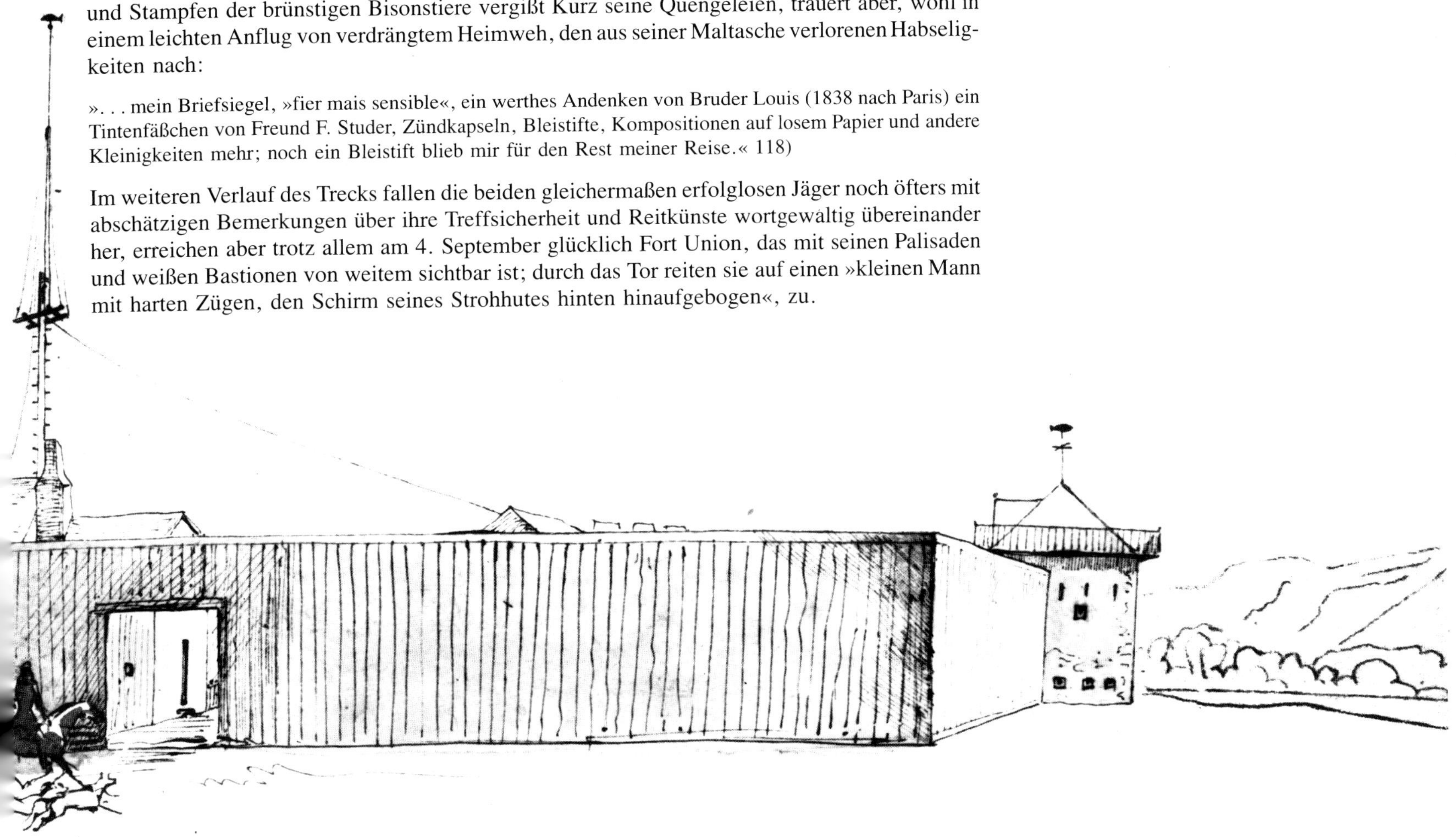

Edwin Thompson Denig (von Kurz »Mr. Dennik« genannt), Verwalter von Fort Union, 29. 9. 51. B., Ausschnitt ca. 7 × 9, BHM SB/30.

H. Balduin Möllhausen hielt sich ab 1849 mehrere Jahre im Westen Amerikas auf und schrieb später über hundert Bände Abenteuerliteratur (viele davon nach dem Vorbild von Coopers Lederstrumpf), was dem in Potsdam ansässigen Schriftsteller den Beinamen ›deutscher Cooper‹ eintrug. Viele seiner Wer-

›A Man For All Seasons‹: Maler, Musikant und Magaziner in Fort Union 1851/52

»Bellangé übergab die Briefe . . . es war mein neuer bourgeois, Mr. Dennik. Er schien mir ziemlich trocken. . . . Eine Glocke rief mich an den ersten Tisch mit Herrn Dennik und den Clerks. Chokolade mit Milch, Butter, Eierkuchen, frisches Fleisch, warmes Brot, welche Herrlichkeiten! Die Augen liefen mir beinahe über! Meine Meinung über den neuen Meister änderte sich sogleich; ein harter, geiziger Mann könnte es nicht über's Herz bringen, einen unbekannten Untergebenen auf solche verschwenderische Art zu empfangen.« 119)

Mit diesen Worten beschreibt Kurz nach seinem Einzug in das Fort Union, welches während des folgenden strengen Winters seine Heimstatt werden sollte, seinen neuen Arbeitgeber, den außergewöhnlichen Pelzhändler Edwin Thompson Denig (120). Zu diesem nur sechs Jahre älteren Manne, dessen gewissenhafte schriftliche Mitteilungen über die Indianer des oberen Missouri zu einer wichtigen Grundlage für die ethnographische Forschung geworden sind, entwickelte Kurz im Laufe der Monate ein für seine Verhältnisse ungewöhnlich enges Verhältnis, das auf Respekt vor dem breiten Wissen und dem strengen aber gerechten Wesen sowie der schonungslosen Offenheit und Pragmatik des Händlers beruhte. An manchen der langen Winterabende werden die beiden in der Folge endlose Diskussionen führen und ihr Wissen über die Indianer austauschen oder aber bei kleinen Tanzanlässen gemeinsam musizieren, Denig mit der Fidel und Kurz an der Trommel (Abb. S. 93).

Der Maler richtet sein eigenes Zimmer spartanisch aber bequem ein und freut sich an seiner neugewonnen Privatsphäre:

»Da bin ich alleine, was mir immer das Angenehmste ist; nach Gesellschaft fühle ich kein Bedürfnis, weiß mich immer zu beschäftigen, – einsam bin ich nicht alleine.« 121)

Erfreut und voller Energie macht er sich über Denigs ansehnliches Lager an Ölfarben her (»weder fein, noch vollständig«), während Bellangé, vor Zorn kochend, mit einem alten Packgaul die Rückkehr nach Fort Berthold antreten muß.

An dieser Stelle sehen wir uns durch die Art und Fülle der Aufzeichnungen im Tagebuch gezwungen, eine Zäsur anzubringen, und erheblich vom bisherigen Verlauf unserer Schilderungen abzuweichen. Kurz macht während seines Aufenthaltes in Fort Union nun beinahe täglich Notizen von mehreren Seiten Länge. Er bringt neben den eigenen Erlebnissen alles zu Papier, was ihm bei Porträt-Sitzungen und sonstigen Veranstaltungen im Fort zu Ohren kommt: Abenteuergeschichten vorbeireisender Jäger und ›Mountaineers‹ folgen auf stundenlange Diskussionen über ›Gott und die Welt‹ mit Denig. Einmal mehr sinniert der Maler tagelang über die Kunst im allgemeinen und sein künstlerisches Ideal im speziellen und macht sich Gedanken über Kultur, Wesen und Sprache der Indianer. Der kurzen Zeit vom 4. September 1851 bis 18. April 1852 (Abreise von Fort Union) sind denn auch 188 der insgesamt 294 Seiten des Tagebuches gewidmet! Einerseits hindert uns Platzmangel daran, die ganze Fülle dieser Aufzeichnungen wiederzugeben, andrerseits ist es aber auch kaum sinnvoll, die zum Teil Jahre überspringenden, nur von den chaotischen Assoziationsfolgen des Malers gelenkten Gedanken chronologisch auflisten zu wollen. Während einige Rückblenden und Bemerkungen aus dieser Zeit schon in den bisherigen Text eingearbeitet worden sind, bleiben die e t h n o g r a p h i s c h e n Beobachtungen über das Leben der verschiedenen Indianergruppen vor allem dem z w e i t e n Teil dieses Buches vorbehalten. Der Leser möge daher für die sicher subjektiven, im Rahmen unserer Publikation aber unumgänglichen Auslassungen Verständnis haben. Für besonders Interessierte sei an dieser Stelle nochmals darauf hingewiesen, daß der Aufenthalt in Fort Union in der leicht korrigierten Tagebuch-Ausgabe von Emil Kurz in den Jahresberichten der Geographischen Gesellschaft von Bern 1894 größtenteils und in der amerikanischen Übersetzung der Smithsonian Institution von 1937 vollständig wiedergegeben wurde.

Kurz scheint beim gelegentlichen Nachlesen seiner Notizen von deren Reichhaltigkeit selbst beeindruckt gewesen zu sein und erwägt nun ernsthaft, neben seiner geplanten annotierten ›Indianergalerie‹ auch sein Tagebuch herauszugeben:

»29. Oktober. . . . Seit einiger Zeit kommt mir oft der Gedanke, mein Tagebuch werde intressant genug, um einst mit Zeichnungen herausgegeben zu werden. Anfangs schrieb ich bloß für mich einige Ideen, Erfahrungen, Geschichten auf, mehr zur eigenen Erinnerung und Übung. Da aber meine jetzigen Notizen viel dazu beitragen, den Pelzhandel, das Leben der Mountaineers und der Indianer näher kennen zu lernen, wie es noch auf keine Weise geschehen, so könnte eine Veröffentlichung nichts schaden;« 122)

Diesem Entschluß des Schriftsteller-Malers dürfte das am 3. Oktober 1851 unvermittelt einsetzende ›Paralleltagebuch‹, welches in erstaunlich flüssigem amerikanischen Englisch geschrieben ist, zu verdanken sein. Das in einem kleinen Heft mit blauem Papier bis am 25. Mai 1852 (Rückkehr nach St. Louis) geführte ›Diary‹ folgt im wesentlichen dem deutschsprachigen Reisetagebuch, ist aber durch einige zusätzliche Anmerkungen und Einträge ergänzt. Es blieb den bisherigen Bearbeitern des Kurzschen Werkes (mit einer Ausnahme (123) offensichtlich verborgen. Daß sein schriftliches Werk zu seinen Lebzeiten auf keinerlei Interesse stoßen und erst lange nach seinem Tod als wichtiges Dokument gebührende Beachtung finden würde, hat sich damals selbst der bescheidene und häufig pessimistische Maler nicht träumen lassen. Welch bittere Enttäuschung zum Beispiel muß es für ihn, der – im Gegensatz zu Karl Bodmer etwa – zeitlebens nie gelernt hatte, sich ›marktgerecht‹ zu verhalten, gewesen sein, 1862 für einen sechsteiligen Fortsetzungsbericht in der auch in der Schweiz vielgelesenen illustrierten Zeitschrift ›Gartenlaube‹ aus Leipzig zwar sechs seiner besten Aquarelle als Vorlagen liefern zu dürfen, den dazugehörigen Text aber dem bekannten Abenteurer, Laienmaler, Reise- und Romanschriftsteller Heinrich Balduin Möllhausen (1825–1905) aus Bonn (124) überlassen zu müssen. Möllhausen war der »talentvolle Fred. Kurz« durch die Schilderungen der im Jahre 1852 von ihm besuchten Omaha und Oto von ›Belle Vue‹ her bekannt geworden (Abb. S. 40, 96, 98).

Doch zurück nach Fort Union: Noch ist Kurz voller Enthusiasmus und dient eifrig dem tüchtigen und ideenreichen Denig abwechselnd als ›Anstreicher‹ und als Dekorations- und Kunstmaler. Nach und nach machen sich die Spuren des fleißigen Künstlers überall bemerkbar: er verschönert die Fassade und den Lattenzaun von Denigs Haus, frischt Möbel und Innenräume auf und malt lebensgroße Porträts des ›Bourgeois‹ und seiner Lieblingshunde, um die Indianer zu

ke wurden mit Kupferstichen nach eigenen Zeichnungen illustriert. Besonders gut kannte er die Oto-Indianer aus der Gegend von Belle Vue.
Stahlstich, ›Gartenlaube‹ 1862.

Fort Union, Wachtturm, 13. 9. 51. T., Ausschnitt KMB I/66.

Innenansicht von Fort Union mit Denigs Wohnhaus und Versammlungsraum (Mitte), 4. 2. 52. T., BHM SB/170.

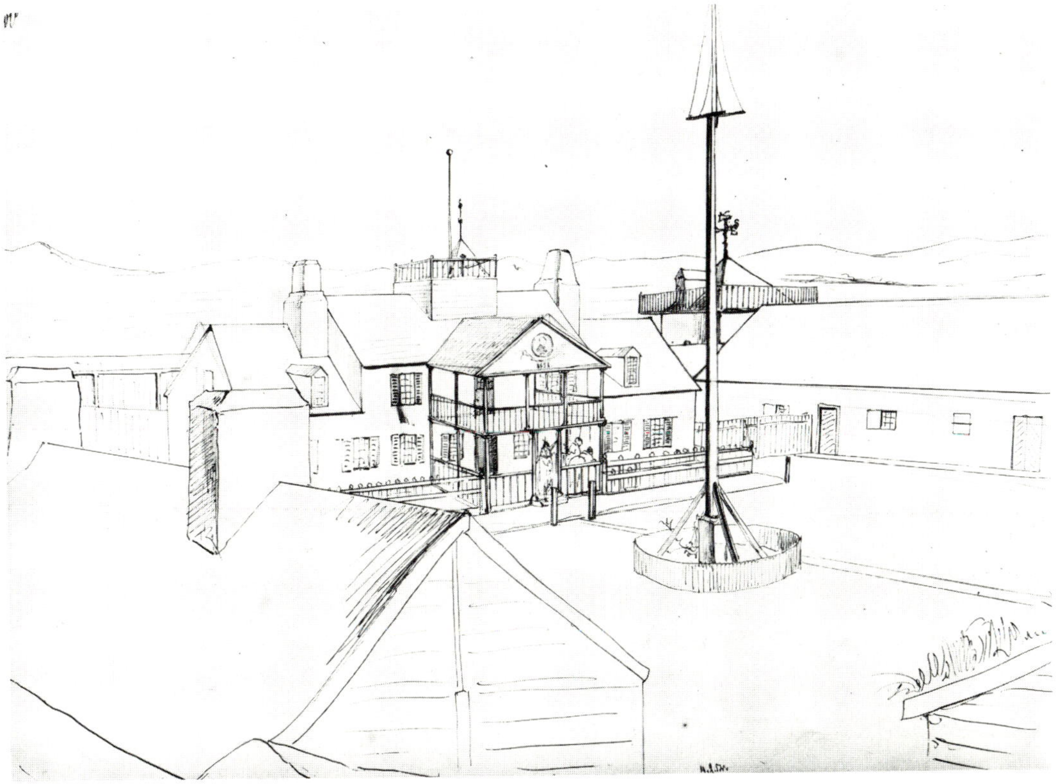

»Returning from the Dobie ball, 14. 10. 51«. »... Morgan auf dem pacer voran mit seinen drei Hunden mit Pistolen knallend, Mackenzie auf Toku, dem trefflichen Renner, galloppierend und renversierend, seine squaw ängstlich ihn umfassend ob den gewaltigen Sprüngen des muthigen Gaules! Denniks jüngere squaw mit Smith's squaw auf einem pony, folgten mit mir, auf dem pony von Denniks älterer squaw, die jetzt fahren wollte; die beiden Weiber wollten immer mit mir wettrennen...« (A Ms: 131/132). B., BHM SB/156.

Besonders erstaunt ist Kurz jedoch über die Großzügigkeit Denigs gegenüber seinen Angestellten. Der Pelzhändler improvisiert von Zeit zu Zeit festliche kleine Bälle, für die er den Versammlungsraum des Forts ausschmücken läßt. Abends spielt Denig selbst die Geige, bis sich alle Besucher und Angestellten mit ihren – zu diesem Anlaß meist europäisch gekleideten – ›squaws‹ müde getanzt haben. Kurz schlägt als erklärter Nicht-Tänzer dazu den Takt auf der Trommel. Aus einer Einladung in das benachbarte Fort Williams von Joe Picotte entsteht im Skizzenbuch eine unvollendete, aber zauberhafte Zeichnung. Kurz, welcher sich der Festgesellschaft nur aus Höflichkeit anschloß und bezeichnenderweise lieber den jungen gekäfigten Bären im Fort studiert hätte, als »Liebesabentheuer aufzusuchen«, begeistert sich dann aber doch für den fröhlichen Heimritt:

»Um 11 Uhr Nachts kehrten wir vom Balle zurück, so fröhlich, als man ohne Spiritus und Amor bei einem Balle werden kann. Der Ritt nach Hause bei hellem Mondschein war hingegen eine Pracht und wahre Lust!« 131)

Ein gelungenes, in Lebensgröße gemaltes Ölporträt läßt Kurz in der Wertschätzung Denigs und auch der Indianer steigen; letztere schreiben dem Bild und besonders den Augen, die ihnen aus jedem Blickwinkel zu folgen scheinen, übernatürliche Kräfte zu. Sie glauben, daß der Maler nur

dank seiner Brille – er ist der einzige Brillenträger im Fort und damit für die Einheimischen wie schon früher bei den Iowa, Omaha und Hidatsa eine Sensation! – diese Zauberei fertiggebracht hätte (vgl. S. 57):

»Daß man eine menschliche Figur darstellen könne mit besonderer Kleidung, begreifen sie wohl; denn sie haben selbst Übung in solchen Hieroglyphen; bei ihnen zeichnet sich die Zeichnung eines Mannes durch Beine, die des Weibes durch einen langen Rock oder keine Beine aus. Aber ein Gesicht zu malen, das ein jedes Kind für Minnehasga (langes Messer, indianischer Name des Bourgeois als Amerikaner) hält, das ist merkwürdig . . . ›eheh, wakan‹! Wie übernatürlich!« 132)

Zahlreiche kleinere Jagdausflüge mit dem wortkargen aber tüchtigen Aufseher Robert Morgan bieten Kurz die Gelegenheit, seine Tierstudien zu ergänzen. Der Maler ist ein mittelmäßiger Schütze, und er begeistert sich bei der Jagd vor allem an der freien Natur und den wilden Hetzjagden auf Denigs feurigem Renner, kaum jedoch am Erlegen der Beute. Viele dieser Ausflüge und besonders die meist erfolglose Pirsch auf die scheuen Gabelantilopen (›cabri‹), welche oft noch zum Skizzieren zu schnell sind, werden ausführlich und genüßlich im Journal beschrieben (Abb. S. 80).

Dem Wesen der Indianer und der tragischen Geschichte ihrer Kolonisierung und Ausrottung widmet der Maler manche Seite des Tagebuches mit tiefsinnigen, von ausgeprägtem Gerechtigkeitssinn bestimmten und für ihre Zeit sehr liberalen und fortschrittlichen Gedanken. Nur selten verfällt Kurz dabei in wohlmeinenden Paternalismus; seine Schilderungen, getragen von einem berechtigten Fatalismus über die unsichere Zukunft der amerikanischen Ureinwohner stehen allerdings oft in seltsamem Gegensatz zur idealisierten, schönen und scheinbar heilen Welt seiner Skizzen und Bilder!

»Der Krieg gegen die Indianer ist, wie die Sklaverei der Neger, ein Erbe, ein Fluch, den die Engländer zurückgelassen haben. . . . Aber da jetzt die Amerikaner so mächtig geworden . . . die Indianer doch im Rechte waren, ihr Land zu vertheidigen . . . so würde es einer großen Nation würdig sein, die Indianer besser zu behandeln, ihre Zukunft zu sichern, ihnen als Ebenbürtige gleiche Rechte zu gewähren, mit einem Worte sich mit ihnen zu vermischen. Unterschied der Hautfarbe ist kein Grund der Trennung, wo die geistigen Eigenschaften die gleichen sind.« 133)

Kurz zeigt sich mit dieser Bemerkung als erklärter Gegner jeglicher Form von Rassismus und weist die weit verbreiteten Vorurteile gegen Mestizen von sich. Er plädiert für eine Völkervermischung, welche er ja durch seine Liaison mit Witthae sogar selbst vorzuleben versucht hatte. Außerdem scheinen ihm die Chancen für das Überleben der Indianer als eigenständige Volksgruppe gering zu sein. Dennoch verfällt er durch seine Ansichten kaum einem wirklichkeitsfremden Idealismus, welcher die ›unschuldigen‹ Indianer nur in ihrer Rolle als Opfer der Weißen zu sehen gewillt ist:

»Hätten doch nur die östlichen Nationen [Irokesen-Föderation] zusammengehalten, Friede unter sich gemacht, . . . keiner weißen Nation getraut, . . . Sie wären stark genug gewesen, die Eindringlinge alle zurückzudrängen. Aber der Haß der verschiedenen Stämme unter sich war zu stark, leider zu tief eingewurzelt, um einig zu handeln.« 134)

Der Maler, welcher sich selber als »von Natur [aus] ein eifriger Idealist« bezeichnet, wird in der harten Lebensschule des amerikanischen Westens zunehmend pragmatischer:

»Jetzt finde ich selbst, daß es leichter zu idealisieren, über Verbesserungen der menschlichen Gesellschaft zu forschen ist, wenn man ein behagliches Leben führt, als wenn man selbst von einem Tag zum andern nicht weiß, wo schlafen, wo essen, womit sich kleiden, betteln muß! Dann verschwindet die Poesie in der Bitterkeit des Gemüthes und in den Sorgen.« 135)

Es mag mit Recht erstaunen, wie sich Kurz, allen Rückschlägen zum Trotz, während seines Amerikaaufenthaltes immer wieder auffangen konnte und sich von neuem begeistern ließ. In seine Heimat zurückgekehrt und vom erhofften Erfolg und Ansehen trotz aller redlichen Bemühungen ausgeschlossen, sollte er allerdings im Alter zunehmend wortkarg und reizbar und zeitweise sogar verbittert werden.

In Mußestunden versucht der Maler seine seltenen, ganzseitigen Aquarelle im Album zu vervollkommnen, widmet aber die meiste Zeit seinem hohen künstlerischen Ideal, dem perfekten

Der schottische Aufseher Charles (?) Robert Morgan, Fort Union, 13. 9. 51. B.u.T., Ausschnitt ca. 7 × 9, BHM SB/81.

»Ein Präriebrand. Nach der Natur aufgenommen von Fred. Kurz«. Stahlstich aus der ›Gartenlaube‹ 1862: 541, als Illustration für einen Text von Balduin Möllhausen (S. 91). Als Vorlage dürfte das Aq. S. 97 gedient haben (vgl. auch S. 114 und Abb.).

und vergeistigten, über alle Sinnlichkeit erhabenen Frauenbild, wie aus ungezählten Aktstudien aus dieser Zeit hervorgeht. Dabei ›ertappt‹ ihn sein Arbeitgeber eines Tages – wohl nicht ganz zufälligerweise –, als er zurückgezogen in seinem Zimmer am Entwurf seines »weiblichen beau idéal« arbeitet. Denigs Reaktion fällt für einen Mann im amerikanischen Westen wohl natürlich aus, ist damit aber unglücklicherweise den Erwartungen des Malers völlig entgegengesetzt: er läßt sich genüßlich zu zweideutigen Bemerkungen hinreißen, ist aber voller Anerkennung für die erotische Ausstrahlung des Bildes, was Kurz innerlich zusammenbrechen läßt. Vom Unverstand und den von ihm als obszön empfundenen Äußerungen seines Arbeitgebers tief gekränkt, weigert er sich empört, für Denigs Empfangszimmer ein Aktbild zu malen (Abb. S. 80, 100f):

»... Eine nackte Figur zu malen, damit er und andere bloß ein sinnliches Gelüste fühle, sei unter meiner Würde. Andere Gegenstände stünden ihm [Denig] genug zu Diensten, nur das nicht.« 136)

Kurz scheint aber sein Unvermögen, einen idealen weiblichen Akt malen zu können, ohne damit im Betrachter sexuelle Reaktionen hervorzurufen, durch das Verhalten seines sonst hochgeschätzten ›Bourgeois‹ im tiefsten Innern zu ahnen begonnen, sich selber aber nie eingestanden zu haben. Anstatt einen neuen Weg zur Lösung dieses scheinbaren Paradoxons zu suchen, schiebt er empört die Schuld dem lüsternen Auge Denigs zu, zieht sich verletzt zurück und malt im Versteckten weiter. Der Zwischenfall hat ihn so stark gedemütigt, daß er sogar erwog, unverzüglich aus Fort Union wegzuziehen; dies wird zwar aus den bewußt lakonisch gehaltenen Tagebuch-Notizen nicht deutlich. Um so mehr hat er dafür im persönlicheren englischen ›diary‹ sein Herz ausgeschüttet und dabei gelobt, seine Entwürfe fortan keinem menschlichen Auge mehr zugänglich zu machen:

»Apropos of my dream. I was just changing some forms in the trees, in whose shade Marina is lost in thought, when Mr. D. came in & told me he wished to have my dream painted for the saloon. ... I told him it had to be my masterpiece, the landscape a real Eden & she my beau idéal, the likeness of which is perfect, the only one that ever satisfied me in face, body, expression together, I would never expose her to profane eyes. That painting would never leave me, & be always at the side of my own portrait. – But he did not see anything else but a beautiful woman, with »wellshaped limbs«. Any other naked woman would do him. Some people have no sense, no taste for purity, poetry. Their motto is: Geld du bist mir lieber. ... For such I won't throw away the only pearl I possess.« 137)

Präriebrand, als »Incendie dans la prairie de Chihuahua« bezeichnet. Aq., 51 × 35, signiert, undatiert. Musée d'ethnographie, Genève, N° 6536.

Tierstudien aus der Zeit von Fort Union. Biber und Hirsch, 8. 11. 51 und 21. 11. 51. B.u. T.,aq., 23 × 28,7, KMB I/11 (1. Serie), (links). »Red Fox, Deer, 11./15.12.51«. »Es gibt eine Mischung von grauem und rothem Fuchs, welcher durch sein prachtvolles Fell sehr geschätzt wird. In St. Louis wird ein solcher »Crossfox« bis 80 Dollar bezahlt« (A Ms: 202 Anm.). KMB A 6230/7 (1. Serie), (rechts).

»Indianer auf Büffeljagd.« ›Gartenlaube‹ 1862: 620. Stahlstich, 26,7 × 18. Die Bisonkühe der Vorlage wurden vom Stecher korrigiert (S. 93).

Indianer auf Bisonjagd. Vorlage für ›Gartenlaube‹-Stahlstich (oben). Kurz hat irrtümlicherweise die Bisonkühe (links) ohne Höcker und krause Behaarung dargestellt (s. S. 93). Aq., signiert, undatiert, 51 × 35,5. Musée d'ethnographie, Genève, N° 6537.

»The Gatherers Returning to Winter Camp«. Iowa-Frauen kehren mit Hundetravois (Abb. S. 146) und Brennholz ins winterliche Lager zurück. Fort Berthold, Juli 1851 (?). Aq., 25,4 × 34,3. Th. Gilcrease Institute, Tulsa, N° 0226.1345.

Empfang des Cree-Häuptlings »Le Tout Piqué‹ in Fort Union. An der Wand links die von Kurz bemalte Flagge (S. 92). In der Mitte des Bildes (v.l.n.r.) sitzen Battiste der Dolmetscher, Kurz und E. T. Denig (S. 103f.); vorne die Dogge ›Matoh‹. Fort Union, 19. 10. 51. B.u.T., Sepia lav., 35,6 × 50,8. Th. Gilcrease Institute, Tulsa, N° 1326.1092.

Entwurf zum »weiblichen beau idéal, Marina«. Fort Berthold, Datum unleserlich. B., BHM SB/148.
In beiden Bildern dürften verschiedenste Elemente zusammengewachsen sein; Landschafts- und Vegetationsstudien vom Cahokia-Creek bei St. Louis und aus der Umgebung von St. Joseph, Iowa-Studien aus St. Joseph (Wolldecken, Gürtel Abb. S. 100), badende Hidatsa-Indianer aus Fort Berthold und Aktstudien aus der Phantasie (s. auch S. 84f.).

Glücklicherweise erholt sich Kurz mit der Zeit wieder von seiner Enttäuschung und aus dieser recht pathetischen Gemütslage. Er geht widerstrebend mit Denig einen Kompromiß ein und malt nun für dessen Empfangszimmer ohne viel Liebe eine lebensgroße, züchtig halbbekleidete »weiße Frau nach ihrem Bade«. Ob das in der Sammlung des Indianermuseums der Stadt Zürich aufbewahrte Ölbild (Abb. S. 100) die endgültige Fassung des ›Marina-Ideals‹ darstellt, können wir leider nicht feststellen, da jegliche Angaben zum Gemälde fehlen.

Am 10. Oktober, einem typischen Herbsttag im kalten Fort Union, sitzt Kurz in seinem gemütlichen Zimmer vor dem Kamin und schreibt sich die Finger wund: über 10 Seiten Eintragungen im Reisetagebuch – bunt gemischte Geschichten über Pelzhändler, Bemerkungen über ›Indianersoldaten‹ und Pflichten und Rechte ihrer ›squaws‹ oder Erzählungen von Mr. Denig – neben fünf Seiten englischen Notizen im ›Diary‹! Letzteres erweckt manchmal den Anschein, als sei es vom Maler zum Perfektionieren seines schriftlichen Englisch geführt worden, vielleicht sogar im Hinblick auf eine mögliche Veröffentlichung in Amerika?

»Das warme Kaminfeuer machte mich heute ungemein schreibselig, es erwärmt Leib und Seele. . . . Was mir daher des Notirens werth im Kopfe herumfährt ist besser auf Papier aufbewahrt; neue Eindrücke verwischen zu leicht die alten.« 138)

Daß er beim wohligen Schreiben aber nicht nur Abenteuergeschichten zu Papier bringt, zeigen uns etwa die am gleichen Tag notierten, scharfsinnigen und kompromißlosen Gedanken zum Alkoholproblem:

»Herr Denig behauptet, daß Trinken von Whisky sei den Indianern keineswegs schädlich; es sei zwar richtig, daß Prügeleien und Mord durch das Betrinken öfter vorkommen, als sonst; daß aber die wilden Indianer nichts darum geben, hingegen zuverlässig arbeitsamer, besser gekleidet gewesen seien zur Zeit als Whisky von Uncle Sam erlaubt war zu tauschen, denn jetzt; aus der einfachen, aber über der ganzen Erde wahren Ursache, daß die Menschen eifriger für ihre Vergnügungen arbeiten, als für ihr Nothwendiges. Der Whisky sei ein scharfer Sporn zur Thätigkeit des Indianers gewesen . . . für Whisky hungert, friert und springt er tagelang.« 139)

Kurz muß dieser kaufmännischen Argumentation zwar widerwillig zustimmen, entlarvt aber sofort Denigs materialistischen Grundtenor:

». . . der Hauptgrund, warum die Pelzhändler den Whisky als Waare für die Indianer trotz der großen Lebensgefahr für sich selbst zurückwünschen, in welcher sie sich bei Betrunkenen befinden, ist der ungeheure Gewinn, den sie aus dem Getränke ziehen konnten. . . . der frühere Gewinn war 200 bis 400%,

◁◁ Badende Indianerinnen (Iowa?), Bern, März 1854, signiert, Öl auf Leinwand, 54 × 77. Indianermuseum Zürich.

heute bloß 80%. . . . Kultur des Indianers ist ihm ein Greuel, denn damit hört der Pelzhandel auf. . . . welch schlechtes Beispiel geben [dem Indianer] die sogenannten Christen. Wie wenig befolgen sie selbst ihre Grundsätze!! Kann man es den Indianern verargen, wenn sie kein Zutrauen zu solchen Lehrern haben?« 140)

Der Maler muß nach seiner zweijährigen Erfahrung als Wirt und ›Barkeeper‹ der City Hall von St. Joseph wohl wissen, was er behauptet, wenn er in der Folge auch gegen den in sogenannt wohlmeinenden Kreisen weitverbreiteten Paternalismus vorgeht, welcher die Indianer zu unmündigen und unwissenden Kindern degradiert:

Cree-Krieger. Fort Berthold, 28. 7. 51. B.u.T., Ausschnitt ca. 5 × 6, BHM SB/85.

»Die Missionäre verschiedenen Glaubens sind einstimmig, daß es unmöglich sei Indianerstäme zu bekehren, welche im Besitze von Whisky seien. Gegen die Macht dieses geistigen Getränkes vermag ihr Glauben, Predigen und Beten nichts. Es giebt einige Stämme, die ohne Zuthun von Missionären durchaus keinen Whisky unter sich dulden; die Erfahrung hat sie klug gemacht, z. B. die Crih. . . . Einen großen Fehler begeht man bei uns Weißen, daß Betrunkene bei uns vor dem Gericht noch immer Entschuldigung finden; würde ein Betrunkener wegen seinen Vergehen so gut verantwortlich gemacht, wie ein Nüchterner, das Betrinken würde weit weniger vorkommen. Warum ein betrunkener Indianer gefährlicher sein soll, als ein betrunkener Amerikaner, die bekanntlich fast immer mit Pistole oder bowie bewaffnet sind, begreife ich nicht!« 141)

Ebenso häufig wie Kurz mit Denigs Ansichten nicht übereinstimmen mag, läßt er sich aber von der prägnanten und schonungslos materialistischen Denkweise seines pragmatischen Arbeitgebers überraschen:

»Nach Herrn Dennik giebt es hauptsächlich drei gefährliche Klippen, an welchen junge Leute so häufig scheitern: Faulheit, Trunksucht und Spielen. Geschlechtstrieb sei keine Gefahr; je stärker man beginnt, desto schneller sei man befriedigt. . . . ›Liebe, verdammt sei das Wort, es ist eine Verrücktheit der Einbildungskraft, eine ansteckende Krankheit, wie die Blattern, Rötheln. Ich nehme lieber eine Dosis Bittersalz, als an die Narrheit einer ersten reinen Liebe zu denken. Wenn sie nicht mit – – – endigt, so wird sie lächerlich, kindisch, beschämend.‹ – Es ist immer etwas Gutes und Wahres in seinen Ansichten, nur mit starken Worten ausgedrückt. So vergehen unsere langen Winterabende in der Wildnis.« 142)

Dieser fast verlegen wirkende Nachsatz des in Liebesangelegenheiten so romantischen Malers illustriert auf treffliche Weise, wie sprachlos er oft den Auffassungen Denigs gegenübergestanden haben mußte. Es ist daher auch kein Wunder, daß sein vergeistiges weibliches Idealbild, ›Marina‹, beim handfesten ›Bourgeois‹ nicht die erhoffte sublimierte Reaktion ausgelöst hatte! Die Meinungsunterschiede zwischen den beiden ungleichen Männern scheinen diese jedoch nicht entzweit, sondern eher enger aneinander gekettet zu haben, wobei sie einen gegenseitigen, wenn auch vielleicht etwas mürrischen Respekt ohne tieferes Verständnis füreinander entwickelten. Dem romantizistisch-idealistischen und für alle Schönheiten begeisterungsfähigen Künstler schien es dabei nicht ernstlich geschadet zu haben, von Zeit zu Zeit vom groben aber gerechten und gebildeten Realisten Denig auf die Erde zurückgeholt zu werden; dem erfolgreichen Pelzhändler seinerseits waren die hochstehenden Diskussionen und der Hauch von Kunst und Kultur, welche Kurz mit seiner Anwesenheit in das rauhe Leben des Forts brachte, als Abwechslung außerordentlich willkommen.

Von Zeit zu Zeit treffen Assiniboin-Karawanen zum Handeln im Fort ein, und trotz der Schmucklosigkeit dieser in der Gegend häufigsten Indianer nützt Kurz ihre Besuche eifrig zum Skizzieren. In müßigen Stunden grübelt er immer wieder über Schönheit, Talent und Poesie und gibt seinem innersten Wunsche Ausdruck nicht nur ein Nachahmer der (unvollkommenen) Natur zu sein, sondern mit Hilfe von Schönheit und Geist zum Schöpfer von Vollkommenheit zu werden:

Assiniboin in Wintertracht. Fort Union, 16. 11. 51. T., Ausschnitt ca. 6 × 8, BHM SB/111.

». . . sondern die unvollkommene Natur vollkommen darzustellen, mit ihr in der Schöpfung des Schönsten zu wetteifern, sie zu überbieten. Die Natur bringt keine Vollkommenheit zu Stande, aber der menschliche Geist kann sich solche denken, erfinden, kann den vollkommenen Ideen eine entsprechende Form geben, d. h. idealisieren. Dadurch erhebt sich der Mensch über das Gewöhnliche.« 143)

Dieser für den in materiellen Belangen so bescheidene Künstler erstaunlich kompromißlose Drang, die Schöpfung, deren Teil er nun ja wohl selbst auch ist, durch Kunst und Geist zu übertreffen oder doch wenigstens nachzuvollziehen, blieb Kurz zeitlebens eigen. Die ständig angestrebte ›totale Kreation‹, – ob nun das ›Ideal-Weib Marina‹, Adam und Eva im Garten Eden oder eine Indianerstudie – sollte ihm aber offensichtlich bis zu seinem Tode nie zu seiner vollen

Zufriedenheit gelingen, was er jedoch in Fort Union in seinem Enthusiasmus noch nicht ahnen konnte:

»Der Mensch ist nicht nur das Oberste Geschöpf, er ist auch das schönste . . . Poesie! Poesie! ist unser Losungswort; nicht Nachahmung der Natur, denn das wird bald mit Maschinen vollständig erreicht, nicht Luxus, nicht Unterhaltung, nicht Zeitvertreib!« 144)

Es ist beeindruckend und typisch für den Maler, daß er auch in seinen schwärmerischsten Höhenflügen einen fast prophetischen Weitblick beibehält und so in der vorangehenden Bemerkung den gewaltigen Aufschwung der Photographie und optisch-mechanischen Bildaufzeichnung akkurat voraussagt. Bei aller Bewunderung und Begeisterung für die Indianer wird Kurz jedoch zu keiner Zeit vor ›Liebe blind‹ für die Einheimischen: der Euthanasie-Tod einer von zwei jungen Kriegern der Assiniboin erschlagenen alten und kranken Indianerin veranlaßt ihn zum Beispiel zu folgender Bemerkung:

»Ich verschweige mit Fleiß solche Grausamkeit nicht, da ich trotz meiner Sympathie und Freundschaft für die Indianer ihre Fehler recht gut einsehe. Ich behaupte kühn, daß bei diesen sogenannten Wilden im Verhältnis zu ihrer Erziehung viel weniger Rohheit und Grausamkeit vorkomme, als bei den sogenannten christlichen Nationen. . . . Die Grausamkeit der Indianer während der Vertilgungskriege finde ich ganz natürlich; . . . Waren die borderers weniger grausam, skalpirten sie nicht mit gleicher Lust? Oh, könnten die Indianer Bücher schreiben!« 145)

Es scheint nun fast so, als wolle der Maler selbst diese Lücke füllen: unermüdlich hält er indianische Erzählungen und Nachrichten in seinem Tagebuch fest. Er merkt dabei zwar bald, daß den Geschichten kaum zu trauen ist, weil sich die einfallsreichen Indianer bei ihren Bettelbesuchen die Rivalität zwischen den Pelzhandelsgesellschaften schon längst zu Nutze gemacht haben:

»Was doch diese Indianer für Schlauköpfe sind . . . Le Loup courte queue gehört zu den Kunden unserer Gesellschaft, warum schläft er dann zwei Nächte in der Opposition und läßt sich bewirthen? Erzählt Joe Picotte, die Riks hätten Dorsons Fort zerstört, seines hingegen nicht, weil man die Opposition lieber habe als die große Company . . . und uns hier, die Riks hätten die Waaren beider Posten geplündert ohne Unterschied? Wozu dies? Um von beiden Partheien bewirthet zu werden!« 146)

Diese häufigen Indianerbesuche bieten denn auch die einzige Abwechslung im eintönigen Leben des Forts und veranlassen Kurz zum Porträtieren bedeutender Stammesführer und zu mancherlei amüsanten Beobachtungen über ihre Verhaltensweisen:

»Wie sie [eine Gruppe Hidatsa aus Fort Berthold unter ›Le Loup Courte Queue‹ und ›Estomanc de Corbeau‹] in das Office traten, erkannten sie sogleich Herrn Denniks Portrait, schritten auf dasselbe zu und boten ihm die Hand, und als dasselbe sich nicht bewegte, waren sie außerordentlich verwundert, legten die Hand auf den Mund zum Zeichen ihres Staunens. Es war keine lebende Person, kein Spiegel, das war doch zu stark für sie. Den gemalten Hund erkannten sie auch sogleich, konnten aber nicht begreifen, daß man einem Hund diese Ehre erweise.« 147)

Leider ist nur eine einzige, dafür um so treffendere Interieur-Skizze über den zeremoniellen Verlauf dieser Indianerbesuche im Fort Union erhalten geblieben. Sie befindet sich heute in den Vereinigten Staaten, in der bedeutenden Sammlung des ›Thomas Gilcrease Institute of American History and Art‹ in Tulsa, Oklahoma (148). In Verbindung mit den präzisen und farbigen Schilderungen im Tagebuch vermag sie ein äußerst lebendiges Bild vom Besuch einer Cree-Gruppe unter der Führung von Chief ›Le Tout Piqué‹ zu vermitteln (Abb. S. 99):

»[19. Oktober] Le tout piqué brachte diesen Morgen eine neue Schaar Crihs mit Weibern und Kindern herein. Vor einiger Zeit hatte ich ein flaches Pfeifenrohr weiß und hellblau gemalt mit einem Büffel, Wolf, Eule und Bären in den 4 weißen Feldern; dieses Rohr wurde Piqué (›ganz tätowirt‹) geschenkt. Es sollte mit großer Feierlichkeit im Office eingeweiht werden. . . . Herr Dennik hatte die Güte mich einzuladen der Versammlung beizuwohnen. . . . Längs den Wänden saßen die Krieger beider Banden in dichten Reihen am Boden, Rassade au cou, Bras cassé und ein anderer auf dem Kanapee; vor ihnen gegen Herrn Dennik gerichtet stand Le Tout piqué. Wie ich hereinkam und mich bescheiden in einen Winkel setzte, fragte Piqué Herrn Dennik, durch den Dolmetscher, wer ich sei ›Ein trader von unten herauf‹. – – – Ich mußte hinter H. D. mich setzen; ein gemeiner engagé wäre nicht beachtet worden, das sind ja keine Krieger. Piqué kam nun mit Anstand vorwärts, legte die schöne Büffelhaut Herrn Dennik um die Schultern, die neue Friedenspfeife in seiner Rechten, gab uns seine Linke zum Gruße, da er mit der Rechten seine Robe festhielt, trat zwei Schritte zurück

◁◁ Von Kurz bemaltes Calumet, ähnlich dem von Denig an ›Le Tout Piqué‹ überreichten: »Daher durfte Herr Dennik sich als der Maler des Pfeifenrohres ausgeben. Er bat mich bei der Szene ja nicht zu lachen, wenn mir selbst das Ganze dumm genug vorkommen werde. Bloß seine ernsthafte Amtsmiene unter der Büffelhaut (Abb. S. 99) hätte ich lächerlich finden können.« (O Ms Tb: 174 Anm.). Öl auf Holz, Catlinit, Blei. 91,5 × 6 cm. BHM N.A. 35.

Zwei Porträts von Oberst Alexander Culbertson. Fort Union. 6. und 11. 11. 51. B., Ausschnitte ca. 4 × 6 und 4 × 8, BHM SB/167.

und fieng nun seine Rede an. Er sagte, er sei für dieses Fort auferzogen worden, hange ihm treu an, bringe nie ein Fell in die Opposition, daß 50 Zelte seiner Bande noch zurückgeblieben, auf Nachricht warten, ob er hier gut behandelt, empfangen würde. Battiste übersetzte nach jedem Abschnitt des Chefs Rede; englisch sprach er gar nicht und französisch nur mittelmäßig, er wiederholte auch immer seine Worte, was sehr ungeschickt für die ernste Zeremonie war. Herr Dennik antwortete, Freundschaft und gute Preise versprechend. Hierauf zündete ein angesehener Krieger die Pfeife an und hielt sie mit Würde dem Bourgeois hin. Jeder von uns zog einigemal ernsthaft daraus, worauf der Krieger die Pfeife seinem Chef anbot. Dieser nahm sie in die Hände, immer noch aufrecht an der alten Stelle stehend, hob sie hoch empor, senkte sie mit der Mundspitze gegen die Erde, Sonnenauf- und -niedergang, rauchte einigemal und gab sie dem Zeremonienmeister zurück. Zum Glück hatte der Dolmetscher von uns dreien zuletzt geraucht, die Zeremonie kennend, tüchtig angezogen, damit das Feuer nicht schnell erlösche; denn wäre die Pfeife erlöscht, während Piqué sie dem Himmel (guten Geiste), der Erde und Sonne anbot, es wäre als ein schlimmes Zeichen angesehen worden. Der Pfeifenträger bot die Pfeife den versammelten Kriegern je nach ihrem Range an, ein kitzliges Geschäft. Dann wurde das festin aus gekochtem Fleische und süßem Kaffee hereingebracht. Die Vertheilung überläßt man ihnen, damit keiner glaube, er werde durch einen Weißen zurückgesetzt. 149)

Mit dieser Skizze und ausführlichen Beschreibung möchten wir den Leser dafür entschädigen, daß wir hier von den nun überreich dahinplätschernden Erzählungen im Tagebuch viele weglassen müssen. Einerseits handelt es sich dabei in der Regel um Geschichten vom Hörensagen, deren Authentizität umstritten ist, und zum andern sollen die ethnographischen Beobachtungen über Leben und Kultur der Indianer dem zweiten Teil dieses Buches vorbehalten sein.

Gegen Ende Oktober erscheint der Hauptagent des oberen Missouri, Oberst Alexander Culbertson im Fort Union. Er ist voll ehrlicher Bewunderung für die Kurzschen Werke und gibt sein Porträt in Auftrag, um mit dessen »magischem Blick« auch bei den Blackfeet der nördlichsten Forts ›Benton‹ und ›Mackenzie‹ Aufsehen erregen zu können. Er sanktioniert Denigs Anstellung des Malers und befördert ihn für den Winter zum festangestellten ›Clerk‹ von Fort Union. Kurz übernimmt daher die Schlüssel der Station und wird neben dem Werkführer Morgan und den Verwaltern des Jagdlagers an der ›oberen Bourbeuse‹, Bruyère und Carafel, zum leitenden Angestellten des Handelspostens. Ihm obliegt die Aufsicht über das Bisonroben- und das Fellmagazin, und seine Kontrolle über die Fleischverteilung, über Sättel, Geschirre und Werkzeuge verschaffen ihm eine gewisse Vormachtstellung.

»Ein linkischer Gelehrter weiß von seiner Gelehrtheit keine Anwendung zu machen; ein linkischer Künstler – wie kann der in seinem Bilde seine Gäule richtig gesattelt, den Reiter in gehöriger Lage, Stellung zeichnen, ohne genaue Kenntnis und Übung aller dieser Kleinigkeiten« 150),

bemerkt er bescheiden, aber nicht ohne Stolz zu seiner neuen Aufgabe. Er arbeitet gern manuell, findet nun aber kaum noch Zeit zum Malen und Schreiben, was deutlich aus seinen wieder lakonisch werdenden Tagebuchnotizen hervorgeht:

»11. November. Letzte Woche so beschäftigt gewesen, daß ich keine Zeit gefunden zu schreiben, und hätte ich auch einen müßigen Augenblick gehabt, kein fröhlich Feuer brennt im Kamin, kein Holz ward herbeigeschafft, trotz der herben Kälte, alle Hände sonst beschäftigt.« 151)

Durch seine Arbeit erhält der Maler einen Einblick in die teils recht seltsamen Geschäftspraktiken der Pelzhändler, erkennt aber gleichzeitig, daß sein eigener Spielraum als ›kleiner Angestellter‹ sehr beschränkt bleibt, was ihn als Idealisten – im Gegensatz zu den anderen, auf Profitmaximierung versessenen Weißen – jedoch nicht sonderlich stört:

»Darf keine Roben oder feine Felle direkt von den Indianern eintauschen, sondern durch die Vermittlung meines Oberen, damit er seinen Profit dabei nicht verliere; ferner darf ich nicht mehr rohe Häute oder Felle besitzen, als ein Exemplar jeder Gattung oder von Roben soviel, als ich zu meinem Bette bedarf.« 152)
»Früher, bevor ich eine tiefere Einsicht in den Pelzhandel hatte, fand ich die Preise der Waaren unvernünftig hoch; mein Erstaunen hört nach und nach auf bei der näheren Kenntnis der Geschäfte, der Ausgaben. Waaren, die 9000 Meilen weit herkommen, ja einige, die über die halbe Erdkugel transportirt werden müssen, können nicht anders als bedeutende Auslagen veranlassen. Es werden hier Waaren aus Leipzig (kleine Schellen, Spiegel), aus Köln (irdene Tabakpfeifen), Glasperlen aus Italien, Merinos, Calicos aus Frankreich, wollene Decken, Flinten aus England, Zucker, Kaffe von New Orleans, Kleider und Messer aus New York, Pulver und Blei, Mehl, Mais usw. aus St. Louis herbeigeschafft. Die Gesellschaft besitzt für die Stapelwaaren Fabriken im Ausland und Inland; ihr Pelzhandel erstreckt sich die ganze Strecke vom oberen

Mississippi durch das ganze Indianerland bis nach Mexiko. Ihre Posten sind verbreitet am St. Peters, Missuri, Yellowstone, Platte, Arkansas, Gils, Bearriver, Oregon, Californien, Utah, New Mexiko.« 153)

Die komplexe Organisation des Pelzhandels im oberen Missourigebiet durch die aus vielen Fusionen erstarkt hervorgegangene ›American Fur Company‹ (154) veranlaßt sogar den kaufmännisch desinteressierten Maler zur Beschreibung dieser mächtigen, aber im Grunde von ihm verachteten kommerziellen Unternehmung. Die von der Drehscheibe St. Louis aus straff und zentralistisch verwaltete Gesellschaft legt die Einkommensabstufung und Kompetenzen ihrer Angestellten streng fest: Distrikt-Leiter oder ›agents‹ wie Oberst Culbertson (›Upper Missouri Outfit‹; Aufsicht über die Forts Union, Benton, Mackenzie und Alexander) oder der einflußreiche H. Picotte (155) (›Lower Missouri Outfit‹; Forts Pierre, Lookout, Vermillion, Clarke, Berthold) verdienen 2000 Dollar jährlich, zuzüglich Prozente. Sie sind gezwungen, ihre Handelswaren aus den Beständen der Gesellschaft zu festen Inklusivpreisen zu erwerben; ob sie aber ihre Schulden direkt mit Pelzwaren begleichen oder diese in eigener Regie auf dem vorteilhaftesten Markt absetzen, ist ihnen freigestellt. Die untergebenen Postenleiter wie Denig oder Kipp, ›Bourgeois‹ oder ›Headclerk‹ genannt, beziehen 1000 Dollar jährlich nebst bestimmten Prozenten und führen eigene Rechnungen.

»Ein Bourgeois kann nun viel gewinnen oder verlieren, je nachdem er zu rechnen weiß, seine eigenen Ausgaben einrichtet.« 156)

Die meisten ›Bourgeois‹ sind natürlich bestrebt, die Ausgaben in ihren Forts möglichst tief zu halten, um so ihren Profit vergrößern zu können. Zu diesem Zweck verkaufen sie ihre Waren sowohl den (durchschnittlich wie in den Vereinigten Staaten entlöhnten) niederen Angestellten, als auch den Indianern zu übersetzten Preisen. Kurz rechnet sich beim Handel mit Bisonroben einen 100%igen Gewinn für gewiegte ›Bourgeois‹ aus.

»Ein Handlanger erhält jährlich höchstens 120 Dollars, ein Handwerker 250 D., ein Jäger 400 D. nebst den Häuten und Hörnern seiner Beute. ... Clerks, Traders, welche der Sprache derjenigen Indianer [mächtig sind], für welche der Posten vorzugsweise errichtet ist, können auf 800 bis 1000 D. kommen ohne Prozente.« 157)

Bei freier Kost und Logis – wie für alle Angestellten des Forts – hätte sich der frugale Maler also durchaus im Winter 1851/52 einen Notgroschen zurücklegen können, zumal er im Gegensatz zu vielen andern weder der Spielleidenschaft frönte noch dem Trinken ergeben war. Der tugendhafte Kurz hatte nur ein einziges ›Laster‹, welchem seine Einkünfte vollumfänglich zuflossen: seine wachsende und wie ein Schatz gehütete Sammlung indianischer Ethnographica und seltener Jagdtrophäen (Abb. S. 111, 116, 151):

»Das Sammeln ist von jeher meine schwache Seite gewesen; als Bub Siegel, Schmetterlinge, Versteinerungen; als Künstler: Bücher, Bilder; jetzt Waffen, Kleider, Verzierungen der Indianer. Mit dem Alter sollt' ich auch weiser werden und anfangen Geld zu sammeln für die alten Tage. Mit nichts zu sparen anfangen ist aber eine Kunst.« 158)

Es scheint eine besondere Tragik im Schicksal des Künstlers zu liegen, welches ihn später ausgerechnet dazu zwingen sollte, aus Geldmangel seine geliebte Sammlung wieder verkaufen zu müssen.

Die Tagebuchnotizen nehmen im Verlaufe des Novembers einen seltsam verwirrten und zerstreuten Charakter an. Irgend etwas scheint dem einsamen und nur oberflächlich äußerst geschäftig wirkenden Maler zu fehlen, scheint ihn zu quälen. ›Cherchez la femme‹?

Tatsächlich jubiliert er am 23. November unvermittelt, aber desto lauter:

»Ein Ring, ein Ring! Ein Hochzeitsring? – – Quien sabe. Marguerite la Bombarde besuchte mich diesen Nachmittag, steckte mir einen (messingenen) Ring an den Finger: tu la porteras pour moi. – Does she want to marry me? Merry, merry, merry be! – – –« 159)

In vier Sprachen ertönt der überschwengliche Jubelgesang, um gleich darauf wieder zu verstummen! Nur aus dieser typischen Reaktion des wohl durch die erlittene Untreue noch mißtrauischer gewordenen Malers können wir vermuten, daß auch diese ›Liaison‹ zum Scheitern verurteilt war oder auf einem Mißverständnis beruhte: die unmittelbar an den überraschenden Ausruf anschlie-

Marguerite la Bombarde. Fort Union, 24. 11. 51. B., Ausschnitt ca. 5 × 8, BHM SB/165.

ßenden Notizen beschäftigen sich nämlich bezeichnenderweise in geübter Gleichgültigkeit sowohl mit der Abstammung indianischer Hunde als auch mit dem Materialismus und der Treuelosigkeit indianischer ›squaws‹; die ironische Bemerkung:

»... ohne Kaffe keine squaw; pas d'argent point de Suisses ...« 160)

läßt tief blicken!

Die Situation im Fort beschreibt Kurz in einer treffenden, ironischen Passage am 26. November:

»Heute wieder in der Fort-Unionization, wie Herr Dennik sich ausdrückt, Fortschritte gemacht; mußte nämlich 81 Büffelzungen aus dem Salze nehmen und in meinem Zimmer zum Trocknen aufhängen und über 170 frische Zungen zuschneiden lassen und einsalzen. ... Mir ist wie in einer Speckstube; mein Himmel hängt voller Leckerbissen, aber ich darf sie nicht genießen. Er will keine verkaufen, selbst nicht für einen Dollar per Stück!« 161)

Daß er sich selbst inmitten der Leckereien in seinem Zimmer hauptsächlich mit Maisbrot begnügen muß, betrübt den genügsamen Künstler dabei nicht so sehr wie die Unmöglichkeit, die vielen hungernden Assiniboin-, Apsahroka- und Crowführer, die nun im Fort eine Mahlzeit zu ergattern versuchen, gebührend bewirten zu können. Das karge Leben im winterlichen Fort verfällt in eine recht eintönige Routine, und Kurz geht gewissenhaft, aber ohne Freude seinen vielfältigen Aufgaben nach; er liebäugelt jedoch im geheimen immer häufiger mit einem baldmöglichsten Aufbruch aus Fort Union, das ihm – wie so manche andere Station seines Lebens in Amerika – keine Zukunftsaussichten zu bieten scheint und ihm daher langsam verleidet. Er sehnt sich nach neuen Abenteuern und immer neuen Motiven für sein schwellendes Skizzenbuch. In der Zwischenzeit fühlt er sich eher »konservativ als kreativ« tätig und ergänzt seine Wortlisten verschiedener Indianersprachen mit Hilfe der frankophonen kanadischen Halbblut-Engagés, welchen er als Gegenleistung Englisch-Unterricht erteilt. Zur Abwechslung erhält der Maler den Heiratsantrag einer hübschen, aber maßlos schmutzigen Assiniboin-Indianerin aus dem Zeltlager neben dem Fort übermittelt; er verzichtet jedoch ohne Zögern nach einem schaudernden Seitenblick auf die zahlreiche hungernde und zum Teil versehrte Verwandtschaft der Schönen.

Ohne Mehl und ohne Zucker geraten weder Weihnachten noch der Jahreswechsel zu denkwürdigen Festen. Der ins Grübeln versunkene Maler wird zwar von Denig, welcher infolge einer Handverletzung und wegen selbstverschuldeter geschäftlicher Fehlkalkulationen und Versorgungsengpässen zusehends übellauniger wird, des öftern wegen seiner Zerstreutheit gerügt; diese Unstimmigkeit hindert aber die beiden nicht daran, nach getaner Arbeit vor dem Kamin ihre langen philosophischen Gespräche weiterzuspinnen. Immer wieder beschäftigen sie sich mit religiösen Themen; Denig ist Freimaurer – weniger weil er sich von der Mystik angezogen fühlt, als vielmehr weil dem Pragmatiker die vielfältigen Kontakte zu seinen im ganzen Lande verstreuten Logenbrüdern dienlich sind – und Swedenborgianer, und Kurz, obwohl gläubiger Christ, stößt mit seinen heftigen Schimpftiraden über die Begriffe der Erbsünde, des Teufels und der Hölle und vor allem der Prädestination bei seinem Vorgesetzten auf offene Ohren. Anläßlich des Freitodes eines unschuldigen Mädchens aus der Familie von ›Ours Fou‹, welches sich aus Scham über unzüchtige und ungerechtfertigte Prahlereien eines großmäuligen Jungkriegers im vergangenen Oktober erhängt hatte, redet er der freien Entscheidung zum Selbstmord das Wort und zweifelt bitter an der Allmacht Gottes:

»Wo ist der Gott, welcher dem Gerechten beizustehen verspricht? Wo ist der Beschützer der Unschuld? Wo der Allwissende, Allmächtige, ohne den kein Haar auf unserem Haupte gekrümmt, kein Sperling verhungern soll?« 162)

Blinder Glaube ohne freien Willen ist beiden Männern ein Greuel, und der ausgeprägte Gerechtigkeitssinn des Malers, für welchen Gott eine vergeistigte und unpersonifizierte höhere Macht darstellt, stößt sich besonders heftig an den Heucheleien des christlichen Klerus', am katholischen Wunderglauben, den unzähligen Mißbräuchen der Kirche und – als Protestant – an Calvins und Zwinglis Prädestination:

»... [diese] ist eines Menschen, eines Christen unwürdig; macht aus uns ein Spielzeug in Gottes Hand, hebt endlich alle Tugend, alle Sünde, alle Verantwortlichkeit, alle Belohnung, alle Strafe auf; denn wir sind

Angestellter der Pelzhandelsgesellschaft (Engagé). Undatiert, B.u.T., Ausschnitt ca. 4,5 × 16, BHM SB/10.

unzurechnungsfähig, wir sind nichts als Puppen im großen Marionettentheater. Calvin's Lehre ist gut für solche, die sich bescheiden genug zu den wenigen Auserwählten zählen.« 163)

Kurz, als ein ungestümer Verfechter des freien Willens, erweist sich in seinen Betrachtungen als weitsichtig und prophetisch:

»Der erfinderische Geist des Menschen stürmt beständig gegen den Himmel an, wie die Giganten der Alten. ... Das einzige, was die Menschheit zu fürchten hat, ist durch ihre eigenen Entdeckungen endlich das Gleichgewicht der Erde zu stören, den Untergang, die Vernichtung derselben herbeizuführen!!« 164)

Den indianischen Religionen und Kosmologien bringt der Maler tiefes Interesse entgegen; er lernt sie am Beispiel der bunten Schöpfungsmythen der Hidatsa kennen, welche ihm vom Halbblut-Kanadier Pakinaud – einem bei diesem Stamm hochgeschätzten Jäger – in langen Stunden für die Niederschrift im Tagebuch erzählt werden. Er lehnt die christliche These von der Monogenese der Menschheit entschieden ab – obwohl gerade ›Adam und Eva im Paradiese‹ eines seiner Lieblingsmotive ist – und glaubt, zweifellos vom frühen Evolutionismus beeinflußt, an die Entstehung »mehrerer Menschengattungen zu gleicher Zeit an verschiedenen Orten«. Die Theorie der Abstammung der Indianer von den alten Israeliten, welche zu der Zeit (nicht nur bei den Mormonen) ›en vogue‹ war, hält er für unwahrscheinlich. Seine präzisen Beobachtungen führen ihn dabei zu interessanten Vergleichen über die unterschiedliche Physiognomie und Kultur der beiden Volksgruppen. Es ist sicher begreiflich, daß sich darunter auch einige recht seltsame Bemerkungen und vom Zeitgeist geprägte Vorurteile befinden:

»Der Ausdruck des Schachergeistes fehlt aber den Indianern vollständig, d. h. das Erwerben ist ihnen nicht die Hauptaufgabe des Lebens. Die Indianer sind von Natur verschwenderisch, leichtsinnig; das wahre Gegentheil des Juden.« 165)

Packinaud, der kanadische Hidatsa-Halbblut-Jäger. Fort Union, undatiert. B.u.T., Ausschnitt ca. 6 × 9, BHM SB/31.

Bei solchen Feststellungen darf man nicht vergessen, daß Kurz zeit seines Lebens eine vehement anti-materialistische Haltung einnahm, welche ihn nicht nur für seine erfolgreiche Kaufmanns- und Politikersippe in Bern gewissermaßen zum ›schwarzen Schaf‹ werden ließ.

Die Sklaverei in den amerikanischen Südstaaten hatte Kurz schon bei seinem ersten Aufenthalt in New Orleans mit Abscheu erfüllt, und die Diskrimination der nominell seit dem Missouri-Kompromiß von 1820 befreiten Schwarzen in den Staaten des Nordens erschütterte ihn zutiefst. Kompromißlos bezichtigt er die Abolitionisten der Heuchelei, weil sie den Farbigen im besten Fall die Freiheit, aber niemals eine friedliche und gleichberechtigte Koexistenz mit den rassistischen amerikanischen Weißen zugestehen:

»Sklaven zu halten ist schlecht, aber sie als freie Menschen erklären und sie doch nicht neben sich zu dulden, sich selbst in der Kirche vor dem gleichen Gott zu schämen, neben schwarzem Blute zu sitzen, das ist verdammte Heuchelei ... das ist Aristokratie der Haut.« 166)

Die Aussiedlung der Schwarzen, wie sie 1847 durch die Gründung des westafrikanischen Freistaates Liberia zur Rückführung von befreiten Sklaven propagiert wurde, hätte für die amerikanische Wirtschaft einen von ihm auf weit über 1 Milliarde Dollar geschätzten Verlust bedeutet, und sie scheint ihm daher kaum praktikabel; er sieht in einer blutigen Erhebung die einzige Möglichkeit zur Befreiung der Farbigen Amerikas:

»Eine Negerrevolution ist ein gräßliches Mittel, aber auch das einzige ... Besonders jetzt, wo die freien Staaten ihnen eher helfen würden als nicht ... Wünschen die Neger frei zu sein, so sollen sie es zeigen, sonst sind sie nicht werth, dieselbe [Freiheit] zu besitzen ... Man hat fürchterlichere Revolutionen erlebt für geringere Zwecke.« 167)

Wieder erahnt der weitsichtige Maler einen drohenden Konflikt, den amerikanischen Sezessionskrieg von 1861–65, der zwar zur Befreiung der Schwarzen führen sollte, ihnen aber bis heute keine wirkliche Gleichberechtigung mit den weißen Amerikanern beschert hat!

Weder die abendfüllenden Diskussionen mit Denig, noch die häufigen Besuche verschiedener Indianerführer der Crow, Hidatsa, Cree, Assiniboin und Apsahroka und ihrer Mannschaften vermögen jedoch die zunehmende Ruhelosigkeit des Künstlers zu besänftigen und seine keimenden Aufbruchspläne zu ersticken; er lauert nun vielmehr auf eine unvorhergesehene Möglichkeit, um lange vor dem erst im Mai oder Juni erwarteten Dampfboot Fort Union verlassen zu können.

Absaroka(Crow)-Führer ›Four Rivers‹. Fort Union, 25. 11. 51. B.u.T., Ausschnitt ca. 6 × 9, BHM SB/81.

Im Roßlager der Hirschjäger

Zwei Jäger von Fort Union, Owen McKenzie und Viva de Carafel (S. 104). Fort Union, undatiert. B., Ausschnitt ca. 4 × 7, BHM SB/31.

»6. März. Soeben wird mir die unerwartete, aber sehr angenehme Nachricht zu theil, ich kann morgen mit Robert Morgan in's Roßlager. Welch' freudige Kunde! Dort kann ich zeichnen, jagen, so viel ich will; bloß muß ich das Lager hüten in Morgan's Abwesenheit, der den Befehl übernimmt, weil Smith zu viel Indianer füttert. . . . Wie pocht mein Herz! Welch' unerwartet Glück! Gerade das, was ich am Meisten wünschte, zur Erfüllung meines Zweckes hauptsächlich noch bedarf, steht mir bevor! Adieu, Fort Union.« 168)

Die Freude des Malers, das langweilig gewordene Fort und die ständigen Reibereien unter Vorgesetzten und Angestellten mit dem abenteuerlichen, aber gefährlichen Jagdlager vertauschen zu dürfen, klingt unverhohlen aus diesem Jubelruf. Wenig wußte Kurz, wie teuer ihn das sehnlichst herbeigewünschte Jägerleben, selbst als Beobachter, zu stehen kommen sollte! Das Jagd- oder Roßlager war ganzjährig bemannt, um das Fort laufend mit Frischfleisch zu versorgen, damit Denig sein getrocknetes Bisonfleisch, von dem er für über 15 000 Dollar im Fort eingelagert hatte, nicht für die Verpflegung seiner Besatzung ›verschwenden‹ mußte. Es brachte ihm nämlich in den südlichen Stationen der ›American Fur Company‹, wo die Bisons zu der Zeit schon so gut wie verschwunden waren, gute Preise und hohen Profit.

Der Ochsenschlitten mit der Ausrüstung, die kläffenden Hunde und die Jäger sinken bei jedem Schritt im dünnen Eis der überschwemmten Wiesen ein; trotzdem schlägt dem begeisterten Künstler beim abendlichen Feuer vor Freude das Herz bis zum Hals:

»Wie hoch schienen die dunklen Stämme im finsteren Walde! Wie herrlich schmeckte die Pfeife in dieser romantischen Lage; . . . wie glühte meine Fantasie von Jagden, Studien, Bildern – wie hätte ich da noch schlafen können!« 169)

Dem Leser, welcher den ruhelosen Fred Kurz besser kennengelernt hat, dürfte die himmelhochjauchzende Euphorie angesichts eines neuen Abenteuers schon recht bekannt vorkommen; man ist daher geneigt zu vermuten, daß auch diese strapaziöse Unternehmung dem Maler mit der Zeit wieder verleidet. Tatsächlich beginnt er sich schon drei Wochen später zu langweilen und notiert, kaum einem gefährlichen Hochwasser entronnen, ironisch in seinem Tagebuch:

»Ein Held in Gefahr ist ja Romantik! Aber ein Held ohne Liebe, intressirt er? – Doch mir war gestern Morgen nicht spaßhaft zu Muthe;« 170) »Wir mußten sitzend die Nacht zubringen. . . . doch richteten wir uns bloß provisorisch ein, hoffend, bald erlöst zu werden. Denn das Leben im »Wigwam«, ohne neue Studien zu gewinnen, ohne irgend eine Beschäftigung treiben zu können, als das Feuer zu unterhalten und in dasselbe unverwandt zu gucken, ohne Familie zu besitzen, fängt mir an langweilig zu werden.« 171)

Von Langeweile und Untätigkeit gebeutelt, erwacht zu allem Überfluß im Maler wieder das unangenehme Gefühl, überzählig, das fünfte Rad am Wagen zu sein. Die Unbilden der Witterung halten ihn in seinem Indianerzelt fest, und die durchlebten Frustrationen lassen seine dem Tagebuch anvertrauten Zukunftsgrübeleien nun ungewöhnlich bescheiden ausfallen; nur in sein hohes künstlerisches Ideal verbeißt er sich nach wie vor mit geradezu zähneknirschender Entschlossenheit.

»Werde ich später für diese Mühe durch ein angenehmes Loos entschädigt; werden meine Bilder mir ein bequemes Alter verschaffen? Das wäre das Einzige, was ich neben der eigenen Befriedigung des Malergefühls wünsche; Ehrgeiz besitze ich keinen, nach Ruhm trachte ich nicht, sondern bloß meinem idealistischen Triebe zu genügen.« 172)

Glücklicherweise konnte er, demoralisiert und frierend im eisigen Roßlager sitzend, nicht wissen, daß seine idealistischen Pläne und wohl auch sein künstlerisches Streben, welchen er mit klammen Fingern Zeile um Zeile widmete, nie in Erfüllung gehen würden. In seiner prekären Lage hätte er diese Erkenntnis kaum unbeschadet überlebt.

Flüchtende Hirsche. Bern, Februar 1855 (?). Aq., signiert, 31,5 × 18,5, GKS/KMB A 6243.

»Wenn nur der [Lebens-]Unterhalt künftig meiner Begeisterung nicht Schaden bringt, der Kampf mit der Noth mir den Idealismus nicht raubt. Wie elend, wie unglücklich würde ich mich ohne künstlerische Begeisterung fühlen! Nur das nicht! Eher den Tod!« 173)

Das Jagdlager erscheint in den ausführlichen Berichten des Malers wie vom Pech verfolgt! Überschwemmungen, Schneestürme, Hunger, Kälte und knöcheltiefer Morast, der abwechselnd gefriert und wieder auftaut, machen aus dem ungewohnten und harten, freien Leben für den Europäer eine Qual. Für seine Begleiter hingegen, die Jäger des Lagers, scheinen diese Unbilden von Witterung und Natur weit weniger dramatisch und ein Teil ihrer Arbeit zu sein; Morgan und Cadotte jedenfalls lassen sich auch im eisigsten Wasser nicht von der Entenjagd abhalten, während der Künstler frierend und kopfschüttelnd in seinem ›tipi‹ kauert:

»Morgan denkt nur an die Entenjagd, blickt beständig nach Süden, seinen geladenen Stutzer in der Hand.« 174) ». . . [er] gieng nun seinen ewigen Enten nach, die das Frieren und Naßwerden nicht werth waren.« 175)

Die Jäger, meist Halbblutindianer, leben mit Kurz und den Hunden in von den Frauen errichteten Indianerzelten aus gegerbten Kuhhäuten; der Boden ist mit einer Rindenschicht gegen die Nässe abgedeckt. Allerdings muß das Lager des öftern infolge der durch einen Wärmeeinbruch unzeitig über die Ufer getretenen Flüsse Yellowstone und Missouri verlegt werden. Manchmal können die im Schlafe von der Überschwemmung überraschten Männer sich und ihre Habseligkeiten nur mit knapper Not aufs Trockene retten. Das von der Schneeschmelze verursachte Hochwasser des Missouri wirkt sich bis nach St. Joseph verheerend aus:

»Der obere Missuri war gestern auch aufgebrochen; in zwei Stunden stieg er 20 Fuß hoch! überschwemmte alle Niederungen. . . . Im Gehölze, am Rande der Waldungen schichteten sich Eisblöcke wie Mauern auf.« 176)

Nach einem erneuten Kälteeinbruch wird das Lager der hungernden und vom Glück verlassenen Jäger auch noch tief eingeschneit, und heftige Sturmböen reißen fast alle Zelte weg. Das einst so

Morgan mit Hunden im ›Roßlager‹. Bei Fort Union, März 1852. B.u.Aq., 36 × 26,5, BHM SB/181.

Das Roßlager der Hirschjäger an der ›oberen Bourbeuse‹ bei Fort Union. »Horsecamp. 21. 3. 52.« Aq., 36 × 26,5, BHM SB/179.

sehnlichst herbeigewünschte abenteuerliche Leben wird dem frierenden Maler jetzt doch zuviel, und er sehnt sich nach dem gemütlichen Kamin seines Zimmers in Fort Union:

»Wie träumte ich nachher am Feuer liegend unter den schweren Büffelhäuten von guten Speisen, warmen Zimmern, trockenen, rauchlosen, wohlverschlossenen Wohnungen, die ich meinem Zwecke aufgeopfert! So materialistisch war ich noch nie gewesen.« 177)

Aber erst am 15. April dürfen die Jäger auf Denigs Geheiß und bei scheußlichstem Aprilwetter das Lager abbrechen; Kurz kehrt abgemagert, mit steifen Gliedern und geschwollenen Beinen, aber

Gegenstände aus der im Juli 1952 in St. Louis an einen Mr. Mehlgarten verkauften Sammlung von R. F. Kurz (S. 116/117, vgl. Abb. S. 151). St. Louis, 26. 6. 52. Aq., BHM SB/185.

Feldskizze aus St. Joseph, 1848, und in Bern 1853 ausgeführtes Aquarell einer Gruppe von Potawatomi-Indianern am Missouri (S. 46, 119): »Pattowattomies«, St. Joseph, 9. 5. 48. B., 31,5 × 19,5, KMB II/78 (oben). Bern, 2. 2. 53. Aq., 34 × 25,1, KMB A 6445 (aus dem ehemaligen Künstlerbuch; unten).

sichtlich erleichtert nach Fort Union zurück. In der molligen Sicherheit bringt er seine Sachen in Ordnung, beginnt ruhelos zu packen und nimmt sich nicht einmal Zeit, seine durch die Anstrengungen und das ständige Frieren wieder ausgebrochene Wassersucht und das ›kalte Fieber‹ auch nur notdürftigst ausheilen zu lassen. Der im Roßlager gefaßte Entschluß zur Abreise steht fest und bleibt unumstößlich:

»Jetzt sind meine Studien von diesem Lande beendigt; von jetzt an sollen meine Gedanken auf die ästhetische Ausführung der gesehenen Bilder konzentrirt werden. Die eine Hälfte meiner Lebensaufgabe erreicht – mit der Hälfte meines Lebens und meiner Gesundheit bezahlt.« 178)

Bittere Rückkehr in den Osten: Von Fort Union nach New York 1852

Ruderboot mit Kabine für Flußfahrten. »4. Mai. Durch heftigen Sturmwind den ganzen Tag beim Fort festgehalten; unsere hölzerne Wohnung abgebrochen, mit einer Zeltdecke vertauscht.« (A Ms: 379). Auf dem Missouri, 29. 4. 52. B.u.T., BHM SB/183.

»18. April. Lebewohl Fort Union! Herr Culbertson ist gestern im Boote angelangt, will Morgan und mich mitnehmen, wenn wir rudern wollen. Nächsten Morgen fort, fort! Adieu Fort Union, Indianer und Jagdthiere!« 179)

Kurz ist nun von der baldmöglichsten Ausführung seiner Pläne wie besessen; er verabschiedet sich aus seiner Anstellung bei Denig in Fort Union, besteigt, ohne vor der harten Knochenarbeit des Ruderns zu zögern, das unerwartet aufgetauchte, befestigte Boot Culbertsons. In seinem fanatischen Schaffensdrang macht er sich kaum Gedanken über die unmittelbare Zukunft, und keine Verlockungen, aber auch keine Zweifel oder noch so großen Opfer können ihn mehr davon abhalten, Amerika zu verlassen, um in Europa mit seinem überreichen Skizzenmaterial sein Glück zu versuchen. In der Folge wird er sich nur gerade im vertrauten St. Louis noch einige Wochen lang aufhalten, um seine schwer angeschlagene Gesundheit aufs Notdürftigste zu sanieren und Geld für die lange Rückreise zu beschaffen. Einige Jahre später in Bern, um viele Mißerfolge und Enttäuschungen reicher, wird er sich jedoch dafür verwünschen, die Vereinigten Staaten dermaßen überstürzt verlassen zu haben, ohne sich ernsthaft nach einem – durchaus möglichen – Auskommen in Amerika umgetan zu haben:

»Hätte ich damals eine Ahnung gehabt, daß ich seither Jahre lang noch nicht im Stande wäre, als Künstler unabhängig leben zu können, ich wäre in St. Louis geblieben.« 180)

Das Rudern des überladenen Bootes erweist sich für den ungeübten Maler als unmögliche Strapaze, und einmal mehr kommt er sich unter lauter erprobten ›Westlern‹ überflüssig vor:

»Fand anhaltendes Rudern im Takte eine harte Arbeit, meine weichen Hände waren bald mit Blasen besetzt, dann geschwollen, steif. Mit den geübten Kanadiern zu rudern war auch kein Spaß, wenn man sie nicht aus dem Takte bringen wollte; bald ruderte ich zu langsam, bald zu geschwind, tauchte das Ruder bald zu tief, bald zu wenig, stieß dann entweder meinen Vordermann in den Rücken, oder blieb in einem anderen Ruder hängen.« 181)

Die beschwerliche Reise bringt die zusammengewürfelte Gesellschaft, oft gegen starken Gegenwind ankämpfend, in einer Woche nach Fort Berthold, wo Kurz sein zurückgelassenes Gepäck unversehrt abholt, seinem ehemaligen Begleiter Bellangé sein »liebes Fernrohr« als Andenken zurückläßt und seine Doppelflinte gegen indianische Kleidungsstücke und bemalte Bisonroben eintauscht. An vielen von den Indianern zur Verbesserung des Graswuchses entfachten Präriefeu-

Präriebrand (vgl. Abb. S. 96/97). »[29. April] ... ich folgte dem Feuer lange in ruhigem Schritte nach auf dem verkohlten Boden ... um zu sehen, ob ein Präriebrand wirklich so gefährlich sei, als Schriftsteller behaupten. Bloß wo sehr hohes Gras wächst und sich oft dürre Sträucher finden, kann ein Brand für Leute gefährlich werden... Vor dem Rauch und Feuer fliehen aber alle Thiere in großer Angst...« (A Ms: 378/379). Bern, 6. 5. 54, Aq., 34,3 × 49,5. Wunderlich & Co., New York.

ern vorbei, führt die Flußfahrt über Fort Clark nach Fort Pierre, wo die hölzerne Bootskajüte entfernt und durch einen luftigen Zeltaufbau ersetzt wird. Am 10. Mai landen die Reisenden in Council Bluffs, wo unerwartet die große ›Eloira‹ mit ihren zwei Schloten auf dem Missouri auftaucht. Sie hatte eine Gruppe Mormonen mit Vieh und Gepäck zum Ausgangspunkt für den Überlandtreck nach ihrem ›New Zion‹, Salt Lake City in Utah, gebracht. Für die Rückfahrt nach St. Louis fordert der Kapitän aber so hohe Fahrpreise, daß die rudermüden Reisenden beschließen, auf die billigere ›St. Paul‹ zu warten. Beim Mittagessen in Council Bluff taucht unverhofft unter Kurz' Freunden Decatur, Joseph und Mary La Flêche Witthae auf!

Joseph und Mary La Flêche, Belle Vue/Council Bluff, 12. 6. 51 (vgl. S. 136f). B., ca. 12,5 × 20, BHM E.

»Witthae erwartete, daß ich sie anrede, grüßen sollte, aber ich war nicht der Mann, einer Entlaufenen die verschmähte Hand noch einmal zu bieten. Als ich in's Office gieng, folgte sie mir nach in der Hoffnung, die alte Bekanntschaft wieder anzuknüpfen. Ich las aber den ›Frontier Guardian‹, ohne mich um sie zu kümmern. Witthae hüllte sich in ihr blanket, und gieng, um sich nicht wieder zu zeigen, als sie sah, daß ich sie verachtete.« 182)

Einsamer, stolzer Kurz! So beiläufig er dieses Wiedersehen mit seiner nie ganz vergessenen Indianerfrau im Tagebuchbericht auch herunterspielt, so sehr muß ihn die Begegnung aufgewühlt haben! Wohl durch solch unbeugsames Verhalten und seinen ›Mannesstolz‹ nicht ganz unschuldig an seiner späteren Einsamkeit, besteigt Kurz ohne sich umzublicken die ›St. Paul‹, welche ihn nach St. Joseph bringt. Dort besucht der fiebernde, kranke Mann alte Bekannte und seine Lieblingsplätze auf den ›Black Snake‹ Hügeln, ordnet und reinigt seine umfangreiche Sammlung indianischer Kostbarkeiten und erreicht schon am 25. Mai bei sommerlicher Hitze St. Louis. Er läßt sich im Hotel ›Virginia‹ des befreundeten Baslers J. Sparr für längere Zeit erschöpft nieder, um sein Fieber herauszuschwitzen. Damit das Wasser aus seinen unförmig angeschwollenen Beinen abfließen kann, unternimmt er lange nostalgische Spaziergänge an den unvergessenen ›Cahokia Creek‹ und skizziert den geheimnisvollen Wasserfall der ›Falling Spring‹. In dieser geruhsamen Rekonvaleszenzzeit entstehen neben vielen Vegetationsstudien erste zaghafte Kompositionen in Wasserfarbe, Tusche und Sepia (Abb. S. 25, 29, 126 u. a.).

»Falling Spring« (bei ›Prairie du Rocher‹), Umgebung von St. Louis, 4. 8. 52 und 20. 8. 52 (? oben rechts). B., 23 × 29,2, KMB III/148.

Streitaxt (östliche Sioux?) und Reitpeitsche des Malers aus Knochen mit Reitergravur (vgl. Abb. S. 49 oben, 70 unten links). Objekte aus der Sammlung R. F. Kurz. BHM N.A. 36, 39 (unten), 59 und 90 cm (Thompson 1977: 162–164).

Vergeblich bemüht er sich in St. Louis um eine Anstellung als Zeichnungslehrer im Jesuitenkollegium bei Père de Smet; zu seinem Leidwesen wird ihm erst später bekannt, daß die mit 900 Dollar im Jahr dotierte Stelle an einen deutschen Architekten vergeben wurde. In den folgenden 2 Monaten erholt sich der Maler einigermaßen von seiner Wassersucht, macht aber keinerlei Notizen in seinem Tagebuch; erst unmittelbar vor seiner endgültigen Abreise, anfangs August, nimmt er seine äußerst lückenhaft gewordenen Eintragungen wieder auf. Weil er in Fort Union keine Ersparnisse angelegt hatte, ist er nun mittellos und muß einen verzweifelten Entschluß treffen, um sich das Geld für die Reise nach New York und die Überfahrt nach Le Havre zu beschaffen:

»... [da] mir St. Louis so wenig, wie alle die neueren Staaten aus Mangel an Interesse an der Malerei ein Auskommen als Künstler darbieten, so muß ich mich mit schwerem Herzen entschließen, einen großen Theil meiner indianischen Sammlung zu veräußern, um die Mittel zu erhalten, nach New York oder Paris zu reisen, wo ich hoffen darf, ein Auskommen als Künstler zu finden.« 183) »... ehe ich sie [die Sammlung] aus den Händen gab, kopirte ich sie, um wenigstens so viel für mich zu erretten. Die Trennung war äußerst schmerzhaft; ... ich brauche nur mein Herz an etwas zu hängen, so muß ich es verlieren; – so ist's mir mit der Kupferstichsammlung, mit meinen Liebschaften, meinen Pferden ergangen, mir, dem treue, dauernde Anhänglichkeit ein Bedürfnis, Veränderlichkeit und Untreue hingegen zum Ekel ist! ... – wehe, wenn ich auch noch die letzte Hoffnung, den letzten Halt meines Daseins, mein Kunstideal verlieren sollte, ... Soll der Tod mein letzter Trost sein? ... –« 184)

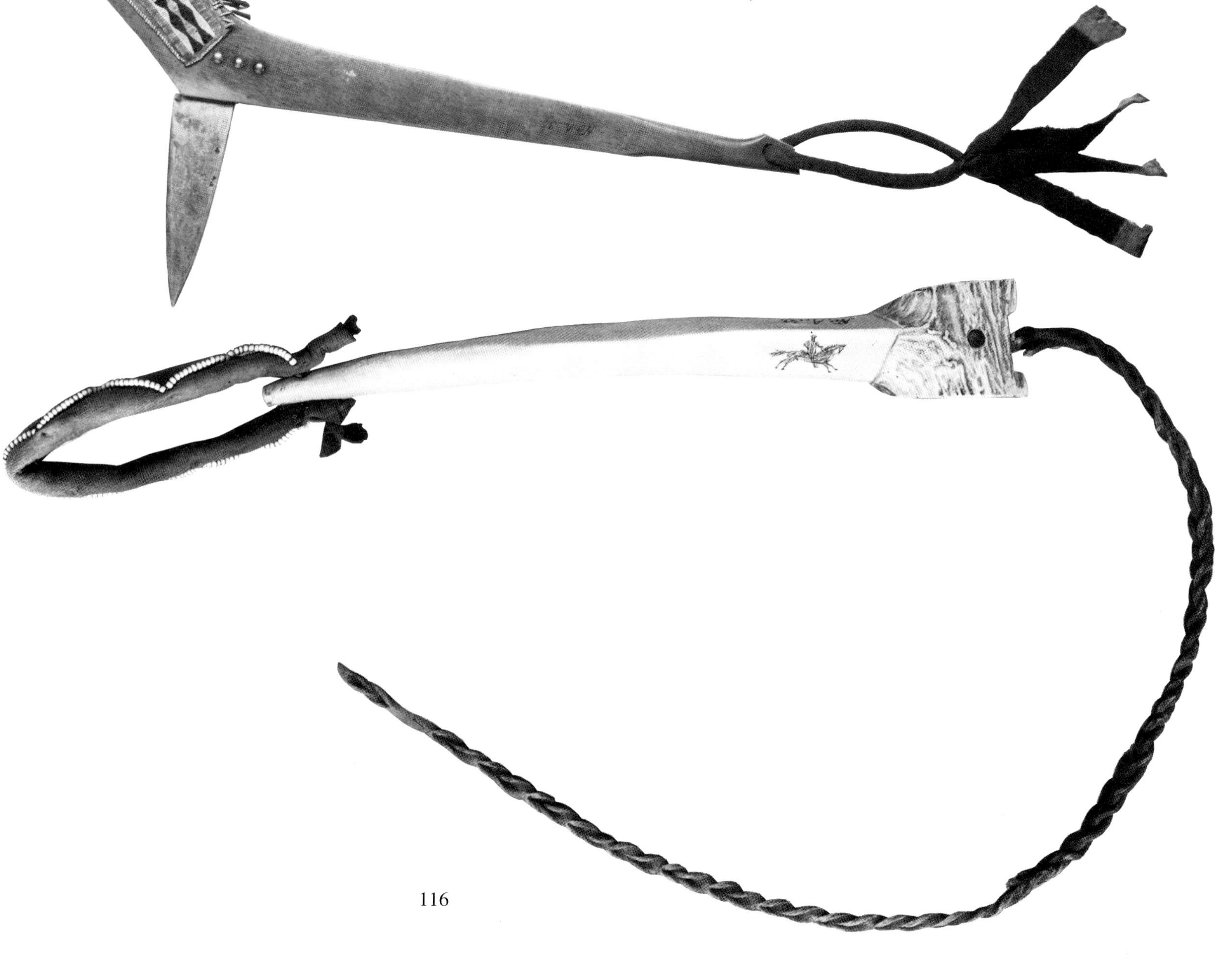

Diese bitteren Worte setzt der maßlos enttäuschte Maler unmittelbar vor seiner Abreise nach New York ins Tagebuch. Aus der Datierung und Beschriftung einiger Aquarelle im Album, auf denen glücklicherweise ein Teil seiner ›Indianersammlung‹ abgebildet ist, geht hervor, daß er seine Kollektion Ende Juni in St. Louis einem Mr. Mehlgarten für 150 Dollar verkauft hat. Nur wenige kleinere Objekte haben – neben Album und Tagebuch – den Weg in die völkerkundliche Abteilung des Bernischen Historischen Museums gefunden. Diese traurigen Reste einer kostbaren Sammlung vermögen verständlicherweise kein Bild von der exquisiten Qualität der heute vermutlich über ganz Amerika verstreuten Kollektion mehr zu geben (Abb. S. 103, 111, 151).

In Highland, einer ländlichen Kleinstadt östlich von St. Louis, besucht Kurz Bekannte in einer Kolonie ausgewanderter Wiedertäufer aus dem Südjura. Einer lapidaren Tagebuchnotiz entnehmen wir, daß sich Kurz schon 1834 in Bern, im Alter von 16 Jahren, mit dem Gedanken getragen hatte, auf der dortigen Farm eines »Herrn Doktor Beck« die Landwirtschaft zu erlernen und Amerikaner zu werden, wovon ihn aber seine Mutter aus »religiösen Skrupeln« abhielt.

Mit der Kutsche einer privaten Reisegesellschaft fährt er durch den Staat Illinois, um später mit der Eisenbahn über Louisville und Cleveland nach Buffalo zu gelangen. Das heillose Durcheinander im geschäftigen Bahnhof erzürnt den um sein umfangreiches Gepäck besorgten und reizbar gewordenen Maler so sehr, daß er trotzig auf einen geplanten Abstecher an die Niagarafälle verzichtet und sogleich über Albany nach New York weiterreist. Vergeblich sucht er recht halbherzig in der Großstadt ein Auskommen als freier Künstler, indem er etwa dem Herausgeber der amerikanischen Ausgabe von ›Meyer's Universum‹ einige Zeichnungen als Druckvorlagen zu verkaufen versucht. Da er außerdem, trotz der großen Sommerhitze, wieder zu frösteln beginnt, entschließt er sich kurzfristig und nichts Gutes ahnend, den nächstmöglichen Postdampfer nach Le Havre zu besteigen. Er deckt sich mit Lebensmitteln ein und bezieht für 20 Dollar Reisegeld das Zwischendeck der ›Samuel Fox‹; am 24. August verläßt er die Neue Welt enttäuscht und schwer krank:

»Im Augenblick des Abstoßens vom Lande mußte ich mich erbrechen, darauf folgte ein heftiger Fieberanfall, der Schweiß lief in Strömen von mir und ich lag halb bewußtlos auf meinen Büffelhäuten, während ich Amerika verließ.

Die Seeluft brachte aber nicht die gehoffte Besserung, . . . das Fieber nahm an Heftigkeit zu und die Seekrankheit blieb natürlich nicht aus . . . Das Fieber trocknete mir die Speicheldrüsen dermaßen aus, daß ich nichts Festes verschlucken konnte . . . so war ich für die ganze Seereise von 30 Tagen auf bloßes Trinken beschränkt.« 185)

Noch immer leidend und aufs Skelett abgemagert, erreicht er am 22. September 1852 Le Havre, wo er den ersten Nachtzug nach Paris besteigt, um über Straßburg und Basel nach Bern zu gelangen.

Ansicht der Westseite von Highland, 8. 8. 52.
B., 29,2 × 23 (Ausschnitt), KMB III/153.

»O weh, Bern und Kunst! Welche Aussichten!« – Fred Kurz in Bern 1852–1871

»Souvenir de Berne. Études d'après nature par Fred. Kurz«. Lithographie, undatiert, Dep. G. König, Imp. J. c. Ochsner, 20 × 23,5, BHM 10233.

»Um mich von meinem Fieber zu kuriren und wieder zu Kräften zu kommen, hatte ich keine andere Aussicht bei meinem kleinen Reste von Geld, als nach Hause zurück, wo ich den 24. [25., 6 Uhr morgens!] unerwartet anlangte. O weh, Bern und Kunst! Welche Aussichten!« 186)

klagt er wehmütig und geschlagen, krank und mittellos in der letzten Eintragung auf dem 294. Folio-Bogen seines umfangreichen Tagebuches. Und doch taucht auf der gegenüberliegenden, leeren Seite, wie ein Hoffnungsschimmer, eine einzige kleine Notiz auf, welche die zähe Entschlossenheit und die Willenskraft des glücklosen Malers sinnig verdeutlicht:

»Nüt nah la – gwinnt!« 187)

Im elterlichen Hause wird der kranke und enttäuschte Maler von seiner rührend besorgten betagten Mutter und den Familien seiner verheirateten Geschwister gesundgepflegt. »Aus Amerika hatte er nun freilich das goldene Vließ nicht heimgebracht, allein er kehrte als ein geläuterter und gereifter Mann zurück, dem zwar manche Ideale zerronnen waren, ›die einst das trunkene Herz geschwellt‹, in dem aber der ideale Funke fortglühte«, schreibt Pfarrer E. Müller später in seinem Nachruf (188).

Offensichtlich gelingt es Kurz trotz seines reichhaltigen Materials nicht, als freischaffender Künstler von den Früchten seines Amerika-Aufenthaltes zu leben;

»... unverschämte, unwissende Kritiker [gingen] so weit, die Wahrheit meiner Bilder zu bestreiten, als ob ich 6 Jahre mich einem genre gewidmet hätte, um am Ende noch zu phantasieren« 189),

wettert er in einer späten Tagebuchanmerkung über eine ungerechtfertigte Kritik an einem seiner Werke, welche an einer der großen periodischen Ausstellungen des schweizerischen Kunstvereins ausgestellt waren. Der empfindliche Maler zieht sich erneut verletzt zurück und verläßt vorübergehend aus Protest sogar die Bernische Künstlergesellschaft. Leider sind wir über die späte Zeit in Bern vom September 1852 bis zum unzeitigen Tod des Malers im Oktober 1871 schlecht informiert, da er sein Tagebuch in der Heimat nicht weitergeführt hat und nur noch beim gelegentlichen Durchlesen des Manuskriptes einige erklärende Fußnoten anbrachte. Der spätesten dieser Anmerkungen vom 11. Oktober 1856 entnehmen wir (vgl. S. 22/23):

»... als ich nach Monaten durch die mütterliche Pflege und Hülfe meiner lieben Geschwister wieder zu Kräften kam, fieng ich an der Sammlung indianischer Bilder an zu arbeiten, in der Hoffnung, im Auslande einen Verleger zu finden. Die Zeiten des orientalischen Krieges waren aber überhaupt solchen Unternehmungen nicht günstig. Auch sehe ich jetzt ein, daß ich damals zu viele Bilder projektierte. Ich hatte den Kopf zu voll von Ideen, was auch der fleißigen Ausführung hinderlich war. Das Ablehnen mehrerer Kunsthändler bestimmte mich, einzelne Bilder in Aquarell und Öhl zum Verkaufe zu malen, um den Lebensunterhalt bestreiten zu können. Es gieng schlecht genug, denn das indianische Leben intressirt das schweizerische Publikum nicht.« 190)

Die meisten der bis heute bekannten, abgeschlossenen Kompositionen – Aquarelle, Kreidezeichnungen und wenige Ölbilder – entstanden denn auch in den frühen 50er Jahren. Bei einigen dieser Werke (Kurz soll über 100 Blätter mit Indianer- und Amerikamotiven gemalt haben, von denen heute höchstens die Hälfte bekannt ist) fällt es nicht schwer, die zeichnerische Vorlage im Album oder auf einem der unzähligen losen Skizzenblätter zu eruieren (Abb. S. 112), während andere offensichtlich der – allerdings von präziser Beobachtung geprägten – Phantasie des Künstlers entsprungen sind.

Durch seine Anstellung als Zeichenlehrer (vorerst provisorisch im Knabenwaisenhaus), ab 1855 an der Literatur- und von 1866 bis zu seinem Tod an der Realabteilung der Kantonschule von Bern (Gymnasium), wird Kurz finanziell unabhängig und braucht sich nicht mehr um die Launen seiner – von ihm verächtlich als »Zopfpublikum« bezeichneten – Zeitgenossen zu kümmern. Obwohl ihm seine kompositorischen Schwierigkeiten nun offensichtlich langsam selbst klar zu werden beginnen und er bis kurz vor seinem Tod kaum mehr Bilder mit ›amerikanischen Motiven‹ malt, sondern sich auf wenige Tier-, Pflanzen- und Landschaftsdarstellungen beschränkt, wird er ruhiger, zugänglicher und wenigstens so weltoffen, daß er sich mit der Zeit wieder zu einer stillen, aber tatkräftigen Stütze der Bernischen Künstlergesellschaft entwickelt. Zeitweilig ist er sogar Mitglied ihrer Direktion und macht 1870 die Anregung zur Gründung einer selbständigen Kunstschule in Bern. Der Vorschlag wird begeistert aufgegriffen und schon im Frühjahr 1871 die anfänglich bescheidene Institution gegründet, welche Kurz als provisorischer erster Direktor bis zu seinem verfrühten Tod am 16. Oktober des gleichen Jahres leiten darf. Leider erlebte er das Aufblühen der beliebten Lehrstätte nicht mehr; sie wurde 1878 mit der akademischen Kunstklasse der Universität Bern zusammengelegt, ging schließlich 1899 in der Handwerker- und Kunstgewerbeschule auf und blieb damit bis heute bestehen. Die berufliche und soziale Anerkennung aus seiner pädagogischen Tätigkeit scheint den Maler in seinen letzten Lebensjahren mit seiner Umwelt versöhnt und aus seiner Isolation herausgelockt zu haben. Nach langer Schaffenspause wagt sich der 53jährige mit frischem Mut an eine großangelegte Ölkomposition mit Pferden und Indianern. Tragischerweise ereilt ihn mitten in diesem vielversprechenden kreativen Aufschwung der Tod.

Trotz des Drängens seiner Freunde und Kollegen hatte er, über die erwähnte ungerechtfertigte Kritik an der Authentizität einer Indianerkomposition maßlos erbost und verbittert, keine der wichtigen und vielbesuchten schweizerischen Kunstausstellungen mehr mit Bildern beschickt und war wohl auch deshalb kaum imstande gewesen, unter den Künstlern seiner Zeit einen ehrenvollen Platz einzunehmen. Nur eines seiner Ölgemälde, »Jagdhunde«, welches 1862 von der Bernischen Kunstgesellschaft für 400 Franken angekauft worden war, wurde über die Grenzen

Hidatsa. Fort Berthold, Juli 1851. B.u.T., Ausschnitt ca. 8 × 22, BHM SB/25.

Berns hinaus berühmt und von einem namhaften deutschen Künstler sogar als eines der besten Bilder der damaligen Berner Sammlung bezeichnet. Leider wurde es in den 50er Jahren unseres Jahrhunderts vom Kunstmuseum Bern verkauft.

Offensichtlich besaß Kurz aber beachtliche pädagogische Fähigkeiten, deren er sich schon während der glücklichen Zeit als Lehrer im Fellenbergschen Hofwyl bewußt geworden war. Wir dürfen denn auch annehmen, daß ihn seine Lehrtätigkeit bis zu einem gewissen Maße befriedigt und erfüllt hat; sein Beruf war also kaum nur reines Geldverdienen, lästige Pflicht oder ein langweiliger Abstieg aus seinem künstlerischen Höhenflug, wie es verschiedene Biographen anzudeuten scheinen. »Wir haben an dem auf seine Selbständigkeit stolzen Mann stets die Gewissenhaftigkeit bewundert, mit welcher er den Vorschriften des Schulreglements auf's Willigste nachkam. War er auch kein streng methodischer Lehrer, so hat er doch durch seine eigenen tüchtigen Leistungen, seine geistesfrische Mittheilungsgabe, seine sorgfältige Behandlung der einzelnen Schüler den Zeichnungsunterricht in der Kantonsschule wesentlich gefördert, durch seinen Humor, seinen männlichen, allen Schein verschmähenden Charakter und sein aufrichtiges Wohlwollen für seine Schüler die Disciplin energisch aufrecht erhalten und sich zugleich die Liebe seiner Schüler und die freundschaftliche Achtung seiner Collegen in seltener Weise erworben.« 191) Mit diesen Worten würdigt Prof. Müller seinen schulischen Einsatz. Ein Brief aus den Sammlungsunterlagen der Abteilung für Völkerkunde des Bernischen Historischen Museums belegt deutlich die Verehrung, welche dem Maler von einigen seiner Schüler entgegengebracht wurde. In einem Schreiben vom 1. Dezember 1906, mit welchem der Berner Fritz Schenk eine nicht unbedeutende ethnographische Sammlung der Hunkpapa Sioux dem Historischen Museum vermachte, erinnert sich der ehemalige Verwalter der Armeemagazine Ostermundigen an seinen Lehrer Kurz; dessen glühende Schilderungen von Indianern und dem »Wilden Westen« haben wohl mit dazu beigetragen, daß Schenk um 1870 nach Amerika auswanderte und in der Folge auf der Sioux-Dakota-Reservation von Fort Randall am Missouri (im heutigen Bundesstaat Süddakota) bis zum Verwalter aufstieg: »Herr Kurz war unser Lehrer an hiesiger Kantonsschule & erzählte uns gelegentlich während des Zeichnens im Freien, von seinem Leben bei den wilden Indianern; »Lederstrumpf« war dennzumnal unser Lieblingsbuch & unser langer, hagerer, wortkarger Lehrer glich diesem idealen westlichen Jäger so gut, daß wir Alle für ihn schwärmten. Einmal lud er uns ein zu einem Besuch auf seinem Zimmer, Marktgasse, Sonnseite, 3 Treppen hoch; – in einer Ecke war ein eisernes Bett mit einem Fell bedeckt, andere Felle auf dem Boden, an den Wänden Skizzen & Gegenstände jeglicher Art aus dem wilden Westen; wir durften auf ein Büffelfell sitzen & aus einer indianischen Pfeiffe indianischen Tabak rauchen; die Pfeiffe cirkulierte; wir waren wortlos vor Stolz! – nachher wurde uns übel. –« 192) So bedeutend sein Einfluß auf seine Schüler auch war, so wenig wurde der Maler von der breiten Öffentlichkeit wahrgenommen: Nur wenige seiner Kreidezeichnungen und Aquarelle wurden, z. B. im Atelier des befreundeten Xylographen Buri (von Buri & Jeker), in Holz geschnitten und in Zeitschriften als Illustrationen unbedeutender Essays von Reiseschriftstellern noch zu seinen Lebzeiten veröffentlicht. Die für ihn wichtigsten waren wohl die Vorlagen für sechs Stahlstiche in einer Artikelserie der deutschen »Gartenlaube« von 1862 (Abb. S. 31. S. 96, 98). Daneben wurden ihm gelegentlich kleine Aufträge vermittelt, wie etwa vom befreundeten Geologie- und Archäologieprofessor Adolf von Morlot (1820–1867): dieser bestellte bei Kurz 1856 mehrere Aquarelle, welche das Leben in der schweizerischen Pfahlbauzeit im Gebiet der im gleichen Jahr entdeckten Pfahlfelder im Moossee illustrieren sollten. Da man damals oft bei den Naturvölkern optische Anleihen für die Rekonstruktion frühgeschichtlicher Lebensbilder machte, war es für Morlot naheliegend, den mit den indianischen ›Primitiven‹ vertrauten Maler Kurz mit dem Auftrag zu berücksichtigen. Dieser war allerdings mit den theoretischen Konstrukten Morlots, wie z. B. den Rundhütten, keineswegs einverstanden, hielt sich aber dennoch widerstrebend an die Vorschläge des Wissenschafters. Die frühen, 1858 beendeten Studien, welche für das Pfahlbaubild des 19. Jhs. von großer Bedeutung sind, bleiben zwar verschollen, aber die charakteristische Darstellungsweise des ›Indianermalers‹ dringt auch in dem Bild noch deutlich durch, welches der Berner Otto Emanuel Bay (1865–1910) erst 1891, auf dem Höhepunkt der ›Pfahlbaubegeisterung‹, nach den Kurzschen Vorlagen in Öl malte (Abb. S. 123).

Über den künstlerischen Gehalt seiner Bilder, das Talent und die handwerklichen Fähigkeiten von Kurz den Stab zu brechen, steht uns nicht zu. Die kompositorischen Schwierigkeiten des

Malers stechen auf vielen der studiert wirkenden Blätter dem unvoreingenommenen Betrachter unangenehm ins Auge. Die von Kurz so glühend und unermüdlich gesuchte beseelte, organische Einheit von Mensch und Urnatur im Bilde wiederzugeben, die Schöpfung der absoluten Schönheit und des vergeistigten idealen Menschenbildes ist ihm zeitlebens nie gelungen. Daß er sich mit seiner ureigensten Domäne, der Landschafts- und Tiermalerei, zu der seine unbestreitbar besten und schönsten Bilder zu rechnen sind, nicht zufriedengeben konnte und wollte, wie uns in einem

Gemsen und Steinböcke. Bern, undatiert, B.u.Aq., 30 × 33,5, KMB A 6230 *l* (links). Bern, 12. 5. 56. B.u.Aq., 35,5 × 26,5, KMB A 6230 *g*.

»Im Urwald. Nach einer Zeichnung von † Maler Kurz auf Holz gezeichnet von G. Roux.« Holzschnitt aus dem Atelier Buri und Jeker, 16,4 × 10,7. ›Die Illustrierte Schweiz‹, Bern 1874.

»Knistenaux partisan's headdress. Crihs. 16. 9. 51«. Fort Union, Kopfschmuck eines Cree-Führers, Studien eines Maultier-Hirsches (18. 2. 52). Aq., 29,2 × 22,7, BHM E.

Berittener Indianer (Crow oder Hidatsa). Bern, undatiert (?), signiert. Aq., 28,6 × 33. Wunderlich & Co., New York.

▷ Wilhelm Benteli (1839–1924), Bern. Bildnis R. F. Kurz, 1872. Öl auf Leinwand, 21,2 × 17, KMB 1253.

W. BENTELI
1872

O. E. Bay, Bern (1865–1910): Pfahlbausiedlung im Moossee bei Moosseedorf/BE (1891). Öl auf Leinwand 94 × 60,5, BHM (S. 120; vgl. Bandi 1979: 32).
»Werthester Freund! Endlich glaub' ich mit dem Aquarell fertig zu sein ... Die Hütten habe ich so belassen, wie sie dieselben angegeben haben; meine feste Überzeugung ist aber, daß unsere Pfahlbaubewohner rohe Blockhäuser bauten ... Diese runden Hütten sind gallische Wohnungen.« (Brief Kurz an Adolf von Morlot, 8. 11. 58).

»Iowäs«. Iowa-Indianerinnen mit Pferd, undatiert. B.u.T., lav., Ausschnitt ca. 25 × 22, BHM SB/51.

Exkurs über die »Nachahmer« wie etwa Gottfried Mind unmißverständlich klar gemacht wird, gehört mit zu den tragischen, aber selbstverschuldeten Wendungen seines Schicksals. Professor Eduard Müller, als Freund und Direktionsmitglied der Berner Künstlergesellschaft, bedauert in seinem Nachruf von 1874 dieses ›sture‹ Festhalten des Malers an seinem unerreichbar hohen Kunstideal: »Kurz hatte alle Eigenschaften zu einem ausgezeichneten Thiermaler, – sein höchstes künstlerisches Ideal war [aber] die Darstellung des Menschen, – indem er dieses zu verwirklichen suchte, ohne dazu eigentlich Beruf zu haben, versäumte er jenes, wozu ihm ein reichlich Maß von Kraft und Talent zu Theil geworden...« 193). Die versöhnliche, gleichzeitig liebevolle und strenge Kritik Müllers gehört mit zu den trefflichsten Aussagen über das Leben und Werk des glücklosen Kurz: »Derbe Realistik, kräftige Zeichnungen, keckes Betonen des Originellen, tiefes Verständniß für den eigenthümlichen Reiz der wilden Naturschönheit, ihrer Großartigkeit und ihrer Romantik zeichnen diese Bilder aus. Freilich wird das Originelle auch hin und wieder im Absonderlichen, in dem von der künstlerischen Form Abweichenden, im Bizarren gesucht und dem Streben nach charakteristischer Darstellung der ›Urnatur‹, die korrekte Darstellung des

Studien. Fort Berthold, 11. und 12. 8. 51. B.u.T., BHM SB/136. Auf diesem Skizzenblatt fallen die seltsamen und für Kurz typischen Unterschenkel und Füße der Figuren besonders deutlich ins Auge (vgl. auch Abb. S. 126 links). Hermann ten Kate bemerkte 1911 dazu: »Secondly: the feet of KURZ's Indians are much too short and the Musculus gemellus surae is inserted too low. This lends a shortness to the legs which generally North American Indians do not possess.« (ten Kate, 1911: 529).

Schönen geopfert.« 194) Verständlicherweise fließen auch in diese Beurteilung kurzlebige, von den rigorosen Maximen des künstlerischen Zeitgeistes geprägte Wertungen ein, was uns die heute seltsam klingende Bemerkung: »der korrekten Darstellung des Schönen geopfert« begreiflich macht; aber auch wir unterliegen den ästhetischen Werturteilen unserer Zeit! Einer Kritik Müllers glauben wir uns aber bedenkenlos anschließen zu dürfen: während von einigen gelungenen Reiterbildern, »wo der Wilde mit seinem Roß zusammengewachsen selbst als eine höhere Art Thier erscheint«, eine starke Faszination ausgeht, vermag die stereotype Darstellung des menschlichen Körpers in den meisten Kompositionen und Skizzen kaum zu gefallen: »Allein weniger befriedigt die Darstellung des ›Naturmenschen‹. Nicht nur ist hier die Zeichnung vielfach inkorrekt, sondern im Streben, den Menschen in seiner innigen Verwandtschaft mit der ihn umgebenden Natur darzustellen, erscheint derselbe häufig lediglich als unschöne Dekoration derselben.« 195) Ganz und gar unverzeihlich, bei allem Respekt für das ethische Empfinden Kurz', fanden aber seine Zeitgenossen dessen vermeintliche Geringschätzung von Antike und Renaissance und damit im weitesten Sinne auch von Kultur und Zivilisation, weil der Maler unbeirrt und von Rousseaus Gedankengut stark beeinflußt das Ideal sittlicher Vollkommenheit

Iowa-Indianer mit Flöte. Aq., nach einer Skizze des ›Staubnasen‹-Lagers bei St. Joseph im Juni 1853 in Bern gemalt, Privatbesitz.

»Cahokia Ills, 1847«. Platane und Iowa-Indianer am Missouri. Im Frühjahr 1847 bei St. Louis skizziert und im Januar 1853 in Bern vollendet. Sepia, lav., 47,5 × 43,5, GKS/BKM A 466.

ausgerechnet beim »primitiven Urmenschen«, beim wilden Naturvolk der Indianer suchte und damit bewußt die zivilisatorischen Errungenschaften von der Antike bis zur fortschrittsgläubigen und ethnozentrischen westlichen Welt des 19. Jhs. in Frage stellte! Es war für sie unfaßbar, daß er es wagte, nicht nur die Ideale des Guten und des Schönen als innigst verwandt zu betrachten, sondern darüber hinaus die Verallgemeinerung des Ästhetischen zum Sittlichen, zur ethischen Vollkommenheit zu propagieren. Allein »es irrt der Mensch, so lang er strebt«, zitiert Müller versöhnlich zum Andenken an den originellen, begabten und fleißigen Künstler, und »so legen wir auf das Grab des Strebenden einen Kranz, und selbst sein Irren hinterläßt uns einen Segen.« 196)

Mehr als zwanzig Jahre vor seinem berühmten älteren Kollegen Bodmer in Frankreich stirbt am 16. Oktober 1871 Rudolf Friedrich Kurz in seiner Wohnung im Haus 171 b in Bern-Holligen, mitten in der Ausführung einer großangelegten Ölkomposition, vermutlich an Herzversagen. Er wird kaum 2 Jahre nach seiner Mutter am 18. Oktober auf dem Bremgartenfriedhof von den überlebenden Brüdern Ludwig und Gustav und ihren Familien beigesetzt.

Schon bald ranken sich um seine abenteuerliche und geheimnisvoll-verschlossene Gestalt im Schoße der Familie und in der Öffentlichkeit seltsamste Gerüchte, welche aber jeglicher Wahrheit entbehren dürften. Wie wir heute wissen, hat er weder jahrelang als »Häuptling« die Geschicke eines Indianerstammes in »Kriegs- und Friedenszeiten« geleitet (197), noch sich in »vollem Indianerkostüm und -putz« begraben lassen (198). Weil er nach seinen frühen Enttäuschungen unverheiratet geblieben war und kinderlos gestorben ist, galt er bei einigen Mitgliedern der

Bisonjäger, Selbstdarstellung (?). Aq., signiert, undatiert, Dimensionen unbekannt. Dieses Aquarell ist neben anderen ähnlichen Bildern aus dem Besitz von Nachkommen der Familie Kurz in Deutschland seit dem 2. Weltkrieg verschollen.

Familie später als Frauenfeind. Andere der zahlreichen weiblichen Mitglieder der großen Sippe wiederum hielten ihn aufgrund seiner vielen Aktzeichnungen für einen Lüstling und vernichteten, in ihrer moralischen Entrüstung vom prüden viktorianischen Zeitgeist bestärkt, mehrere Studien im Familienbesitz. 199) Glücklicherweise blieben die Aquarelle, Kreide-, Sepia- und Tuschezeichnungen sowie zahlreichste Bleistiftskizzen und ein einziges großes Ölbild aus dem Besitz der Bernischen Künstler- bzw. Kunstgesellschaft und der Gottfried-Keller-Stiftung neben den eigenen Beständen in der graphischen Sammlung des Kunstmuseums Bern vor diesem Schicksal bewahrt. Auch das wertvolle 193seitige Skizzenbuch ist unversehrt geblieben und wurde neben 50 Einzelblättern in seinem Gründungsjahr 1894 vom Bernischen Historischen Museum angekauft und der schon damals bedeutenden und wertvollen Sammlung indianischer Ethnographika der Abteilung für Völkerkunde zugesellt. Am 15. November 1901 wurden diese Bestände durch die großzügige Schenkung des Tagebuches durch Christina Kurz-Martin, der Ehefrau des Neffen und ersten Biographen des Malers, des Philologen Prof. Emil Kurz (Sohn des Ludwig Friedrich, geb. 1849) aufs wertvollste ergänzt.

Einzelne Blätter wurden von den Verwandten des verstorbenen Malers in alle Welt verschenkt und verkauft; viele davon gelangten auf Umwegen in Sammlungen in Amerika, wo man ihre bedeutende historische und ethnographische Aussagekraft früher als in Europa zu würdigen begonnen hatte; die wichtigsten überseeischen Bestände befinden sich heute im ›Thomas Gilcrease Institute‹ in Tulsa, Oklahoma (Abb. S. 27, 99) und der ›M. u. M. Karolik Collection‹ des Bostoner ›Fine Arts Museum‹. Während einige Bilder aus dem Familienbesitz im 2. Weltkrieg in Deutschland verbrannten (Abb. S. 127) 200), dürften noch zahlreiche andere Werke unerkannt in Privatbesitz in Europa und Amerika stehen. Noch im Frühjahr 1983 wurden mehrere bedeutende Aquarelle in der South Kensington-Filiale des Auktionshauses Christie's versteigert und u. a. von der amerikanischen ›Wunderlich & Co. Inc.‹ aus New York erworben (201) (Abb. S. 40, 41, 114, 122). Auch bei der Berner Galerie Jürg Stuker tauchten im gleichen Jahr kleinere Werke von Rudolf Friedrich Kurz im Angebot auf. So bleibt es denn unsere erklärte Hoffnung, mit Hilfe des vorliegenden Buches weitere ›verschollene‹ Studien ans Licht bringen und damit hoffentlich einem größeren Publikum bekannt machen zu können!

II. Teil

Hans Läng

»Cahokia« – Hauptstadt der Mississippi-Indianer

Der zweite Teil des Buches läuft größtenteils in etwa parallel zu den biographischen Kapiteln und Tagebuchaufzeichnungen. Ihm fällt vornehmlich die Aufgabe zu, die Ausführungen von Kurz ethnographisch und historisch zu ergänzen und – wenn nötig – auch zu korrigieren.

Schon zu Beginn des Aufenthaltes in der Neuen Welt stoßen wir auf Informationslücken, die möglicherweise auf Unwissenheit des Künstlers zurückzuführen sind. So suchen wir zum Beispiel vergebens nach Hinweisen auf die nicht zu übersehenden archäologischen Zeugen der sogenannten »Mississippi-Kultur«, die sich um 500 n. Chr. im Gebiet des Mississippi und Ohio entwickelte und deren Ausstrahlung weit über ihren eigenen Bereich hinausging. Charakteristisch für diese Periode sind Tausende von künstlichen Erdhügeln, die als Unterbau von Tempeln oder als Grabhügel dienten. Letztere konnten eine beachtliche Höhe erreichen, da man bei der Bestattung hochgestellter Persönlichkeiten den Hügel Schicht um Schicht erhöhte.

In der Nähe des heutigen East St. Louis lag einst »Cahokia«, die größte Stadt der Mississippi-Indianer, die neben einer mehr als 30 Meter hohen Tempelpyramide mit einer Basis von 240 auf 300 Metern etwa hundert kleinere und größere Mounds aufwies. Ihre Blütezeit erlebte die Stadt zwischen 800 und 1200 n. Chr., und man vermutet, daß in ihr zeitweilig etwa 20000 Menschen gewohnt haben.

Die Einwohner von Cahokia betrieben einen intensiven Handel und kannten ein regelrechtes Berufshandwerkertum. Teile der Stadt waren bis etwa 1500 n. Chr. bewohnt. Bei späteren Grabungen fand man Beispiele der hochstehenden materiellen Kultur dieser Völker; formschöne Keramik, die Gefäße oft in Tierform (wie etwa in Gestalt eines Ozelots), Schmuck aus Kupfer und Muschelscheiben, steinerne fein polierte Gefäße, Äxte und Pfeifenköpfe in Form menschlicher Gesichter.

Im Jahre 1847 erschien von Ephraim George Squier und Edwin H. Davis die erste wissenschaftliche Beschreibung der Mounds.

Als Kurz in St. Louis weilte, trug die Stadt noch ihren zweiten Namen »Mound City«. In ihrer Mitte erhob sich der »Big Mound«, den man erst 1869 abtrug, um Platz für neue Stadtviertel zu schaffen. Die Indianer der näheren Umgebung eilten verstört herbei, um die ans Tageslicht kommenden Gebeine ihrer Vorfahren einzusammeln und an einem entfernten Ort erneut beizusetzen. Auch die kleineren Mounds von Cahokia wurden im Laufe der Zeit pietätlos zerstört. Auf der abgeflachten großen Tempelpyramide stand bis Mitte des 19. Jahrhunderts ein Trappistenkloster, das bewußt an diesem dominierenden Platz als christliches Bollwerk gegen eine unverständliche heidnische Welt gebaut worden war. Kurz muß die Reste des Klosters noch gesehen haben, da er von seinen Ausflügen zum nahe gelegenen Cahokia Creek schwärmt.

Häuptling Black Hawk

Die erste Begegnung mit einem Schauplatz der tragischen Auseinandersetzungen zwischen den Truppen der USA und England und den immer weiter nach Westen abgedrängten entwurzelten indianischen Völkern fand anläßlich der Reise nach Galena statt. Der Maler hält sich in seinen Tagebuchaufzeichnungen nicht an das allgemeine Klischee, sondern schreibt durchaus seine eigenen Ansichten zum Thema nieder:

»In der Nähe wurde mir das Schlachtfeld gezeigt, auf welchem Capt. Zach. Taylor, nachheriger Präsident der Ver. Staaten, Black Hawk geschlagen haben soll. Über diesen Krieg sind die Meinungen sehr verschieden geblieben, selbst unter Amerikanern. Die einen behaupten, Black Hawk sei durchaus im Unrecht, weil Keokuk der Chef der Fuchsnation gewesen und als solcher mit den Vereinigten Staaten den Vertrag über die Abtretung des Landes beschlossen; und diesem Vertrag hätte sich Black Hawk unterziehen sollen. Aber nach welchen Gesetzen? Nach indianischen? Vorerst, wer indianische Gebräuche kennt, weiß, daß ein Chef kein Regent ist, er kann nie befehlen, als wenn in Augenblicken oder Umständen die Angesehenen seiner Nation ihm den Oberbefehl übertragen oder eine Partei sich ihm völlig unterzieht. Wer sich ihm nicht freiwillig unterordnet, sich gar ihm unterstellt, über den hat der Chef als solcher keine Macht . . .

. . . Nun war Keokuk nicht der erwählte Chef der Foxnation selbst, sondern von den Ver. Staaten als solcher eingesetzt, weil er ein guter Freund der Amerikaner war; deshalb trennten sich natürlich die Foxe in Anhänger der Amerikaner und Anhänger der Engländer, deshalb war Keokuks Vertrag durchaus nicht bindend für die Gegenpartei. Insofern war Black Hawk im Recht, sich für die Gräber seiner Väter zu schlagen.«

Betrachten wir die historischen Ereignisse aus neutraler Sicht. Black Hawk (1767–1838), sein indianischer Name lautet Makatawimishi-kaka, kämpfte zusammen mit dem berühmten Häuptling der Shawnee Tecumseh an der Seite der Engländer gegen die junge USA. Keokuk hingegen verhielt sich mit dem größten Teil der Fox-Indianer während dieser Zeit neutral und erkaufte sich dadurch die Sympathie der Amerikaner. Am 24. Dezember 1814 wurde der Friede zwischen USA und England unterzeichnet, und die junge Union konnte sich wieder anderen dringenden Problemen zuwenden. Mit Keokuk wurde eine Landabtretung vereinbart, die die Übersiedlung des ganzen Volkes der Sauk (indianischer Name Osa'kiwug) und Fox (indianischer Name Meshkwakihug) auf die westliche Seite des Mississippi vorsah. Beide Völker gehören zur Algonkin-Sprachfamilie. Black Hawk fühlte sich nicht an diese Abmachung gebunden und blieb mit seinen Getreuen weiterhin auf der Ostseite des Flusses.

In den folgenden Jahren begann die große Zuwanderung von weißen Farmern in das fruchtbare Mississippi-Tal, was unweigerlich zu Konfrontationen zwischen Black Hawks Leuten und den weißen Siedlern führte. Durch die auf die Dauer unhaltbaren Zustände gezwungen, schloß der Häuptling 1831 einen Vertrag mit General Gaimes, in dem er sich verpflichtete, ebenfalls auf das Westufer des »Vaters der Ströme« zu ziehen. Als Gegenleistung versprach die weiße Regierung jeder indianischen Familie genügend Mais als Ersatz für die auf den Feldern zurückgelassene Ernte zu liefern. Dieses Versprechen wurde aber nur notdürftig erfüllt, so daß die Indianer bald von Hunger getrieben, heimlich über den Fluß setzten, um den Mais von ihren einstigen Feldern zu holen. Black Hawk suchte verzweifelt Unterstützung bei seinen neuen Nachbarn, den Winnebago und Potawatomi, doch verweigerten die ebenfalls schwer geprüften Stämme ihm ihre Unterstützung. Erst als der Häuptling verschiedene Male siegreich gegen die amerikanische Armee vorgegangen war, schlossen sich ihm Freiwillige an, und im Juli 1832 hatte er immerhin einen kleinen Trupp von 500 Mann zusammengebracht. Nach einem letzten Gefecht, das auf indianischer Seite 200 Menschenleben kostete, darunter viele Frauen und Kinder, mußte ihr Anführer schon am 27. August notgedrungen kapitulieren und wurde mit einigen seiner einflußreichsten Männer in St. Louis gefangen gesetzt.

Hier fand im folgenden Frühjahr auf Veranlassung von General Clark die Begegnung zwischen Black Hawk und Keokuk statt, bei der auch der Schweizer Indianermaler Karl Bodmer

Honore Picotte, einer der wichtigsten Arbeitgeber des Malers. Friedrich Kurz schreibt in seinem Tagebuch den Vornamen von Picotte nie aus. Wir lesen stets W. Picotte. Man muß annehmen, daß er den Namen falsch verstand oder einen wenig schönen Übernamen nicht ausschreiben wollte. Nach der Biographie von John S. Gray »Honore Picotte, Fur Trader«, erschienen in South Dakota History, vol. 6 nr. 2, 1976, hieß der Handelsherr Honore Picotte. Es gibt nur zwei Porträts von ihm, von denen diese Zeichnung von Kurz die genauere sein soll.

Die typische Haartracht der Iowa, ein mit Bären- oder Bisonfett gefestigter Haarknoten über der Stirn.

und Maximilian Prinz zu Wied zugegen waren. In der amerikanischen Delegation befand sich in leitender Stellung auch Jean Pierre Gratiol, Sohn des in der Neuen Welt zu Ansehen und Wohlstand gekommenen Schweizers Henry Gratiol, den man den »Pfadfinder von Wisconsin« nannte. Ursprünglich Pelzhändler der Hudson's Bay Company, war er maßgebend an der Entwicklung der Handelsbeziehungen zwischen Kanada und USA und den Indianern beteiligt.

Durch das Tagebuch des Prinzen erfahren wir von der demütigenden Behandlung der Inhaftierten. Black Hawk und seine Leute wurden wie Schwerverbrecher in Ketten und mit eisernen Kugeln an den Füßen hereingeführt. Nach dem Willen der Amerikaner sollten sie Keokuk als ihren alleinigen Häuptling anerkennen, – ein unmögliches Ansinnen, da er in ihren Augen ja ein Verräter war.

Nachdem alle Bemühungen vorerst erfolglos waren, brachte man die Gefangenen zu Präsident Andrew Jackson nach Washington. Die anschließende Reise durch einige Städte des Ostens unter Führung von Major Garland entsprach durchaus einer damals üblichen Praxis. Auf diese Weise meinte man am eindrucksvollsten die Macht und Größe des »guten weißen Vaters in Washington« den aufsässigen Ureinwohnern vor Augen zu führen.

In dieser Zeit diktierte der Häuptling auch seine Selbstbiographie, die noch im gleichen Jahr publiziert wurde und seitdem mehrere Auflagen erlebte.

Nach der Entlassung aus der Gefangenschaft zog Black Hawk mit der Familie an den Des Moines River in Iowa, wo er mit seiner Frau Singvogel (Asshewequa) bis zu seinem Tod am 3. Oktober 1838 lebte. Aus der Ehe gingen drei Kinder hervor, die Tochter Nauasia und die Söhne Nasheakusk und Nasomsee.

Er spricht für die Mentalität der damaligen Weißen, daß das Skelett des Häuptlings schon ein Jahr nach seinem Tod ausgegraben und ausgestellt wurde; laut Dee Brown im Büro des Gouverneurs Lucas, anderen Quellen zufolge im Gebäude der Geologischen und Historischen Gesellschaft von Burlington.

Sie selber nannten sich »Dusty noses« (Staubnasen)

Wenden wir uns nun der Erzählung »Pa-chotschie« zu, die Kurz schon in den Wintermonaten 1847/48 begann und erst in Bern vollendete. Die Staubnasen finden wir in der Literatur unter verschiedenen Namen. Kurz vermutet ganz richtig, daß der Name »Iowa« von Nachbarn, in diesem Fall von den Dakota stammt, die sie »Ayuhwa« nannten, woraus französische Trapper das Wort Iowa prägten.

Die Staubnasen gehörten zu den Chiwere (Tschiwere), einer Gruppe aus der Sioux-Sprachfamilie, der wir auch die Omaha, Missouri, Oto und Winnebago zurechnen. Sie waren Bodenbauern, trieben daneben aber in ihren Wohngebieten an der Greenbay am oberen Michigan See intensive Jagd, weshalb wir sie zu den halbseßhaften Völkern zählen. Etwa um 1650 treffen wir sie zusammen mit den Oto und Missouri weiter südlich am Iowa River. Später trennten sich beide Völker von ihnen, doch mußten 1824 auch die Staubnasen über den Missouri River ausweichen, als ihr Land östlich des Flusses von weißen Siedlern beansprucht wurde.

Kurz war erstaunt, bei seinem ersten Besuch neben den erwarteten Tipis große rechteckige, mit wetterfesten Matten bedeckte Hütten zu finden, die traditionelle Behausung aus ihrer Zeit als Jagdfeldbauer, in der das transportable kleinere Tipi nur für Streifzüge auf der Jagd gebraucht wurde. Hier kennzeichnen die größeren Zelte bereits die Übergangsphase zu einem reinen Jägervolk.

Die Iowa sind ein großer stattlicher Menschenschlag von eher heller Hautfarbe. Die Kleidung der in so nahem Kontakt mit den Weißen lebenden Indianer hatte im Laufe der Jahre natürlich viel von ihrer Eigenart eingebüßt. Hauptsächlich die der Frauen änderte sich in Schnitt und Material. Anstelle des weichen Leders wurde in erster Linie billiger Baumwollstoff verwendet. Die Männerkleidung hielt sich länger in ihrer traditionellen Form. Das »breech-cloth« (Durchziehtuch) war jetzt durchwegs aus festem Tuch. Es wurde zwischen den Beinen durchgezogen und hing wie eine Schürze ein Stück über den Gürtel. Am Ledergürtel waren auch die »leggings« (einzelne Hosenbeine aus Leder) angeknüpft, deren Außennaht mit einem perlenbestickten Band besetzt war. Viele Männer trugen dazu noch ein verziertes Knieband.

Ein Iowa mit Calumet. Auch hier ist die traditionelle Haartracht gut zu erkennen. An einem ledernen Armband trägt der Mann seine Reitpeitsche.

Im Sommer blieb der Oberkörper frei. Gegen Kälte schützten sich Frauen wie Männer mit der bis auf die Füße reichenden bemalten Bisonrobe.

Die Männer kämmten ihr Haar vorn zu einem Knoten hoch und gaben ihm mit Fett die nötige Festigkeit. Hinten wurden die Haare meist in einen Zopf geflochten. An zwei kleinen Flechten befestigte man eine Adlerfeder oder einen Anhänger aus Pferdehaar, der durch ein mit Stachelschweinborsten verziertes Band zusammengehalten war. Auch die Frauen legten Wert auf einen dekorativen Haarschmuck. Sie scheitelten das Haar in der Mitte und flochten in ihre Zöpfe farbige Bänder oder Perlschnüre ein.

Die Iowa waren patrilinear ausgerichtet, das heißt: In Erbfolge und Familienbildung tritt die väterliche Linie in den Vordergrund.

Typisches Zelt der Prärie-Indianer, für das heute mehrheitlich das Dakota-Wort »Tipi« (in ihm zu leben) verwendet wird. Der Durchmesser des Tipis betrug fünf bis acht Meter und entsprach jeweils der Höhe des Tipis am Kreuzpunkt der Zeltstangen. Die Herstellung einer Zeltdecke war stets sehr aufwendig. Die Frauen mußten je nach Größe 14 bis 18 Bisonhäute enthaaren und so dünn schaben, bis sie lichtdurchlässig waren. Die zusammengenähte Zeltdecke wurde anschließend vom Tipibesitzer bemalt. Durchschnittlich benötigte man zum Aufstellen eines Tipis 15 Stangen. Reichten sie nicht aus, erhöhte sich ihre Zahl stets um drei weitere. Im fertigen Tipi wurde ein stark rauchendes Feuer entfacht und Eingangsöffnung und Rauchabzug fest verschlossen. Der Rauch machte die Häute wasserabstoßend. Im Tipi wurde in etwa 150 cm Höhe eine Innenwand aus Leder aufgehängt, hinter der die Frauen Kleidung und Vorräte aufbewahren.

Die Tipis eines Lagerplatzes waren von jeher in Kreisform aufgestellt und streng in eine nördliche und südliche Hälfte getrennt. Die nördliche »Bisonhälfte« bestand aus der Bison-, Tauben-, Schlangen-, Eulen- und Roterde-Sippe. Ihr Häuptling leitete im Frühling und Sommer die gesamten Stammesangelegenheiten, wobei die Sippen ein Mitspracherecht besaßen. Die südliche »Bärenhälfte« teilte sich in eine Schwarzbären-, Wolf-, Adler-, Wapiti- und Biber-Sippe, deren Häuptling im Herbst und Winter die führende Stellung innehatte.

Reste der Iowa leben heute auf der Horton Agency in Oklahoma und an der Ostgrenze zwischen Nebraska und Kansas.

Ausführlicher befaßt sich Kurz in der Staubnasenerzählung mit der indianischen Zeichensprache, die hauptsächlich im Gebiet der Plains und Prärien verbreitet war. Mit ihrer Hilfe konnten sogar ganze Geschichten erzählt werden, und bei kriegerischen Handlungen war eine lautlose Verständigung möglich. Später nahm die Zeichensprache auch Begriffe aus der Welt der Weißen auf, wie zum Beispiel den Planwagen und Gewehrpatronen. Um das Wort Kaffee oder Kaffeemühle darzustellen, zog man die linke Hand, Handfläche nach oben, gegen den Körper und führte mit der rechten Hand darüber mahlende Bewegungen aus. Heute ist diese Verständigungsart nicht mehr in Gebrauch, da für alle Indianer Englisch die verbindende Sprache geworden ist. Die Zeichensprache wird nur noch an einigen Indianerschulen geübt.

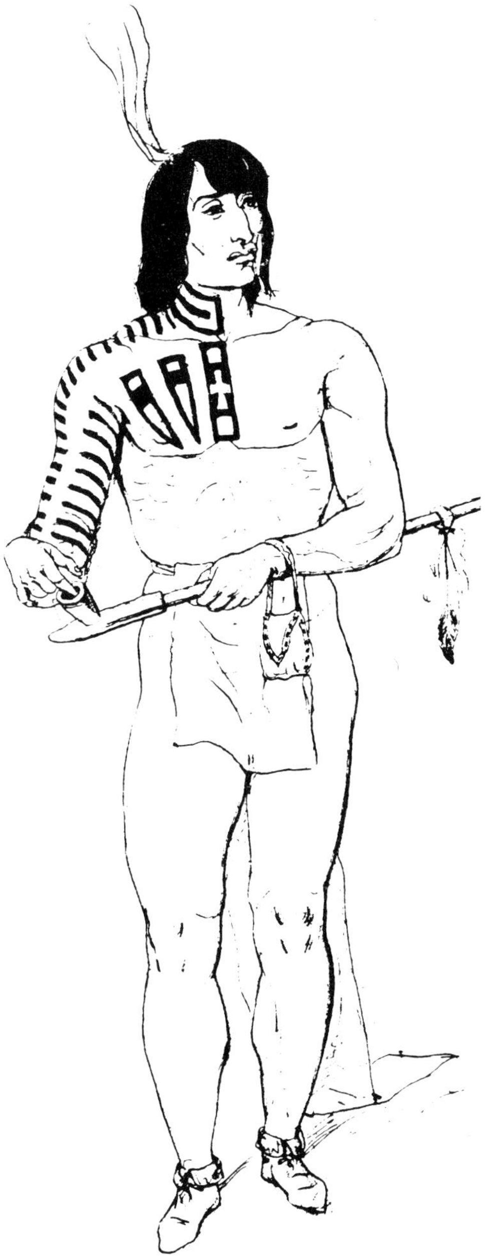

Bei der Körperbemalung eines Mannes der Hidatsa fällt besonders das Erdkreuz auf: ein Symbol der Erde und der vier Winde.

»Omaha« – Menschen, die gegen den Strom ziehen

Der erste Kontakt von Kurz mit den kläglichen Resten des früher so stolzen Volkes der Omaha fand bei Bellevue statt, wo achtzehn Jahre zuvor Karl Bodmer von den malerischen Gestalten noch restlos begeistert war. Auch der traditionsreiche Handelsposten am Missouri war bei weitem nicht mehr die Idylle, die Bodmer einst mit seinem Pinsel so meisterhaft festhielt. Kurz geht in seinem Tagebuch auf die Hintergründe des wirtschaftlichen Zerfalls ein. Er konnte auch selber beobachten, wie der Fluß an der Uferböschung nagte und damit sein Bett und die Landschaft ständig veränderte. Heute fließt der Missouri einige Kilometer weiter östlich vom alten Bellevue. Das angeschwemmte Land ist mit dichtem Wald bedeckt, unterbrochen von toten Flußarmen, auf denen im Frühsommer Felder von Wasserlilien blühen. Etwa auf der Höhe von Fontanelles Haus zieht sich eine alte verlotterte Bahnlinie hin. Das heutige Bellevue, ein Stück vom alten Handelsplatz entfernt, ist ein vornehmer Vorort von Omaha, der größten Stadt Nebraskas.

Das Volk der Omaha gehört zur Dialektabteilung der Dhegiha (auch Thegiha geschrieben), der merkwürdigsten und interessantesten Gruppe der Sioux-Sprachfamilie. Man nimmt an, daß die Dhegiha aus dem oberen Mississippigebiet nach dem Westen kamen. Auf der Suche nach einer festen Bleibe teilten sie sich in die Osage, die am Fluß gleichen Namens blieben, die Kansas am Kansas River und die Omaha, die im Gebiet des heutigen Nebraska eine neue Heimat fanden. Ihre stattlichen Siedlungen, umgeben von Feldern und Gärten lagen nördlich von Bellevue und wiesen die für das Missourigebiet typischen Erdhäuser auf.

Im Jahre 1802 wurde das Volk durch eine Pockenepidemie fast ausgelöscht und zählte nach diesem Aderlaß nur noch einige hundert Menschen. Als Kurz 1851 die Omaha besuchte, war das gesellschaftliche und kulturelle Leben schon weitgehendst zerstört und das meiste Land von weißen Farmern aufgekauft.

Die Blätter 85 und 95 des Skizzenbuches geben uns Gelegenheit, näher auf die Erdhäuser oder Erdhütten einzugehen, die man außer bei den Omaha auch bei den Oto, Kansas, Mandan, Hidatsa, Cheyenne und den entlang des Platte River wohnenden Pawnee fand.

Die Gerüste im Vordergrund von Blatt 95 zeigen die vier Stützbalken im Innern des Erdhauses, die genau nach den vier Himmelsrichtungen ausgerichtet sind. (Auch bei den Navaho im Südwesten der USA werden die Stützbalken der Hogans auf gleiche Art aufgestellt.) Beim Erdhaus verband man die über drei Meter hohen Pfosten mit Querbalken. In einem Durchmesser von etwa 15 Metern zog sich ein Kranz von 1,5 Meter hohen Pfosten um die Stützbalken. Die Querbalken der Mitte waren durch Sparren mit dem äußeren Kranz verbunden. Sie bildeten die

Unterlage für ein Geflecht aus Ästen, das mit Soden oder Erde bedeckt wurde. Bald war diese isolierende Schicht dicht bewachsen, was den Erdhäusern aus der Ferne das Aussehen riesiger Maulwurfshügel verlieh. In der Mitte der Kuppel blieb eine Öffnung als Rauchabzug frei, die bei Regen mit einem Bullboot geschlossen wurde.

Der Wand entlang standen die Betten, mit Fellen oder Leder verkleidete kastenförmige Gebilde auf vier Beinen, deren Vorderseite mit einem Ledervorhang geschlossen werden konnte. Bei einigen Stämmen führte der Wand entlang eine Erhöhung, wo die Bewohner auf warmen Fellen ruhten.

Bei der am 26. Mai 1851 entstandenen Skizze eines Erdhauses sind speziell der mit einer Matte verschlossene Eingangstunnel und der Rauchabzug interessant.

Die meisten Erdhäuser lagen in künstlich angelegten Mulden, die heute noch an vielen Orten beidseits des Missouri zu sehen sind. Die Erdhütten betrat man durch einen tunnelförmigen Eingang, der oft nach Osten lag. Alte Quellen berichten speziell von den Omaha, daß man bei ihnen in gebückter Haltung durch ein rundes Loch in die Hütte kriechen mußte, das hier nach Süden wies.

Bevor Kurz die von Picotte vorgeschlagene Reise den Missouri aufwärts begann, hatte er noch Gelegenheit, mit Joseph La Flesche einem Bisontanz der Omaha beizuwohnen. Da der »Bisonbund« ein Bund der Heilkundigen war, fand der Tanz anläßlich der Heilung von Tecumseh Fontanelle statt, der sich aus Versehen selbst in den Arm geschossen hatte. Lassen wir zuerst den Maler in seinem Tagebuch zu Wort kommen:

Auf der lose hingeworfenen Skizze hat uns Kurz das Innere eines Erdhauses festgehalten. Wir sehen die nach den vier Himmelsrichtungen ausgerichteten Stützbalken und in der Mitte die Mulde der Feuerstelle. Am Pfahl davor hängt der Haken für den Wasserkessel. Ringsum sind die Betten mit einer liegenden Gestalt nur angedeutet. Oben erkennen wir den Rauchabzug.

»Tanz der Büffelbande in einer sehr geräumigen Erdhütte; zehn Tänzer paarweise die Manieren des Büffels beim Trinken, Rollen, Stoßen, Brüllen höchst natürlich nachahmend, vor dem liegenden Patienten herumhüpfend, seine Wunde mit dem (als saufender Büffel eingezogenen) Wasser bespritzend; alle Tänzer mit verzierter Büffelmaske versehen, nebst dem Büffelschwanz hinten in den Gürtel gesteckt; sonst nackt außer dem nie fehlenden ›breechcloth‹. Zuschauer die Menge. Bloß der ›Yongleur‹ oder indianische Doktor tanzt allein und ohne Verzierung.«

Aufnahme in den Bisonbund fanden nur besondere Männer und Frauen, denen in einer Vision ein Bison erschienen war und sich ihnen als Schutzgeist offenbarte. Von den Mitgliedern wurden

Bisontanz der Omaha

Entgegen den Eintragungen im Tagebuch findet hier die Zeremonie im Freien statt.
Kurz hat besonders die Finger rechts detailliert dargestellt. Man sieht deutlich die am Gürtel festgebundenen Leggings, das überhängende Durchziehtuch und den im Gürtel steckenden Bisonschwanz. Die Leggings sind unter dem Knie mit Bändern festgehalten. Auch erkennen wir die mit Perlstickerei verzierte Seitennaht. Auf dem Kopf trägt der Tänzer die große Bisonmaske. Links im Bild sind Trommler und Tänzer sichtbar.

außerdem überdurchschnittliche Kenntnisse der verschiedenen Heilpflanzen erwartet. Darum machten die Novizen zuerst eine strenge Lehre durch, wurden von älteren Mitgliedern in die Materie eingeführt, durften unter Anleitung Pflanzen sammeln und bei Heilzeremonien zuschauen. Bei der Behandlung des jungen Fontanelle sang eine Gruppe besondere Lieder, die Eigentum des Bisonbundes waren. Ihre Verwendung durch Außenstehende war streng verboten. Die Tänzer spritzten einen Absud von Heilpflanzen, den sie im Mund mit Speichel vermischten, dem Patienten auf die Wunde.

Wir bezweifeln, daß Kurz über die Zusammenhänge der Heilzeremonie orientiert war; sein Kommentar wäre sicher etwas anders ausgefallen.

Auch die Omaha wurden später von der Vertreibung in ein nördlich gelegenes Reservat nicht verschont. Heute zählen sie noch etwa 1500 Seelen, von denen der größere Teil eine bescheidene Landwirtschaft betreibt. Es gibt eine kleine Kirche mit ihrer Gemeinde, doch sind vor allem junge Menschen Anhänger der Native American Church of North America, die neben christlichem Glaubensgut den Peyote-Kult pflegt.

Joseph La Flesche (1822–1889) oder »Instamaza«

Die La Flesche-Familie

Eng verknüpft mit dem Schicksal der Omaha und der Überlieferung ihres kulturellen Erbes für die Wissenschaft ist eine außergewöhnliche Familie, deren »Stammvater« unser Maler in Bellevue kennenlernte. Es handelt sich um den Omaha-Häuptling »Instamaza«, auf Deutsch »Eisenauge«, besser bekannt unter seinem christlichen Namen Joseph La Flesche und seine Kinder. Eisenauge selber war der Sohn des französischen Pelzhändlers Joseph La Flesche und der Omaha-Frau Watun-na.

Ein Omaha-Häuptling war berechtigt, mehrere Frauen zu haben, und so schreiben ihm einige Autoren drei Frauen und zehn Kinder zu. Wir halten uns an die Ausführungen von Norma Kidd Green, die in ihrem Buch »Iron eye's Family – The children of Joseph La Flesche« Lincoln 1969, das Schicksal dieser Menschen einfühlsam und mit großer Sachkenntnis schildert.

Die erste Frau Mary (ihr Vater John Gale war Militärarzt kaukasischer Abstammung, die Mutter Omaha) schenkte Instamaza einen Sohn und vier Töchter. Der Ehe mit der Omaha Ta-inne entsprangen zwei Töchter und der später so bedeutende Sohn Francis.

Realistisch sah Eisenauge den Untergang der indianischen Kultur am Missouri voraus und machte sich über das Schicksal seines Volkes keine Illusionen. Er schickte deshalb seine Kinder auf Missionsschulen, damit sie sich das nötige Wissen für ein Leben in der Welt der Weißen aneignen konnten. So besuchte auch die 1854 geborene Susette (ihr indianischer Name war Inshta theaumba, was wir mit »Strahlende Augen« übersetzten können), älteste Tochter aus der Ehe mit Mary, zuerst die Omaha Presbyterian Mission School in Bellevue und später das Elisabeth Institut for Young Ladies in New Jersey. Die begabte junge Frau wurde Lehrerin auf der Omaha Reservationsschule und setzte sich dort engagiert für die Belange der indianischen Jugend ein. Ein historisches Ereignis war ausschlaggebend für ihr weiteres Leben. Im Jahre 1877 wurden die benachbarten Ponca-Indianer aus ihren Wohngebieten am Niobrara River in das Indian Territory in Oklahoma zwangsumgesiedelt. Das trostlose Schicksal der vertriebenen indianischen Stämme wiederholte sich auch hier. Viele Menschen starben an den Strapazen des langen Marsches und in dem ihnen fremden, ungastlichen Land. Auch der berühmte Ponca-Häuptling »Standing Bear« verlor seine Kinder und machte sich mit einer Schar Getreuer auf den beschwerlichen Rückweg, um wenigstens seinen Sohn in heimatlicher Erde bestatten zu können. In Fort Omaha wurde er mit seinen Leuten sofort gefangen gesetzt.

Vehement setzte sich Susette La Flesche für die Freilassung der Inhaftierten ein und fand aktive Unterstützung bei dem Journalisten Thomas H. Tibbles, der später ihr Mann wurde. Zusammen starteten sie eine scharfe Pressekampagne im »Omaha Herald« und konnten damit eine breitere Öffentlichkeit auf die Willkür und ungerechten Beschlüsse der Regierung in Washington aufmerksam machen. Für einmal siegte die Gerechtigkeit, und die Ponca konnten mit ihrem Häuptling vorerst als freie Menschen an den Niobrara River zurückkehren.

In den folgenden Jahren unternahm das Ehepaar ausgedehnte Reisen in den Staaten, um mit

Vorträgen auf die zum Teil unhaltbaren Mißstände in den Indianerreservaten aufmerksam zu machen. Nach einer Reise durch England hielten sie sich sogar einige Zeit in Washington auf, sprachen vor dem Kongreß und ließen immer wieder aufklärende Artikel in den Zeitungen erscheinen. Im Jahre 1890 kehrten die Tibbles nach Lincoln, Nebraska, zurück, wo Susette am 26. Mai 1903 verstarb. Sie fand ihre letzte Ruhestätte auf dem kleinen Friedhof von Bancroft.

Achtzig Jahre später wurde Susette La Flesche als erste Indianerin in die Ehrenhalle des Capitols von Lincoln aufgenommen, wo 1984 die Regierung auch ihre Bronzebüste aufstellen ließ – eine späte Würdigung für eine Frau, die sich Zeit ihres Lebens für die Rechte der Unterdrückten einsetzte.

Kaum weniger außergewöhnlich verlief das Leben der jüngsten, 1865 geborenen Schwester Susan La Flesche. Nach Studium und hervorragendem Abschluß am Womans Medical College of Pennsylvania wurde sie 1889 die erste indianische Ärztin und bekam eine offizielle Anstellung für die gesundheitliche Betreuung der Omaha-Reservation. In dieser Funktion sah man die hübsche junge Frau in den nächsten Jahren ständig zu Pferd unterwegs, um ihrem Stamm, aber auch benachbarten Indianern die nötige medizinische Hilfe zukommen zu lassen. Im Jahre 1894 heiratete sie Henry Picotte aus der Verwandtschaft des berühmten Agenten der American Fur Company, Honore Picotte, und seiner indianischen Frau. Schon 1905 verwitwet, meldete sich Susan als Missionarin bei der Omaha Blackbird Hills Presbyterian Church und machte den Kampf gegen den Alkoholismus unter den Indianern zu ihrem Hauptanliegen. Sie schreckte selbst vor einer Reise nach Washington nicht zurück, mußte dort aber erfahren, daß das Problem des Alkoholismus und die damit verbundene Demoralisierung und der Zerfall der Stämme die Regierung völlig gleichgültig ließ.

Seelisch und körperlich gebrochen und völlig taub starb Susan La Flesche am 18. September 1916 in Lincoln und wurde auf dem gleichen Friedhof wie ihre Schwester Susette in Bancroft beigesetzt.

Francis La Flesche, einziger Sohn aus der Ehe von Eisenauge mit Ta-in-ne, wurde am 25. Dezember 1857 auf der Omaha-Reservation geboren und bekam den indianischen Namen »Zhogaxe«, das mit »Einer der schwer arbeitet« übersetzt werden kann. Und wahrlich – dieser Name wurde wegweisend für sein ganzes Leben. Nachdem Francis, wie seine Geschwister, die Missionsschule in Bellevue besucht hatte, kehrte er auf die Reservation zurück und fand in seinem Vater einen kompetenten und klugen Lehrmeister, der ihn in die traditionelle Lebensweise, Geschichte, Zeremonien und Tänze seines Volkes einführte. Francis begann bald wissenschaftlich zu arbeiten und publizierte 1900 sein erstes Buch »The Middle Five – Indian Boys at School«, in dem er von seinen manchmal leidvollen Erfahrungen auf der Missionsschule berichtet. Im weiteren setzt er sich mit den Problemen auseinander, die sich für junge Indianer in einem Leben zwischen zwei Kulturen ergaben.

Das Werk wurde 1978 bei der University of Nebraska Press neu aufgelegt.

Als im Jahre 1881 die bekannte amerikanische Ethnologin Alice Cunningham Fletscher (1838–1923) mit ihren Studien bei den Omaha begann, fand sie bei Francis verständnisvolle Unterstützung und in seinem Wissen eine unerschöpfliche Informationsquelle. Wir dürfen die 25jährige Zusammenarbeit als die selten zitierte »Sternstunde der Ethnologie« ansehen, verdanken wir ihr doch eine der ausführlichsten Stammesmonographien, die je über ein indianisches Volk geschrieben wurde. Auch die Tonaufnahmen von Gesängen und Tänzen der Omaha, die Frau Fletscher mit Hilfe der damals üblichen Phonographen auf Wachswalzen aufnahm, gehören zu den frühsten Tondokumenten überhaupt.

Nach einem abgeschlossenen Jurastudium arbeitete Francis im Büro für Amerikanische Ethnologie in Washington und begann während dieser Tätigkeit mit seinem zweiten großen Lebenswerk, dem eingehenden Studium der Rituale und Zeremonien der Osage-Indianer. Im Jahre 1932 publizierte er ein Wörterbuch Osage-Englisch und Englisch-Osage, um auch das letzte aus der Reihe seiner bedeutenden Veröffentlichungen zu nennen. Noch im gleichen Jahr verstarb er am 5. September auf der heimatlichen Reservation.

Beim Lesen dieser Schicksale und den Biographien von weißen Handelsleuten (wir denken hier zum Beispiel an H. Picotte und E. Th. Denig), stoßen wir häufig auf sogenannte »Mischehen«. Es war durchaus üblich, daß Mitglieder der Handelsgesellschaften und andere Grenzbewohner indianische Frauen heirateten, schon um die lange Isolation in den Wintermonaten, zum

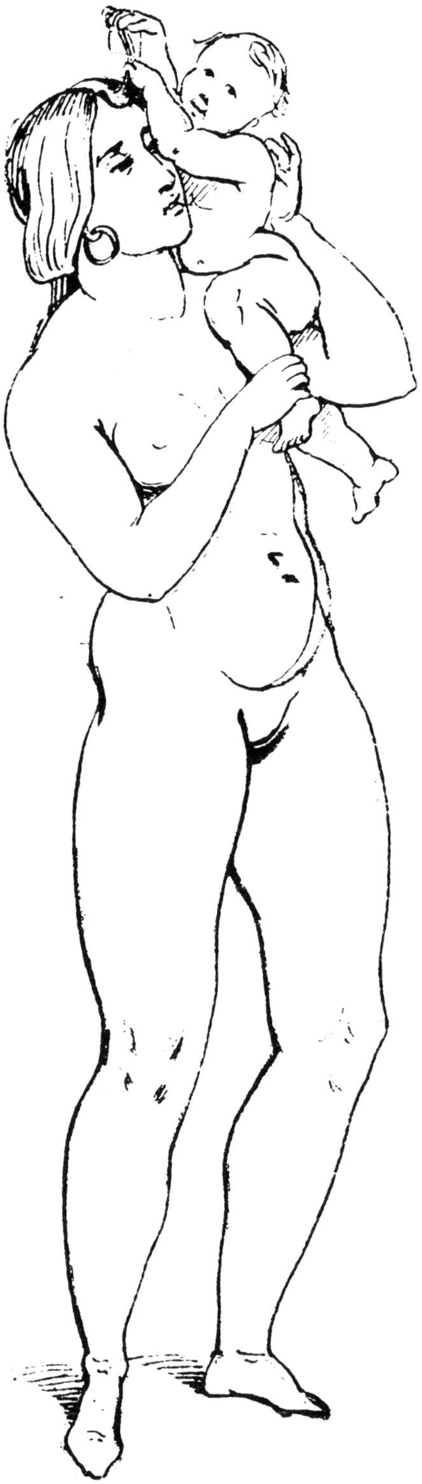

Mary La Flesche (1826–1907), die erste Frau von Instamaza, mit ihrem Erstgeborenen.

Teil fernab ihrer weißen Familien, besser durchzustehen. Diese Verbindungen förderten zudem die Handelsbeziehungen zu den Heimatstämmen der indianischen Frauen. Viele Ehen wurden nur aus Vernunftgründen geschlossen, doch waren sie oft auch von gegenseitiger Zuneigung und tiefer Ergebenheit getragen. Die Kinder aus diesen Gemeinschaften hatten durchaus die Möglichkeit, eine gute Ausbildung zu bekommen und besaßen die gleichen Aufstiegschancen wie ihre weißen Väter. Dies läßt erkennen, wie tolerant man im Grenzgebiet Heiraten zwischen Weißen und Indianerinnen gegenüberstand und in ihnen durchaus nichts diskriminierendes sah.

Verbindungen zwischen Indianern und weißen Frauen waren seltener.

Der belgische Jesuitenpater Pierre Jean de Smet (1801–1873).

Außergewöhnliche Zeitgenossen

Auf dem Schiff St. Ange, das eine buntgemischte Schar von Reisenden nach dem Westen brachte, befand sich Kurz in nicht alltäglicher Gesellschaft und Skizzenblatt Nr. 18 gibt beredt davon Kenntnis. Als historisch interessanteste Figur dürfen wir den in Dendermond/Belgien geborenen Jusuitenpater Pierre Jean de Smet (1801–1873) ansehen. Schon im Jahre 1822 schickte ihn seine Jesuitenschule nach Nordamerika, wo er Lehrer in einer Indianerschule in Florissant im Staate Missouri wurde. Im Laufe seiner Missionstätigkeit zog de Smet immer weiter in bis dahin unbekanntes Indianerland und weilte 1840 für ein Jahr in Fort Laramie, dem ehemaligen Fort Williams. Im Frühjahr 1841 schloß er sich mit einigen Missionaren einer Gruppe von Siedlern an, die in das ferne Oregon zogen. Geführt wurden sie von dem umsichtigen, die Gegend von früheren Jagdzügen her kennenden Thomas Fitzpatrick.

Pater de Smet war der erste Missionar, der bei den Shoshoni, den Blackfoot und einigen Sioux-Stämmen wirkte und sich durch sein Verständnis für die indianische Lebensweise und Mentalität unter ihren Führern bald Freunde erwarb. Aufgrund dieser Vertrauensposition war es ihm möglich, die indianischen Interessen gegen offizielle Stellen und Pelzhandelsgesellschaften besser zu verteidigen.

Auch im Sommer 1851 befand sich de Smet wieder auf einer Fahrt in das nordwestliche Indianerland, wo er hoffte, durch seine Autorität etwas zur Verständigung zwischen Weißen und einigen in Schwierigkeiten geratenen Stämmen beizutragen.

Von de Smet's Werken seien erwähnt: »Letters and Sketches of a Residence in the Rocky Mountains«, 1843 und »Oregon Missions«, 1847.

Tamegache, auch Young Elk genannt, Sohn des Omaha-Häuptlings Washinga Saba.

Ebenfalls auf Blatt 18 fällt dem Leser der gekonnt gezeichnete Charakterkopf von »Tamegache«, auch »Young Elk« genannt, auf, Sohn des Omaha-Häuptlings Washinga-Saba. Karl Bodmer zeichnete das Grab dieses berühmt-berüchtigten Mannes 1833 und hat es in Vignette 12 seines Bildatlasses verwendet.

Man erzählt sich von »Schwarzer Vogel«, wie sein Name in der Übersetzung lautet, eine äußerst makabre Geschichte. Washinga-Saba war von einem gewissenlosen Händler verführt worden, Arsenik zu gebrauchen, um sich bei seinem Volk eine unangreifbare Machtstellung zu verschaffen. So beseitigte er seine Widersacher gezielt mit Gift, und da er ihren Tod natürlich stets genau voraussagen konnte, galt er als Herr über Leben und Tod und war sehr gefürchtet. Doch gegen die Pocken war auch er machtlos, und wie wir schon an früherer Stelle hörten, raffte die Epidemie ihn und den größten Teil seines Volkes dahin. Sein Sohn gehörte zu den Überlebenden.

George Catlin konnte an diese Geschichte nicht glauben; er sagte: »Ist sie wahr, so ist ebenfalls wahr, daß sie dem indianischen Charakter nicht zur Ehre, den Pelzhändlern aber zur ewigen Schande gereicht.«

Erdhausbewohner am Missouri

Während der von zahlreichen tragischen Ereignissen überschatteten Fahrt auf der St. Ange traf Kurz auch mit einigen Mandan und den ersten Hidatsa zusammen, die Bodmer vor den großen Epidemien noch in einigermaßen intakten Lebensgemeinschaften angetroffen hatte.

Die Hidatsa figurieren unter den verschiedensten Namen. Catlin und Prinz Maximilian nennen sie »Minitari«, Kurz schreibt »Herantsa«, und von ihren Nachbarn, den Mandan, wurden sie »Mönitari« genannt. Die Franzosen warten mit dem Namen »Gros Ventres du Missouri« auf; dazu gibt es vier weitere, weniger gebräuchliche Bezeichnungen.

Der Leser älterer Literatur wird das Volk also unter vielen Namen finden.

Die Heimat der Hidatsa, wie sie heute allgemein genannt werden, lag am Devils Lake im nordöstlichen North Dakota. Dort lebten sie als ein reines Jäger- und Sammlervolk. Aller Wahrscheinlichkeit nach zogen sie etwa 1550 Richtung Südwesten und fanden im Mündungsgebiet des Knife River in den Missouri eine neue Heimat. Dort entwickelten sie sich unter dem Einfluß ihrer neuen Nachbarn, den Mandan, nach und nach zu Bodenbauern und übernahmen auch das Erdhaus. Beide Völker kannten eine Zweiteilung der Dörfer, wie wir sie schon bei den Omaha kennenlernten, nur daß die Siedlungen hier in eine östliche und westliche Hälfte zerfielen.

Auf den Feldern der Hidatsa wurden in erster Linie 5 Arten Mais, dazu 15 Bohnensorten, verschiedene Kürbisarten und Melonen angebaut. Nicht vergessen dürfen wir den Tabak, den alle Völker am Missouri anpflanzten. Am weitesten verbreitet war der niedrige Nicotina quadrivalsis. Tabak wurde ursprünglich nicht als Genußmittel sondern nur bei kultischen Handlungen verwendet.

Das Bullboot hatte eine recht weite Verbreitung, war aber auf baumarme Zonen begrenzt, in denen man keine Kanus oder Einbäume herstellen konnte.
Im allgemeinen bespannten die Indianer ein Gestell von starken Weidenruten mit einem Bisonfell, die Haarseite nach innen. Von den Cherokee wird berichtet, sie hätten notfalls auch ein Bärenfell genommen. Das leichte Bullboot konnte bequem von einer Person getragen werden. Anderseits war es sehr belastbar und trug ohne weiteres zwei bis drei Personen über den Fluß. Zum Fortbewegen benutzte man lange Ruder, deren Handhabung große Geschicklichkeit erforderte. Einfacher war es, das Boot durch ein Pferd ziehen zu lassen, oder es schwimmend selber über den Fluß zu bringen (siehe Abbildung Seite 152).
Am anderen Ufer mußte das Boot sofort aus dem Wasser genommen werden, um das Fell zu schonen.

▷▷ Plattformgrab des Mandan »Le Boeuf court queue«.
Die Bestattung auf einer extra dafür errichteten Plattform war in den Prärien und Plains weit verbreitet und diente als Ersatz für die in waldreichen Gegenden übliche Baumbestattung.
Der Tote wurde geschmückt und in seinen besten Kleidern beigesetzt. Ihm zur Seite lagen seine persönlichen Gegenstände, bei einem Mann die Pfeife mit Tabak und seine Waffen, bei einer Frau z. B. das Nähzeug und Schmuck. Kindern gab man Spielsachen mit auf den Weg in die andere Welt. Dann hüllte man den Verstorbenen in ein Fell oder legte ihn in einen Holzsarg. Nach etwa zwei Jahren wurde der mumifizierte Körper der Erde übergeben.
Die Totengerüste standen stets in Nähe der Dörfer, da man sie oft aufsuchte und stille Zwiesprache mit den Verstorbenen hielt.
Die Witwe rechts im Bild schneidet sich aus Trauer ihr Haar ab.

Unter den Beeren und Früchten, die man auf den Prärien und im Wald fand, waren vor allem wilde Kirschen, Trauben und Buffalo-berrys beliebt, die frisch gegessen oder für die Wintermonate getrocknet wurden. Von den Pawnee weiß man, daß sie die frische Trauben preßten und den Saft unvergoren tranken.

Im Sommer zogen Frauen und Mädchen mit umgehängter Tragtasche und dem Grabstock in die freie Prärie, um nach der Erdrübe (Psoralea esculenta) zu suchen. Die Knollen kochte man oder zog sie in Stückchen zum Trocknen auf eine Sehne. Sehr beliebt war auch die Methode, die Rüben am Stielende zu einem Zopf zu flechten. Männer gruben sie während der Jagd aus und aßen sie als Frischkost zum mitgenommenen Pemmikan.

Sogar Kurz fielen die üppigen Maisfelder der Hidatsa auf, deren Ernte so reichlich war, daß sie davon den in Not geratenen Crow und Assiniboin abgeben konnten.

Nur wenn Kurz von »wildem Mais« spricht, irrt sich der Maler gewaltig. Der Mais (Zea mays) hat seinen Ursprung nach jüngsten Untersuchungen im Tehuacán Tal im mexikanischen Staate Puebla. Dort fand man in Schichten, die bis zu 5000 v. Chr. zurückreichen, kleine, nur etwa 2 bis 2,5 Zentimeter große Kolben des Wildmaises. Aus dieser Urform züchteten die Indianer im Laufe der Zeit die verschiedensten Sorten, die sich nicht nur in Form und Farbe, sondern auch im Geschmack deutlich unterscheiden.

Die Maiskultur verbreitete sich lange vor Ankunft der ersten Europäer vom Tehuacán Tal bis nach Kanada und im Süden bis nach Chile. Der kultivierte Mais kann sich nicht mehr selbst vermehren. Zusammen mit den immer größer werdenden Kolben entwickelten sich auch die festen harten Deckblätter, die ein Abfallen der einzelnen Körner verhindern.

Über die Frühgeschichte der später in enger Nachbarschaft mit den Hidatsa lebenden Mandan sind wir etwas genauer orientiert, da die Archäologie ihre Spuren bis in das 8. Jahrhundert zurückverfolgen kann.

Die Sprache der Mandan ist ein sehr altertümlicher Sioux-Dialekt.

Wir haben an anderer Stelle die Erdhäuser beschrieben, müssen hier aber ergänzen, daß sich ihre Form im Laufe der Zeit gewandelt hat. Auf zwei frühen, den Mandan zugeschriebenen Siedlungsplätzen Thomas Riggs Site und Huff Site hatten die Häuser noch eine rechteckige Form. Die durchschnittliche Länge der Bauten betrug 20 Meter. Ein 3 bis 5 Meter langer Gang führte in das 1 Meter vertieft angelegte Innere. Wie man bei Grabungen feststellte, waren die Eckpfähle bedeutend dicker als die übrigen Pfähle der Wand. In der Mitte erhob sich der Stützpfahl für das Dach. Erst als die Indianer zur runden Bauform übergingen, errichteten sie die vier nach den Himmelsrichtungen orientierten Trägerbalken. Im von 1400–1600 bewohnten Huff Site ist besonders bemerkenswert, daß in einigen der hier noch rechteckigen Häuser Grabstätten gefunden wurden, in denen die Toten in Hockerstellung beigesetzt waren. Thomas Riggs Site und Huff Site sind heute noch eingezäunt und geschützt.

Etwa 25 km Missouri aufwärts liegt ein späterer Siedlungsplatz der Mandan. Das aus 75 Häusern bestehende Slant Village war zwischen 1600 und 1795 bewohnt. Hier hat sich nun der Wandel von der rechteckigen Form zum runden Erdhaus endgültig vollzogen. Die State Historical Society of North Dakota hat 1935 einige der Häuser sorgfältig rekonstruiert und gibt uns damit ein anschauliches Bild von der Wohnweise der Mandan in der stillen Missouri-Landschaft.

Durch die Bilder von Karl Bodmer und George Catlin wurde speziell das Dorf Mih-tutta-hangkusch bekannt. Auf Tafel 15 in Bodmers Bilderatlas sehen wir die Siedlung im Winter mit dem zugefrorenen Missouri. Tafel 16 zeigt eine Frühlings- oder Sommerlandschaft, in der Frauen mit dem Bullboot über den Fluß setzen. Ethnographisch besonders interessant ist Tafel 19 mit dem Innern eines Erdhauses, denn von Catlin besitzen wir leider nur sehr skizzenhafte Innenansichten. Beide Künstler haben den Befestigungsgürtel fortgelassen, doch liegen darüber genaue Beschreibungen anderer Reisenden vor. Die Anlage war so perfekt mit Wehrtürmen ausgestattet, daß Prinz Maximilian sogar an europäische Erbauer dachte.

Zu Bodmers Zeit zählte Mih-tutta-hangkusch 65 Häuser, die sich um einen großen Platz gruppierten. An seiner Nordseite stand das geräumige Zeremonialhaus, und in der Mitte des Platzes erhob sich eine große Zeder, die von dicht aneinandergefügten Planken umgeben war. Die Zeder diente der Erinnerung an »Einsamer Mann« (ein Kulturheros), der den Mandan einst das Überleben bei einer großen Flut ermöglichte. Er riet ihnen, eine Arche in Form einer Tonne zu

»Sterbender Mandan«
Das Ölbild trägt das Datum vom 11. 7. 1858, ist also einige Jahre nach der Rückkehr in die Schweiz entstanden. Im Tagebuch schildert Kurz am 13. Juli 1851 den Tod von »Le Boeuf court queue« nach einem Überfall durch fünf Sioux. Der Mandan war mit seiner Frau unterwegs, um Prärierüben auszugraben. Nun lehnt er sterbend an einem Baum, während die Frau um Hilfe ruft. Rechts erkennen wir den Grabstock, neben dem Mann liegen seine Steinkeule und der Köcher.

bauen, die sie vor dem Ertrinken rettete. Die Plankenumzäunung ist tonnenförmig und symbolisiert die Arche. Auch die Eingänge aller Häuser waren nach ihr ausgerichtet.

Die Teilung der Siedlung in eine Ost- und Westhälfte war nicht sichtbar, bestimmte aber das gesamte Dorfleben. So konnte man zum Beispiel nur in die andere Dorfhälfte heiraten und im Zeremonialhaus saßen die Mitglieder der Dorfhälften einander gegenüber. Daneben symbolisierte die Dorfteilung auch die beiden Erdhälften, die links und rechts des Missouri lagen. »Erster Schöpfer« schuf den Südteil, der weiblich gedacht und »Einsamer Mann« den Nordteil, der männlich gedacht wurde.

Jede Hälfte besaß nach Alter gegliederte Bünde, die alle Stammesangehörigen im Laufe ihres Lebens durchliefen. Mit etwa 10 Jahren kamen die Knaben in den Bund der »Törichten Hunde« und im Alter von 50 Jahren traten die Männer dem Bund der »Schwarzschwänzigen Hirsche« bei, in dem sie bis zu ihrem Tod verblieben.

Der Bund der jungen Mädchen wurde »Flintenbund« genannt, was sicher eine völlig falsche Übersetzung des Mandan-Wortes »Eruhpa-Mih-Ochatä« ist. Die älteren Frauen waren im Bund der »Weißen Bisonkühe« zusammengefaßt. Alle Bünde besaßen gesellschaftlichen Charakter und hatten bestimmte soziale Funktionen zu erfüllen.

Der französische Pelzhändler Pierre Gaultier de Varennes de la Vérendrye und seine Söhne haben mit Sicherheit die Mandan schon im Dezember 1738 besucht. Von ihnen besitzen wir auch die ersten schriftlichen Berichte über 6 große Dorfgemeinschaften in der Nähe des Heart River. Durch die entsetzlichen Pockenepidemien der Jahre 1780 bis 1782 schrumpften ihre Siedlungen arg zusammen. Beim Vergleich der Angaben über die Bevölkerungszahlen der verschiedenen frühen Pelzhändler kommt man zu dem Ergebnis, daß die Mandan, Hidatsa und ihre Nachbarn etwa Dreiviertel ihrer Völker durch diese verheerende Krankheit verloren. Nach einer weiteren Pockenepidemie hörten die Mandan auf, als selbständiges Volk zu existieren. Ihre kläglichen Reste zogen zu den Hidatsa, um überhaupt überleben zu können. Später fanden sie zusammen mit den Resten der Arikara eine Bleibe auf der Fort Berthold Reservation in North Dakota, wo am 6. Januar 1975 auch die letzte reinblütige Mandanfrau starb.

Kurz stellt hier noch einmal die Gerüste für Erdhäuser vor. Die Tipis im Hintergrund sind von einem geflochtenen Windschutz umgeben.

Die Sauteurs

Mädchen der Hidatsa

Unter dem Datum vom 26. Juli 1851 überrascht uns Kurz einmal mehr mit einigen lapidaren Sätzen, hinter denen sich für den Amerikanisten eine Fülle von Anregungen verbergen. Sie weisen zudem auf eine der volkreichsten, speziell im Norden stark verbreiteten Nationen hin, deren Handelsbeziehungen sich weit über ihren eigenen Lebensraum hinaus erstreckten. In diesem Zusammenhang müssen wir auch den von Kurz erwähnten Besuch der Sauteurs am Missouri sehen.

»... Heute früh kam Nachricht, daß eine Bande Sauteurs (Ojibua, Chippewa) uns auch aus dem Lager besuchen werde ... Es waren ihrer etwa hundert, meistens im Kriegsschmuck, die meisten zu Fuß, einige ritten der Kolonne zur Seite. Fünf Chefs mit verzierten Friedenspfeifen und den Sinnbildern ihrer ›Coups‹ eröffneten den Zug ... hinter ihnen peletonweise die Soldaten ... dann kamen drei Frauen in einer von der hiesigen verschiedenen Tracht. Der Zug wurde durch den Chorus der jungen Männer geschlossen, die sich noch keinen Rang erworben haben.«

Wir finden die Sauteurs unter 15 verschiedenen Namen, von denen Ojibwa und Chippewa die gebräuchlichsten sind. Sie selber nennen sich »Ishinabe« oder »Anishinabe«, das – wie beinahe alle indianischen Eigennamen – »Erster Mensch« heißt. Das Wort Ojibwa, eine andere Form von Ojibway, geht auf die Algonkinbezeichnung zurück und bedeutet frei übersetzt: »Die mit den Falten oder Buckeln auf den Mokassins«, das sich auf die typische Machart der Fußbekleidung bezieht.

Durch William Warren, dessen Mutter selber eine Ojibwa war und dem wir eine ausgezeichnete Geschichte ihres Volkes verdanken, erfahren wir aus den mündlich überlieferten Mythen, wie die Völker der Ojibwa aus der Algonkin-Sprachfamilie einst vom Atlantik her den St. Lorenzstrom hinaufzogen und in das Gebiet der Großen Seen gelangten. Ein Teil der Ojibwa ließ sich in der Gegend bei Sault Ste. Marie im heutigen Staate Michigan nieder. Hier trafen 1640 jesuitische Missionare mit ihnen zusammen und begannen sogleich mit dem Aufbau einer Missionsstation. Vorerst jedoch waren die Erfolge unter den Ojibwa nur bescheiden, da die traditionelle Religion im Volk noch fest verwurzelt war.

Nach Angaben Warrens hielt sich Ende des 15. Jahrhunderts ein anderer Teil der Ojibwa auf den Apostle Islands im westlichen Zipfel des Oberen Sees auf. Etwa 100 Jahre später begann das Volk, die auf dem benachbarten Festland ansässigen Sioux energisch zu bedrängen und vertrieben sie in der Zeit zwischen 1740 und 1750 immer weiter nach Westen. Historiker führen diese Überlegenheit auf die bessere Bewaffnung der Ojibwa zurück, die durch die Franzosen reichlich mit Gewehren versorgt wurden. Werner Müller gibt als weiteren Grund die größere Kriegserfahrung und die zahlenmäßige Überlegenheit an. Immerhin wird für das Jahr 1764 eine Bevölkerungszahl von 25000 angenommen.

An dieser Stelle muß noch einmal darauf hingewiesen werden, daß die Wanderung der indianischen Völker beim Eintreffen der weißen Invasoren noch längst nicht abgeschlossen war und durch den Druck der Einwanderungswelle unvermindert anhielt. So trieben zum Beispiel die Sioux bei ihrem Zurückweichen vor den Ojibwa die Cheyenne und Arapaho immer weiter nach Westen und damit in Gegenden, die bereits von anderen Stämmen bewohnt waren.

Das von den Ojibwa schwer erkämpfte Gebiet war das klassische Land des Wildreises (Zizania aquatica), der nun ihre Ernährungsgrundlage wurde. Die Pflanze gedeiht nur im Wasser und hat ihre weiteste Verbreitung im Gebiet der Großen Seen. Darum nennt man sie auch Wasserreis. Einige Autoren sprechen von einer wilden Haferart, andere zählen sie zu den Reisgräsern, was nach neueren Untersuchungen sicher zutrifft.

Dem amerikanischen Botaniker Albert Ernst Jenks verdanken wir eine genauere Beschreibung der Ausbreitung des Wildreises, die weit größer ist, als man bislang annahm. Sie erstreckt sich vom 50. nördlichen Breitengrad bis zum Golf von Mexiko und vom Atlantik bis zu den Rocky Mountains.

Der Wildreis gedeiht an Uferpartien und in sehr träge fließenden Gewässern. An Meeresküsten wächst er nur im Mündungsgebiet größerer Flüsse, die den Salzgehalt des Meereswassers auf ein Minimum herabdrücken, also in Brackwasser. Die Pflanze stirbt jedes Jahr ab und ihre Fortpflanzung ist einzig durch herabfallende Körner gesichert. Sie keimen nur in einem Wasserstand bis 90 Zentimeter. Steigt das Wasser einmal höher, bleibt die Ernte aus und die Indianer sagen: »Der Reis ist ertrunken.« In diesem Fall erfolgt die Einladung von Nachbarn, in einem anderen Gewässer mitzuernten.

Im Frühjahr beginnt der Reis zu sprießen und entwickelt sich zu einem bis über ein Meter hohen Gras, das langsam bräunliche Färbung annimmt. Die weißen Körner in den grünen Reishüllen sind von einer dünnen schwarzen Haut überzogen und können bis vier Zentimeter lang werden.

In früheren Zeiten fuhren die Erntevölker, in erster Linie die Ojibwa, Winnebago und Menomini, etwa zwei bis drei Wochen vor der Ernte in genau bestimmte Gebiete und banden die Halme zu Büscheln zusammen. Für diese Arbeit gibt es verschiedene Begründungen. Durch das Abbinden machte man Besitzansprüche geltend, bereitete »Wasserstraßen« vor und schützte die Ähren vor Fraß durch Wasservögel.

Die nach strengen Regeln vor sich gehende Ernte ist fest in den Glauben der Ojibwa an »Manitu« eingebettet. Sie sahen im Reis eine heilige Pflanze, der der »Große Schöpfer« einst den Namen »Manomin« gab. Schon lange vor der Reife des Wildreises tritt der »Reishäuptling« (er ist nicht identisch mit dem Stammeshäuptling) mit seinem Reisrat in Erscheinung und ruft eine Dorfgemeinschaft zu abendlichen Gesängen und Tänzen in das Gemeinschaftshaus. Im Gegensatz zu den mit Birken- oder Ulmenrinde bedeckten Wigwams der Ojibwa ist es ein viereckiger Bau aus Baumstämmen. Im Innern verläuft ringsum eine Sitzbank und in der Mitte befindet sich eine Bank für die Trommler.

Anfang September bestimmt der Reishäuptling den Tag des Erntebeginns und ruft am Morgen von einem erhöhten Platz ein Gebet über den See, in dem der Name Manomin nicht erwähnt werden darf. Dann werden eiligst die Birkenrindekanus ins Wasser gebracht und die beiden Insassen, meist ein Paar, paddeln kniend an die ihnen zugewiesene Stelle. Mit einem gegabelten Stock wird das Boot in Balance gehalten, damit die Frau mit einem leichten Stab die Ähren heranholen und mit einem zweiten in der rechten Hand die Körner direkt in das Boot klopfen kann. Gegen Mittag ertönt der Ruf des Reishäuptlings, der zur Umkehr mahnt. Am Ufer warten bereits ungeduldig alle Familienangehörigen, um die wertvolle Ladung in Rinden- oder Lederbehältern rasch ins Dorf zu bringen. Der Reis wird zum Trocknen auf bereitgelegte Matten geschüttet und anschließend geröstet. Dies geschah in alter Zeit auf einem niedrigen Holzgestell über schwachem Feuer, später und bis in die heutige Zeit in Eisenkesseln. Nun werden die Körner in einem Korb in einer Erdgrube durch Treten gedroschen. Die Männer tragen für diese harte Arbeit Mokassins. Ein letzter Arbeitsgang ist das Fortwedeln der Hülsen mit Fächern aus Birkenrinde, soweit es der Wind nicht allein schafft.

Der Arzt Dr. Walter Hoffman berichtet von den Menomini, sie würden den Reis in aus Rindenstreifen gewobenen Säcken mit Stöcken dreschen.

Nach der erste Mahlzeit, einer dick gekochten Reissuppe mit Wildente, hält der Priester der »Midéwiwin«, einer Medizingesellschaft, ein kurzes Dankfest ab. Jeder der anwesenden Männer raucht einige Züge aus der Friedenspfeife und der Priester segnet die Reistöpfe der einzelnen Familien.

Über die Vorratshaltung der Ojibwa erfahren wir durch Henry R. Schoolcraft, der mit einer Ojiba-Frau verheiratet war. Die Frauen fertigten aus Birkenrinde oder der Haut eines jungen Bisons Säcke, die entweder an Bäumen aufgehängt oder in Gruben aufbewahrt wurden.

Neben dem Wildreis bot die Natur eine reiche Palette wertvoller Nahrungsmittel an. Um die Seen und Sümpfe wuchs der Zuckerahorn, dessen Saft im Frühjahr gewonnen und eingekocht wurde. Frauen und Mädchen sammelten wilde Knollen und Zwiebelgemüse, und von den Beeren möchten wir besonders die Heidelbeeren erwähnen. Sie werden gleich nach der Ernte in frisches Wasser gelegt, in dem sie eine Woche frisch bleiben. An Wild gab es Elche, Karibus, Hirsche und Bären und im Herbst zogen die Männer auf Gänse- und Entenjagd, wenn die Vögel auf ihrem Flug nach Süden auf den Seen einen Halt einlegten. Auch die Gewässer lieferten genügend Fische, um eine abwechslungsreiche Ernährung zu sichern.

Mädchen der Ojibwa mit Tätowierung am Kinn. Träger und Brustbesatz des Kleides sind mit Perlstickerei verziert.

Die Kinder wurden schon früh zu den verschiedensten Arbeiten herangezogen, daneben räumte man ihnen aber stets genügend Zeit zur Selbstbetätigung ein. Wie allgemein bei den Indianern waren die Eltern das erstrebenswerte Vorbild für die Jugend. Das Schlagen eines Kindes war praktisch unbekannt.

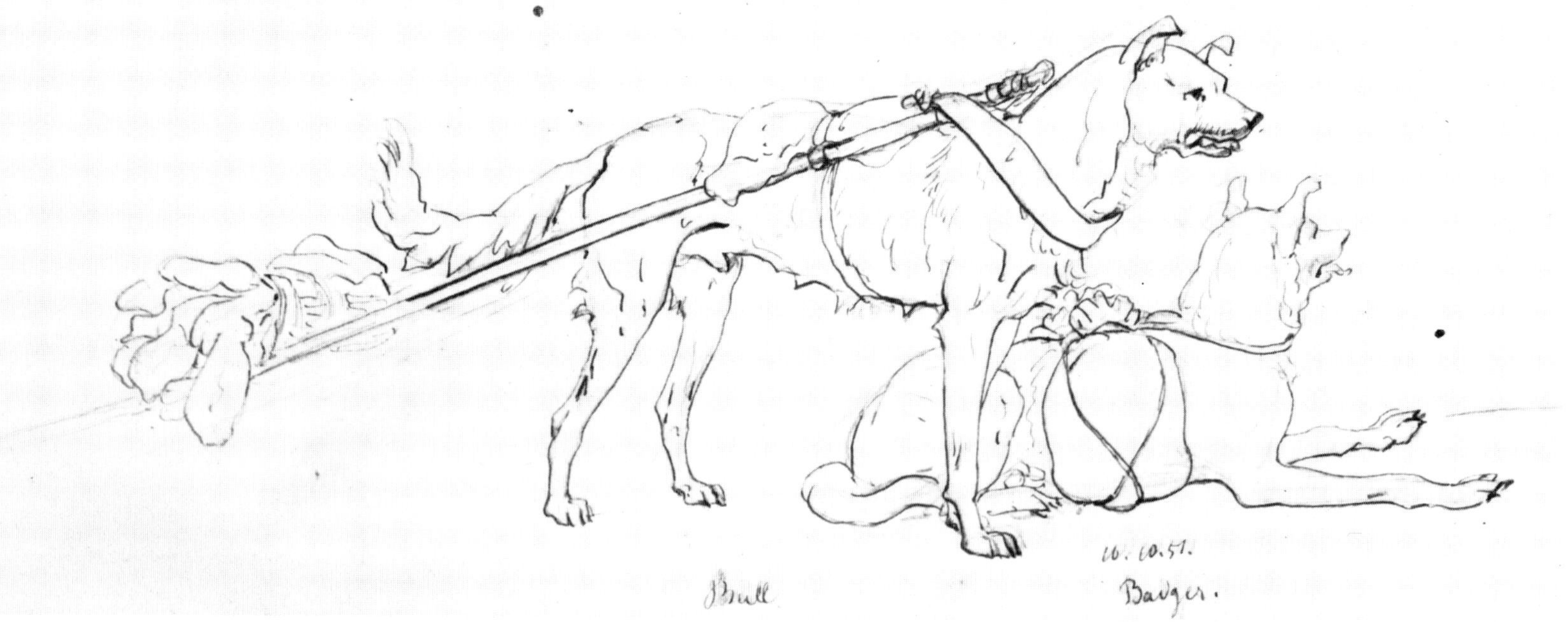

Bevor das Pferd durch die Spanier wieder nach Amerika gebracht wurde, war der Hund das einzige Lasttier. Man band dem Tier kreuzweise kurze Stangen (auch Tipistangen) über den Nacken und belud die nachschleifenden Enden mit dem Gepäck. Im Unterschied zum Pferdetravois, nannte man diese Art Hundetravois.
Es war auch üblich, dem Hund an beiden Seiten einen Tragsack anzuhängen.

Mit der Pubertät wurde der junge Mensch behutsam in die Welt der Erwachsenen eingeführt. Schon im fünften oder sechsten Lebensjahr begann der Vater seinen Sohn darauf vorzubereiten, indem er zuerst einzelne Mahlzeiten, später die Nahrung einen ganzen Tag ausfallen ließ. Hielt man die Zeit für gekommen, zog sich der Jüngling mit geschwärztem Gesicht in den Wald zurück, um unter strengem Fasten zu der sehnlichst erwarteten Vision zu gelangen. Das Wesen, das ihm dabei erschien, ob Tier, Pflanze, Stein oder ein Himmelskörper, wurde sein persönlicher Schutzgeist. Anders als bei benachbarten Stämmen behielt der jetzt als erwachsen geltende junge Mann sein Visionserlebnis für sich.

Bei den Ojibwa war eine menstruierende Frau von unsichtbaren bösen Kräften umgeben und mußte während dieser Zeit ihre Mitmenschen meiden. So flüchtete ein junges Mädchen beim Einsetzen der ersten Blutung angstvoll in den Wald. Hier baute es mit Hilfe von Mädchen in der gleichen Situation oder mit Frauen, die das Klimakterium bereits hinter sich hatten, eine kleine Hütte, in die es sich auch in Zukunft während dieser Tage zurückziehen konnte. Beim Verlassen der Unterkunft streute es als sichtbares Zeichen Laub hinter sich, um Männer, schwangere Frauen und Kinder fern zu halten. Das Mädchen bekam jedoch längere Besuche von der Mutter und Großmutter, oder – wenn diese verstorben – von einer andern geachteten Frau, die es für sein zukünftiges Leben vorbereitete.

Die Heiratsregeln waren denkbar einfach, wenn auch genau festgelegt. John Tanner schreibt in seinem Buch »Dreißig Jahre unter Indianern« (den Ojibwa): ». . . Ich verdoppelte nun meinen Jagdeifer und kam meistens schon zeitig am Tage . . . mit Fleisch zurück. Auch kleidete ich mich so schön ich konnte, und spazierte im Dorf herum . . . Zuerst behauptete Mis-kwa-bun-a-kwa (Der rote Morgenhimmel) mich nicht heiraten zu wollen, aber nachdem sie von mir einige deutliche Proben meines Temperaments erhalten hatte, legte sie diese künstliche Zimperlichkeit gänzlich ab. Ich meinerseits fand merkwürdigerweise, daß mein anfänglicher ungestümer Drang, sie als Ehefrau in meine Hütte zu bringen, immer mehr abnahm . . . Als ich am nächsten Tag ankam, sah ich Mis-kwa-bun-a-kwa auf meinem Platz sitzen. Ich blieb am Eingang stehen . . . worauf sie ihren Kopf senkte. Net-no-kwa (die indianische Adoptivmutter von Tanner) redete mich mit barschem Tone an: »Geh nur zur Hütte hinaus und kränke damit diese junge Frau, die in jeder Hinsicht besser ist als du. Du hast diese Beziehung gesucht . . . Du bist ihr durch das ganze Dorf nachgelaufen; wenn du dich jetzt von ihr abwendest, so erweckst du den Anschein als wäre sie eine, die sich andern an den Hals wirft.« Ich gab Net-no-kwa zum Teil recht, zum anderen Teil aber sprach mein eigenes Gefühl. So kam ich denn herein und setzte mich an Mis-kwa-bun-a-kwas Seite nieder, und damit wurden wir Mann und Frau.«

Tanner lebte zwischen 1789 und 1819 unter den Ojibwa und Ottawa.

Nahm ein Ojibwa-Mann eine zweite Frau, war dies eine große Schande für die Erste. Sie verließ im allgemeinen ihren Ehemann, konnte aber ohne weiteres eine neue Ehe eingehen.

Die Frauen besaßen viele Rechte und Tanners Adoptivmutter hatte sogar die Stellung eines Oberhäuptlings.

Medizinfrauen waren aufgrund ihres größeren Wissens bei den Ojibwa beliebter als ihre männlichen Kollegen. Sie trieben Tauschhandel mit Medizinfrauen und -männern benachbarter Völker, um seltene Heilpflanzen zu bekommen, die in ihrem Gebiet nicht wuchsen. Auch waren sie genügsamer als die Männer, die für jede Handlung eine größere Belohnung erwarteten.

Die Bestattung der Toten fand in einem Holzsarg statt, der nur leicht eingegraben wurde. Durch ein Loch in der Kiste versorgten die Angehörigen den Verstorbenen noch einige Zeit mit Nahrung. Vereinzelt gab es auch Baumgräber. Der Tote fand seine letzte Ruhestätte auf einer Plattform zwischen starken Ästen und wurde später in einer Zweitbestattung der Erde übergeben.

Im Jahre 1789 wurde George Washington erster Präsident der Vereinigten Staaten. Die neue Verfassung und die Beanspruchung weiter Gebiete durch die Regierung hatte auch für die Ojibwa einschneidende Konsequenzen. Schon 1805 erfolgte die erste Landabtretung und 1825 mußten die Stämme ohnmächtig die Oberhoheit der USA über ihre gesamten Wohngebiete anerkennen. Dreißig Jahre später wurde zwar mit der Regierung ein Vertrag über die Schaffung von Reservaten unterzeichnet, doch schrumpften diese im Laufe der Zeit immer mehr zusammen oder wurden ganz aufgehoben. Der Holzreichtum und Mineralfunde auf ihrem Land beseitigten alle Skrupel.

Wie ist die Situation der Reisleute heute. Die Red Lake Reservation in Minnesota besitzt seit 1908 eine eigene Verfassung, hat sich bislang erfolgreich gegen jede Parzellierung gewehrt und ist zu 100% in indianischem Besitz. Der Verdienst ist durch eine vernünftig geführte Holzwirtschaft und durch den Verkauf von Wildreis, Ahornsirup und Kunsthandwerk gewährleistet.

Ein negatives Beispiel bietet die 1855 eingerichtete Leech Lake Reservation. Hier sind nur noch 5% des Landes in indianischem Besitz, das zudem noch sumpfig und für jeden Anbau ungeeignet ist. Der Verkauf von etwas Fisch und Wildreis ist so ziemlich die einzige bescheidene Einnahmequelle.

In den fünfziger Jahren setzte eine starke Abwanderung in die Städte, hauptsächlich nach Minneapolis/St. Paul ein, wo 1977 zwischen 15 000 und 17 000 Indianer lebten. Heute beobachtet man eine leichte Rückwanderung, ein Zeichen wiedererwachten indianischen Selbstbewußtseins.

Die von den beiden Ojibwa Dennis Banks und Georg Mitchell im Juli 1968 gegründete American Indian Movement (AIM) setzt sich in zum Teil recht scharfer Form für die Belange der indianischen Nationen ein.

Assiniboin in Winterbekleidung mit einem im Fangeisen liegenden Koyoten.
Auffallend ist die lederne Kapuze des Jägers, die seit jeher in nördlichen Zonen getragen wurde.

Die »Geschenke« der Europäer

▷▷ Bei diesem Bild fällt uns besonders die Bemalung der Bisonrobe auf, bei der der Besitzer wichtige Ereignisse aus seinem Leben festgehalten hatte. Über dem mit einer Rosette verzierten Mittelstreifen ist ein Zweikampf dargestellt, in welchem er seinen Gegner mit der Lanze den Tomahawk aus der Hand schlägt. Unter dem Mittelstreifen erscheint der Mann als Tänzer und weiter unten nochmals als Krieger, der seinen Gegner mit der Lanze in die Brust trifft.
Beide Männer haben ihre Gesichter bemalt. Young Elk, links im Bild, trägt an einem breiten Band einen gefüllten Köcher und in einem Futteral seinen Bogen.

In Anbetracht der Gleichgültigkeit, mit der Kurz dem Ausbruch der Pocken in Fort Berthold gegenüberstand, scheinen uns doch einige ergänzende, zum Thema gehörende Informationen angebracht. In alten Berichten können wir lesen, wie gesund und abgehärtet die indianischen Völker im allgemeinen waren. Ihre natürliche Lebensweise und ihre Sauberkeit mögen ein Hauptgrund dafür gewesen sein. Die körperliche Abhärtung begann schon im Säuglingsalter und das tägliche Bad hielt man auch im strengsten Winter bei. Zwischendurch gab es Fastentage und der Ertüchtigung durch Wettspiele wurde großer Wert beigemessen.

Um so grausamer wirkten sich die von den Weißen eingeschleppten Krankheiten aus, die den Indianern unbekannt waren und gegen die sie keinerlei Abwehrstoffe besaßen. Masern oder Keuchhusten endeten meist tödlich. Am schlimmsten hatten sie unter den Pocken zu leiden, die zwar auch unter der weißen Bevölkerung schwere Opfer forderten, bei den Indianern aber ganze Völker dahinrafften.

Erst Ende des 18. Jahrhunderts entdeckte ein Landarzt, daß Melker, die sich mit Kuhpocken infiziert hatten, von den »Menschenpocken« verschont blieben. Es verging jedoch noch einige Zeit, bis die Medizin die Impfung mit Kuhpockenserum akzeptierte. Am längsten sträubte sich Amerika dagegen.

Ein weiteres, sich bis in unsere Tage auswirkendes Übel, ist der Alkohol. Vor dem Erscheinen des weißen Mannes kannten die Indianer Nordamerikas keine alkoholischen Getränke. Gegen den Durst gab es Wasser und verschiedene Kräutertees. In vielen Gegenden wurden Fruchtsäfte getrunken und die Kiowa bereiteten sogar einen Trank aus Eicheln zu.

Es ist zur Genüge bekannt, daß weiße Händler den Indianern billigsten Fusel gegen kostbares Pelzwerk tauschten. Auch für Kurz gehörte der Alkoholverkauf zu den Alltäglichkeiten.

Alexander Henry und David Thompson schrieben schon 1897 in ihrem Buch »New Light on the Early History of the Greater Northwest«: ». . . Aber die Indianer [sie sprechen von den Ojibwa] vergessen auch ihre alten Gebräuche – und was ist an diesem Sittenverfall schuld als ihr Umgang mit uns, zumal sie das Unglück haben, daß eine Gruppe von Konkurrenten nach der anderen kommt und sie neue Gaunereien lehrt und sie mit diesem verderblichen Gift, dem Rum, an Leib und Seele zugrunde richten. Was wären doch die Indianer für ganz andere Menschen, wenn es keinen Tropfen Schnaps im Lande gäbe! Wenn bei den Saulteurs [Sauteurs] ein Mord begangen wird, dann immer nur bei einem Trinkgelage.«

Von dem Schweizer Indianermaler Peter Rindisbacher gibt es eine erschütternde Trinkszene bei den Ojibwa, die uns die ganze Tragödie einer indianischen Familie drastisch vor Augen führt.

Schon sehr früh gelangten einsichtige Häuptlinge mit der Bitte an die Staatsmänner von England und Frankreich, sie mögen den Verkauf von Alkohol an die Indianer verbieten. Darüber sind uns sogar Zeugnisse aus dem frühen 16. Jahrhundert bekannt. Natürlich waren diese Gesuche erfolglos. Dies deckt sich auch mit der Anklage heutiger indianischer Führer, der Alkoholhandel sei zu allen Zeiten bewußt gefördert worden. Erst zur Zeit der Prohibition wurde auch ein generelles Alkoholverbot für die Reservate erlassen, 1953 von Präsident Eisenhower aber wieder aufgehoben. Trotzdem sorgen an vielen Orten Stammesgesetze weiterhin für ein Verbot.

Längst sind weiße Händler in diese »Marktlücke« gestoßen und haben an den Straßen zu den Reservaten ihre Bars und Läden eröffnet. Ihre Kundschaft ist erschreckend groß.

Russel Means erklärte in einem Interview: ». . . Jedes beraubte und unterdrückte Volk, das unter seiner Armut leidet, sucht einen Ausweg. Konsequenterweise muß hier der Alkohol herhalten – als Fluchtdroge.«

In Kanada führt die »Indian Brotherhood« an verschiedenen Orten Treffen mit Alkoholikern durch, in USA erfüllen die Indian Center in den Städten eine ähnliche sinnvolle Aufgabe. Beide Institutionen können bescheidene Erfolge für sich verbuchen.

Fellmalereien

Unter dem Datum vom 26. Februar 1852 schreibt Kurz einige Bemerkungen über die Malereien der von ihm besuchten Indianer, die wir etwas näher erläutern möchten, zumal der Künstler nur die Malweise der Männer berücksichtigt.

Die Frauen bemalten ihre Roben und Lederarbeiten traditionsgemäß mit symbolischen Zeichen, die für unsere Augen recht geometrisch wirken. Es gibt aneinandergereihte Dreiecke, die sogenannten Tipimuster; ein liegendes Rechteck symbolisiert einen Bison, Linien ober- oder unterhalb des Rechteckes können den Weg einer Bisonherde bedeuten. Viele dieser Muster finden wir über Generationen unverändert, andere wieder sind einmalige Schöpfungen einer Frau.

Auf dem zwischen dem 11. Juni und 31. Juli 1851 entstandenen Skizzenblatt besticht vor allem das feingeschnittene Gesicht eines Omaha-Mädchens. Daneben verdient die sehr dekorativ bemalte Bisonrobe Beachtung. Ihr Träger scheint ein bedeutender Mann zu sein, da er sich mit einer imponierenden Federschleppe darstellt. Im Haar trägt er einen überlangen Zopfanhänger, der an einer geschnitzten Knochenplatte befestigt ist.

Die Malereien der Männer sind unverkennbar realistischer und zeigen Ereignisse aus dem Leben des Eigentümers. Die Figuren sind einfach, beschränken sich auf das Notwendigste und könnten der Anfang zu einer Bilderschrift sein.

Es wundert uns, daß Kurz gerade aus der Gegend des mittleren Missouri nichts Positiveres berichten kann, haben doch schon E. Vatter 1927 und J. C. Ewers 1939 auf die vorzüglichen Darstellungen der Mandan und Hidatsa auf ihren Fellmalereien hingewiesen. Beide Autoren führen die auffallend besseren Zeichnungen auf den Einfluß von Karl Bodmer und George Catlin zurück. Tatsächlich hat Bodmer seinen indianischen Freunden in den langen Wintermonaten Unterricht im Zeichnen gegeben. In der ausgezeichneten Arbeit von A. Schulze-Thulin »Indianische Malerei in Nordamerika 1830–1970« sind einige dieser Beispiele abgebildet. Das Lindenmuseum in Stuttgart und das Historische Museum in Bern besitzen kostbare Bisonroben des Mandan-Häuptlings Mató tópe, in deren Malereien deutlich Bodmers Einfluß zu sehen ist.

A

Fort
Wes
Völk

Jahr
ten u
des
seßh
Woh

zurü
Stei
im n
Ein
füllt
Stei
Mah

der

noch
grof
Led
ersc
trad

Kul
war
eing
führ
sein
Übe

zwe
unte

Ein
nati
Ein
sch
imn

Pec
sich
noc

kör
Jah
Ass

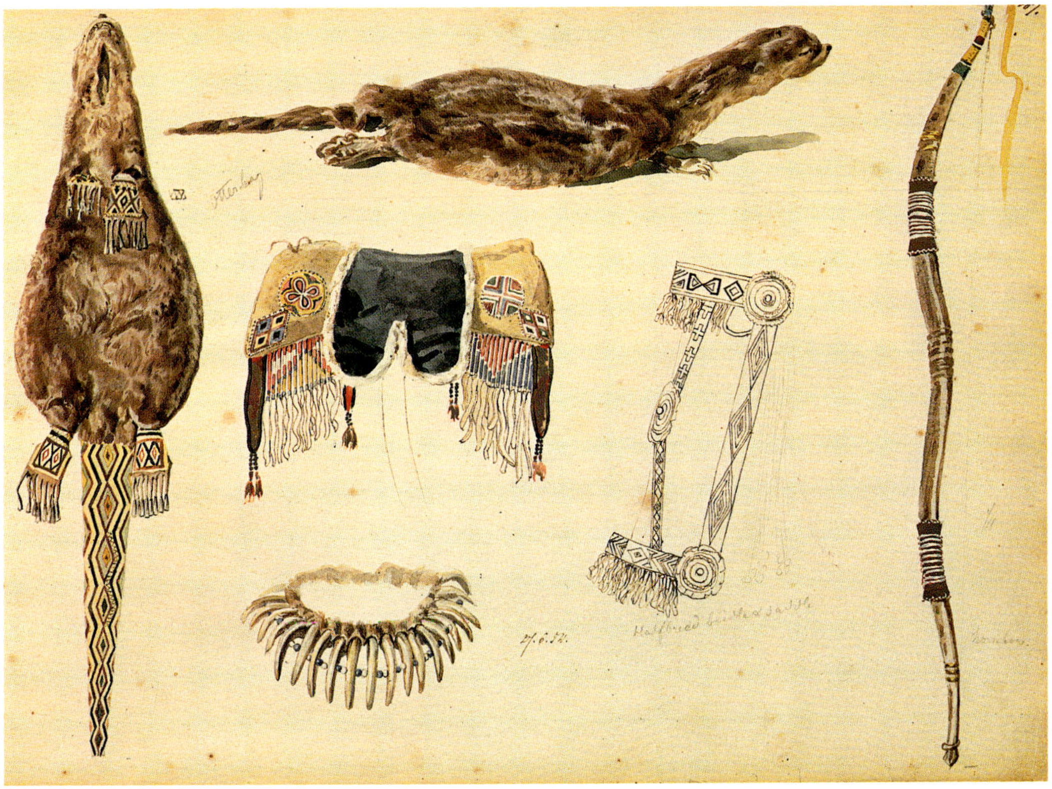

Tiger-Schwalbenschwanz (Papilio cresphontes) auf einem Sauerampfer. Die verschiedenen Arten der Ampfer-Familie sind weit verbreitet. Die Indianer verwendeten die Blätter zum säuern von Gerichten. Speziell im Südwesten wurden die Wurzeln getrocknet und zerstoßen als Mittel gegen Kopfschmerzen verwendet. Kurz malte dieses Bild am Cahokia creek.

Bei den Schwarzfuß (Blackfoot) trug man mit Vorliebe einen Kopfschmuck mit aufrechtstehenden Federn.

◁ Oben: Ein Otter aus dessen Fell die Präriestämme ihre Medizinbeutel herstellten.
Links außen: Ein fertiger Medizinbeutel.
Daneben: Sattelkissen.
Darunter: Halsband mit Bärenkrallen.
Rechts außen: Zeremonialbogen.

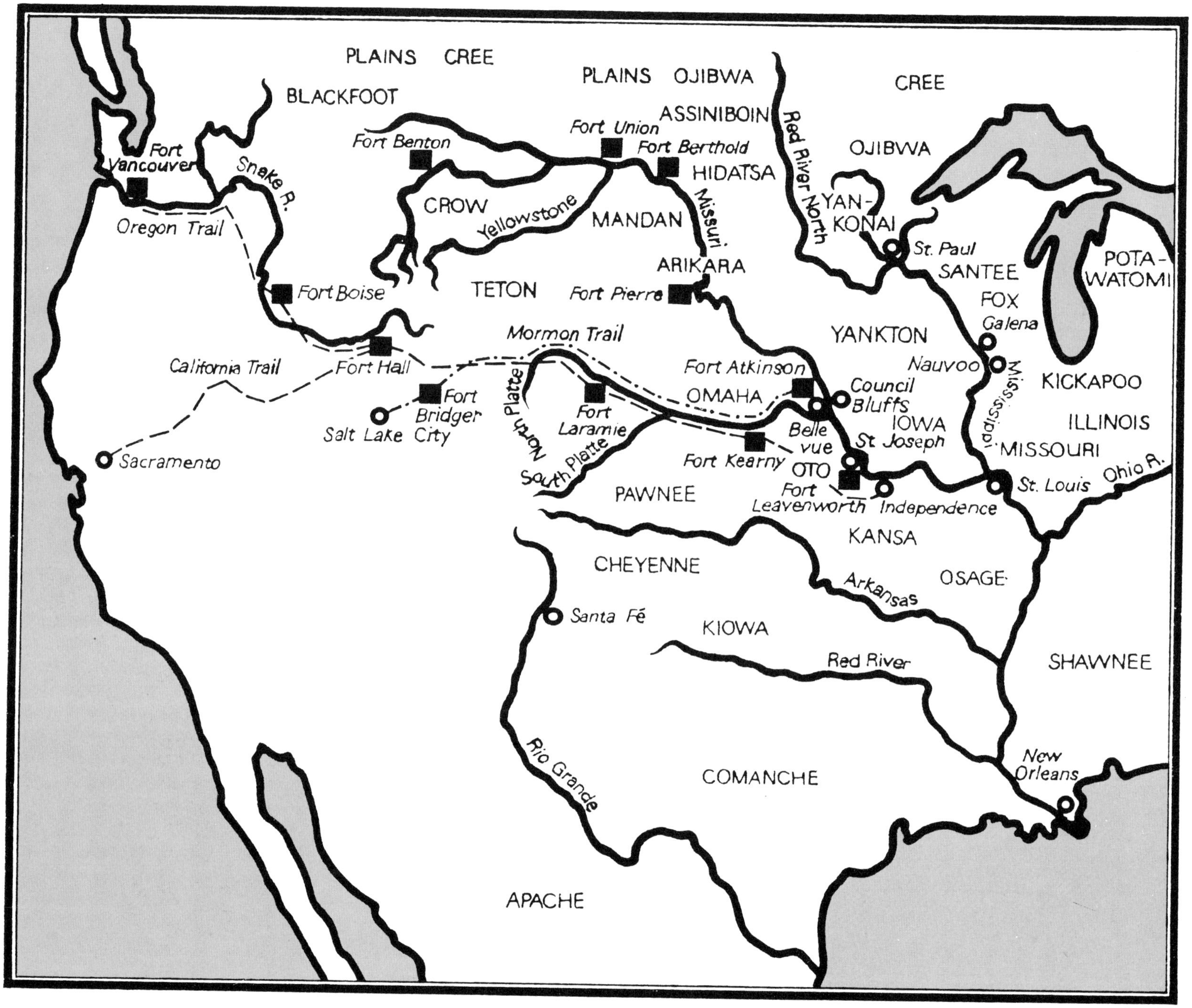
PLAINS CREE
BLACKFOOT
PLAINS OJIBWA
CREE
ASSINIBOIN
Fort Union
Fort Berthold
Fort Benton
HIDATSA
OJIBWA
Fort Vancouver
Snake R.
Red River North
CROW
Yellowstone
MANDAN
Missouri
YAN-KONAI
Oregon Trail
St. Paul
ARIKARA
SANTEE
POTA-WATOMI
Fort Boise
TETON
Fort Pierre
FOX
Galena
YANKTON
Mormon Trail
California Trail
Fort Hall
Fort Atkinson
Nauvoo
Mississippi
KICKAPOO
Fort Bridger
North Platte
Fort Laramie
OMAHA
Council Bluffs
Salt Lake City
Belle vue
IOWA
ILLINOIS
St. Joseph
MISSOURI
Sacramento
South Platte
Fort Kearny
OTO
St. Louis
Ohio R.
PAWNEE
Fort Leavenworth
Independence
KANSA
CHEYENNE
OSAGE
Arkansas
Santa Fé
KIOWA
Red River
SHAWNEE
New Orleans
Rio Grande
COMANCHE
APACHE

Anmerkungen zum I. Teil

O Ms Tb — Tagebuch R. F. Kurz, Originalmanuskript
A Ms — Maschinengeschriebene Abschrift des Tagebuches von 1906
Ms Pa — Originalmanuskript ›Pa-chotschie‹ (›Staubnasen‹-Erzählung von R. F. Kurz)
E D — ›Diary‹, Paralleltagebuch in Englisch
KMB — Kunstmuseum Bern
BHM — Bernisches Historisches Museum

1. J. N. B. Hewitt, 1937: VII
2. D. I. Bushnell Jr., 1908: 8
3. E. Kurz, 1891, 1894, 1900.
4. vgl. Literaturverzeichnis
5. J. F. McDermott, 1967.
6. R. Oppenheim, 1974: 38ff.
6a. O Ms Tb: 1
7. D. Kessler, 1983
8. H. ten Kate, 1911: 529
9. op. cit.: 528
10. Brief H. R. Kurz, 26. 1. 1983
11. ibidem
12. E. Müller, 1874: 353
13. ib.
14. O Ms Tb: 1
15. vgl. A Ms: 119
16. A Ms: 145/146. E. Kurz 1891: 23/24
17. KMB A 6229
18. E. Kurz, 1891: 2
19. H. Läng, 1976
20. E. Kurz, 1891: 2/3
21. K. R. Pabst, 1863: 252
22. op. cit.: 253
23. Ms Pa: 1
24. ib.
25. E. Kurz 1894: 87, Anm. 2
26. O Ms Tb: 3
27. ib.
28. ib.
29. O Ms Tb: Nachtrag 3.1
30. A Ms: 3/4
31. O Ms Tb: Nachtrag 1.a: 3. I
32. O Ms Tb: 4/5
33. ib.
34. O Ms Tb: 5/6
35. op. cit.: 6
36. J. N. B. Hewitt, 1937: IX
37. O Ms Tb: 9, Anm.
38. M. Mittler, 1968: 161
39. O Ms Tb: 10
40. op. cit.: 11
41. op. cit.: 12/13
42. op. cit.: Nachtrag 1847, 16. II., 18. II.
43. op. cit.: 16
44. op. cit.: 17 + Anm.
45. op. cit.: 19
46. ib.
47. A Ms: 23
48. Ms Pa: 23/24
49. ib.
50. Ms Pa: 1–3
51. op. cit.: 4
52. op. cit. 4/5
53. O Ms Tb: 238
54. op. cit.: 1
55. Ms Pa: 5
56. op. cit.: 6–8
57. op. cit.: 8/9
58. op. cit.: 9
59. op. cit: 9/10
60. op. cit.: 11
61. vgl. M. Mittler, 1968: 165ff.
62. A Ms: 40
63. Ms Pa: 12/13
64. A Ms: 49
64a Ms Pa: 12/13
65. A Ms: 34
66. Ms Pa: 13
67. A Ms: 35–37
68. op. cit.: 39
69. Ms Pa: 13/14
70. op. cit.: 14/15
71. A Ms: 44/45
72. Ms Pa: 18/19
73. op. cit.: 21/22
74. A Ms: 46
75. Ms Pa: 22
76. A Ms: 46/47
77. Ms Pa: 23
78. A Ms: 47
79. op. cit.: 48
80. op. cit.: 56
81. op. cit.: 355
82. op. cit.: 56
83. H. Läng, 1976: 33
84. A Ms: 57
85. H. Läng, 1976: 35
86. O Ms Tb: 50
87. op. cit.: 50/51
88. ib.
89. A Ms: 62
90. O Ms Tb: 53/54
91. op. cit.: 54
92. op. cit.: 55
93. Fort Union, 16. 9. 51: A Ms: 136
94. A Ms: 85/86
95. vgl. H. Läng, 1976, J. C. Ewers, 1984
96. G. Catlin, 1850
97. A Ms: 66
98. J. C. Ewers, 1965: 138/139
99. A Ms: 67
100. O Ms Tb: 59
101. A Ms: 75
102. op. cit.: 76
103. op. cit.: 77
104. F. Lindegger, 1983
105. A Ms: 80
106. op. cit.: 83
107. op. cit.: 87
108. op. cit. 90
109. ib.
110. A Ms: 95
111. op. cit.: 103
112. op. cit.: 106
113. op. cit.: 106/107
114. op. cit.: 112
115. op. cit.: 112/113
116. op. cit.: 116
117. op. cit.: 118, Anm.
118. op. cit.: 119
119. op. cit.: 123
120. E. T. Denig, 1930
121. A Ms: 124
122. op. cit.: 240
123. J. F. McDermott, 1967
124. vgl. H. Hartmann, 1963; B. Möllhausen, 1861
125. A Ms: 126/127
126. O Ms Tb: 105
127. J. C. Ewers, 1965: 91
128. vgl. M. Mittler, 1968: 369ff.
129. A Ms: 141/142
130. op. cit.: 137, Anm.
131. op. cit.: 131
132. op. cit.: 152
133. op. cit.: 144
134. op. cit.: 144/145
135. op. cit.: 163, Anm.
136. op. cit.: 180
137. E D: 2/3; 4. 10. 1851
138. O Ms Tb: 150; A Ms: 194
139. A Ms: 192
140. op. cit.: 192/193
141. op. cit.: 193/194
142. op. cit.: 196
143. op. cit.: 206
144. ib.
145. op. cit.: 211, Anm.
146. op. cit.: 216
147. op. cit.: 217
148. J. F. Mc Dermott, 1967
149. O MsTb: 174/175
150. A Ms: 249
151. op. cit.: 250
152. op. cit.: 253
153. op. cit.: 264
154. vgl. M. Mittler, 1968: 32ff.
155. Von Kurz *W.* Picotte genannt.
156. A Ms: 265
157. op. cit.: 266
158. op. cit.: 289
159. O Ms Tb: 208
160. A Ms: 271
161. O Ms Tb: 211
162. A Ms: 245
163. op. cit.: 317/318
164. op. cit.: 318/319
165. op. cit.: 327
166. op. cit.: 260 + Anm.
167. op. cit.: 261/262 + Anm.
168. O Ms Tb: 262
169. op. cit.: 263
170. op. cit.: 275
171. A Ms: 372
172. op. cit.: 364
173. O Ms Tb: 282
174. A Ms: 357
175. op. cit.: 362
176. op. cit.: 358
177. op. cit.: 363
178. O Ms Tb: 284
179. A Ms: 376
180. op. cit.: 387, Anm.
181. op. cit.: 376
182. op. cit. 381/382
183. op. cit.: 388
184. op. cit.: 386/387
185. op. cit.: 392/393
186. op. cit.: 395
187. O Ms Tb: 294
188. E. Müller, 1874: 354

Bibliographie

189. A Ms: 313, Anm.
190. ib.
191. E. Müller, 1874: 354/355
192. BHM: Brief F. Schenk 1. 12. 1906
193. E. Müller, 1874: 356
194. op. cit.: 355
195. op. cit.: 356
196. op. cit.: 352
197. op. cit.: 354
198. Brief H. R. Kurz, 26. 1. 1983
199. ib.
200. mündl. Mitteilung H. R. Kurz, 1983
201. Abb. S. 40, 41, 114, 122

amedian. Berichte aus dem indianischen Amerika. Stuttgart, 1973.

Bandi, Hans Georg. Pfahlbaubilder und Pfahlbaumodelle des 19. Jh. Archäologie der Schweiz, 2/1979/1.

Bitterli, Urs. Die »Wilden« und die »Zivilisierten«. München, 1976.

Brown, Dee. Begrabt mein Herz an der Biegung des Flusses. Hamburg, 1972.

Brun, C. Schweizerisches Künstlerlexikon II. 1908.

Bühler, C. et al., Hrsg. Alpenblumen. Ein Album. Bern, 1961.

Bushnell Jr., David I. Ethnographical Material from North America in Swiss Collections. American Anthropologist, New Series, vol. 10, N° 1, S. 1–15. 1908.
- Friedrich Kurz, Artist-explorer (1818–1871). Annual Report Smithsonian Institution, 70th Congress, 1st Session, House Document N° 58. Washington, 1927.

Catlin, George, Letters and Notes on the Manners, Customs and Conditions of North American Indians. London, 1844.
- Die Indianer Nordamerikas. Brüssel, Leipzig, Gent, 1850.
- Die Indianer. Berlin, 1924.

Davis, Thomas/Ronnefeldt Karin. People of the First Man. New York, 1976.

Delvaux, Ch. Quelques influences matérielles de la civilisation blanche chez les Indiens des Plaines de l'Amérique du Nord. Bulletin Société royale belge de l'Anthropologie et Préhistoire, T. LXIII. 1952.

Denig, Edwin Thompson. Five Indian Tribes of the Upper Missouri. Washington, 1930.

Die Schweiz. Bd. III. Bern, 1860.

Driver, Harold E. Indians of North America. Chicago, 1975.

Ewers, John C. Plains Indian Painting. Stanford, 1939.
- Artists of the Old West. New York, 1965.
- et al. Views of a Vanishing Frontier. Omaha, 1984.

Fletcher, Alice C. The Osage Indians in France. American Anthropologist, N. S. 2, S. 395–400. 1900.

Foreman, C. F. Indians abroad. Norman, 1943.

Gray, John S. Honore Picotte, Fur Trader. South Dakota History, Vol. 6, N° 2. 1976.

Green, Norma Kidd. Iron-eye's Family. Lincoln, 1969.

von Greyerz, Otto. Von unsern Vätern. Bern, 1912.

Hartmann, Horst. George Catlin und Balduin Möllhausen. Berlin, 1963.
- Die Plains- und Prärieindianer Nordamerikas. Berlin, 1973.

Hewitt, J. N. B. Journal of Rudolph Friedrich Kurz. Smithsonian, Bureau of American Ethnology, Bulletin 115. Washington, 1937.

Inter North. The West as Romantic Horizon. Omaha, 1981.

Jobé, Joseph. Extended Travels in Romantic America. Lausanne, 1966.

Jahrbücher des Bernischen Historischen Museums. 1894; 1906, S. 101; 1910, S. 69; 1911, S. 84; 1912. Bern, 1894–1912.

Katalog der Bildergalerie des Kunstmuseums in Bern. Bern, 1915.

Katalog des Zofinger Künstlerbuches. Zofingen, 1876.

ten Kate, Herman. On Paintings of North American Indians and their Ethnographical Value. Anthropos, Bd. 6, S. 521–545. Wien, 1911.

Kessler, Daniel. Bewertungen und Nutzungen alpiner Landschaften. Liz.arbeit. Bern, 1983.

Kläy, Ernst J. ». . . das romantische Leben der Indianer malerisch darzustellen . . .«. Schweiz N° 7, S. 28–34. Zürich, 1976.

Kurz, Emil. Aus dem Tagebuch des Malers Friedrich Kurz über seinen Aufenthalt bei den Missouri-Indianern 1848–1852. Separatdruck XIII. Jahresbericht der Geographischen Gesellschaft Bern. Bern, 1894.
- Aus dem Tagebuch des Malers Friedrich Kurz über seinen Aufenthalt bei den Missouri-Indianern 1848–1852. Schweizerische Rundschau, 1891.
- Bei den Indianern am Missouri. Die Schweiz, IV. Jahrgang Zürich, 1900.

Kuthy, Sandor und Kläy, Ernst J. Berner Maler in Amerika. Ausstellungskatalog Kunstmuseum Bern. Bern, 1976.

La Flesche, Francis. The Middle Five. Madison, 1900. Neuauflage Lincoln, 1978.
- War ceremony and Peace Ceremony of the Osage Indians. Smithsonian Institution, Bureau of American Ethnology, Bulletin 101. Washington, 1939.

Läng, Hans. Indianer waren meine Freunde. Bern, 1976.
- Kulturgeschichte der Indianer Nordamerikas. Olten, 1981.

Lindegger, Fred. Bruder des roten Mannes. Solothurn, 1983.

Lindig, Wolfgang. Die Kulturen der Eskimo und Indianer Nordamerikas. Frankfurt, 1972.

Lips, Eva. Die Reisernte der Ojibwa-Indianer – Wirtschaft und Recht eines Erntevolkes. Berlin, 1956.
- Das Indianerbuch. Leipzig, 1956.

Ma-Ka-Tai-Me-She-Kia-Kiak. Life of Ma-Ka-Tai-Me-She-Kia-Kiak or Black Hawk . . . dictated by himself. Cincinnati, 1833. Letzte Auflage University of Illinois Press, Urbana, 1955.

McDermott, John F. Rudolph Friedrich Kurz. A Swiss Artist on the American Frontier. American Scene, vol. VIII, N° 3. Tulsa, 1967.

Mittler, Max. Eroberung eines Kontinents. Zürich und Freiburg i. Br., 1968.

Möllhausen, Balduin und Kurz, R. F. Gartenlaube. Leipzig, 1861.

Müller, Eduard. Die Illustrierte Schweiz. IV. Jahrgang, S. 352–358. Bern, 1874.

Müller, Werner. Die blaue Hütte. Zum Sinnbild der Perle bei den nordamerikanischen Indianern. Wiesbaden, 1954.

– die Religionen der Waldlandindianer Nordamerikas. Stuttgart, 1961.
– Glauben und Denken der Sioux. Berlin, 1970.
Naville, René. Amerindiens. S. 53–62. Genf, 1973.
Oppenheim, Roy. Die Entdeckung der Alpen. Frauenfeld, 1974.
Pabst, K. R. Theodor Müllers Leben und Wirken in der Schweiz, III. Teil: Der Veteran von Hofwyl. Aarau, 1863.
Pinnow, Heinz-Jürgen. Die nordamerikanischen Indianersprachen. Wiesbaden, 1964.
Reinhard, Ernst, Hrsg. Friedrich Kurz: Unter den Indianern. Schweiz. Jugendbücher, Bd. 2. Zürich, 1916.
Ruff, Theo. Lebende Antiken. Kulturmagazin N° 8. 1978.
Schmidt, Mathias R. Wenn wir gehen – Geht die Welt. Lampertsheim, 1980.
Schulze-Thulin, Axel. Indianische Malerei in Nordamerika 1830–1970. Katalog, Lindenmuseum Stuttgart. Stuttgart, 1973.
– Indianer der Prärie und Plains. Bildheft des Lindenmuseums Stuttgart N° 2. Stuttgart, 1976.
– Weg ohne Mokassins. Düsseldorf, 1976.
Tanner, John. Dreißig Jahre unter den Indianern. Neu übersetzt von Eva Lips. Weimar, 1958.
Taylor, Colin. The Warriors of the Plains. London, New York, Sydney, Toronto, 1975.
Thompson, Judy. The North American Indian Collection. A Catalogue. Jahrbuch Bernisches Historisches Museum, 53./54. Jahrgang, 1973/74. Bern, 1977.
Vatter, Ernst. Historienmalerei und heraldische Bilderschrift der nordamerikanischen Indianerstämme. IPEK, N° 1/1927.
Verzeichnis der Gemäldesammlungen des Kunstmuseums in Bern. Bern, 1915.
Weese, A. und Born, K. L. Die Bernische Kunstgesellschaft 1813–1913. Festschrift. Bern, 1913.
Wheeler, Keith, ed. The Chroniclers. Time-Life. New York, 1976.

Bildnachweis

V. Vignette
b. beide
o. oben
u. unten
r. rechts
l. links

Bernisches Historisches Museum, Abteilung für Völkerkunde, Bern: S. 2, 7 V., 8 V. u., 12 V., 17 b., 19 V., 36 V., 42 alle, 43 o., 44, 45 V., 46, 48 V.b., 49 b., 50 V., 51 alle, 52 V.b., 53 V.b., 55 r., 59 o., 60 b., 61, 61 V., 62, 63 V., 64, 64 V., 65 b., 66, 67, 67 V., 68, 70 o. und u.r., 71, 72 alle, 73, 74 l., 75, 76, 76 V., 77, 78 V., 79 u., 81 b., 82, 83 V., 85, 86 V., 87, 87 V., 88/89, 90 V.o., 91, 93, 93 V., 94, 95 V., 101, 102 V.b., 103 V., 104 V.b., 105 V., 106 V., 107 V.b., 108 V.b., 110 b., 111, 113, 114 u.b., 116 b., 118, 120 V., 122 o., 123 b., 125, 129 V., 130, 131, 132, 133 V., 134, 135, 136 V., 137 V., 138 V., 139, 143, 144 V., 145 V., 146, 147 V., 150, 151 r., 151 u., 153.
Bibliothèque Nationale, Paris: 16 V.
Musée d'ethnographie de la ville de Genève: 97 o., 98 u.
Gartenlaube, Leipzig 1862: 90 V.u., 96 o., 98 o., 154, 155.
Thomas Gilcrease Institute of American History and Art, Tulsa, Oklahoma, USA: 27 u., 99 b., 135 u., 141, 152 u.
Indianermuseum der Stadt Zürich: 100, 142, 152 o.
Gottfried-Keller-Stiftung (im Kunstmuseum Bern): 22, 69, 109, 126 r.
Kunstmuseum Bern (und Berner Künstler-, bzw. Kunstgesellschaft): 6 V., 8 V.o., 10 b., 13 V., 14 b., 15, 18 b., 20, 21, 23, 24 V., 25, 27 o., 29 b., 30 b., 31 V., 33, 34, 35, 37, 38, 38 V., 39 b., 41 o., 43 u., 45, 47, 54 b., 55 l., 56, 57 b., 58, 74 r., 79 o., 80 b., 84, 90 V.u., 92., 97 u.b., 112 b., 115, 117, 121 o.b., 123, 151 l.
H. R. Kurz, Bern: 70 u.l.
Landesbibliothek: Die Schweiz, Bern 1860: 31. Die Illustrierte Schweiz, Bern 1874: 121 u.
The Peters Corporation, Santa Fe, New Mexiko, USA: 41 u.
Regina Relang, München: 28, 127.
Stadt- und Universitätsbibliothek, Bern: 11.
Michael Stettler, Ortbühl: 126 l.
Fam. Stolz, BRD: 59 u.
Wunderlich & Co., Inc., New York, USA: 40, 114 o., 122 u.

Photos
Peter Lauri, Bern: 22, 30, 69, 80, 109, 112 u., 123, 126 r.
Stefan Rebsamen, BHM, Bern: 2, 6, 7–10, 12, 14–21, 23–25, 27 u., 29, 33–39, 41 o., 42–59 o., 60–68, 70–79, 81–95, 97 u., 101–108, 110–112 o., 113, 114 u., 115–120 o., 122 o., 124–126 l., 129–139, 143–147, 150, 151, 153.

Unser Dank

Der Burgergemeinde Bern sowie dem Kultusfonds des Kantons Bern danken wir für ihre großzügige finanzielle Unterstützung des vorliegenden Werkes.

Prof. Dr. Hans Rudolf Kurz, Bern, begleitete über Jahre hinweg unsere Arbeiten mit Interesse, und sein spontaner Einsatz für unsere Sache erschloß uns wertvolle Quellen. Wir sind ihm für seine Förderung besonders verbunden.

Ohne die begeisterte und kompetente Mitarbeit von Heidi Hofstetter, BHM, Bern, wäre der I. Teil des Buches nicht zustande gekommen. Ihr, sowie Christa Läng, Zürich, und Ursula Schmid, Bern, sind wir zu Dank verpflichtet.

Ein wesentlicher Teil der Abbildungen stammt aus dem Kunstmuseum Bern. Seinem Direktor, Dr. Hans Christoph von Tavel, sei für sein Entgegenkommen und Dr. Andreas Meier für seine Geduld recht herzlich gedankt.

Bei Nachforschungen und Bildbeschaffung waren uns in verdankenswerter Weise Leo Andereggen, Zofingen, Mrs. K. A. Anderson und David C. Hunt, Joslyn Art Museum, Omaha, Dr. François de Capitani, BHM, Bern, Dr. Hans Dürst, Lenzburg, Alexander Sommer, Dr. Rolf Studer, Otto Wurster und Heinrich Würgler, Bern, Dr. Karl Zimmermann, BHM, Bern sowie das Zivilstandsamt Langnau behilflich.

Für die Überlassung von Bildrechten sind wir dem Thomas Gilcrease Institute of American History and Art, Tulsa, Oklahoma und Anne Roden verbunden.

Die Gottfried-Keller-Stiftung, Bern, das Musée d'ethnographie de la ville de Genève (mit besonderem Dank an Daniel Schoepf), die Wunderlich & Co., Inc., New York, und The Peters Corporation, Santa Fe, sowie Maria K. Naylor, Clinton Fine Arts Ltd., New York, Prof. Hans Rudolf Kurz, Bern, Regina Relang, München, Dr. Michael Stettler, Ortbühl, Fam. Stolz und Michael Schaad, Essen, sowie die Bibliothèque nationale, Paris, und die Stadt- und Universitätsbibliothek Bern stellten uns kostenlos Abbildungsunterlagen zur Verfügung. Ihnen allen gilt unser Dank.

Den Photographen Peter Lauri, Bern, und besonders Stefan Rebsamen, BHM, Bern, sind wir für ihren Einsatz und ihr Können verpflichtet.

Richard Stoller, Köniz, hat mit Interesse und großer Hilfsbereitschaft wesentliches zur Realisierung des Projektes beigetragen, und Felix Furrer, Verlagsleiter des AARE-Verlags und Adrian Spiegel, Grafiker in Solothurn, ist die Fertigstellung des Buches zu verdanken.

Last not least sei der Leitung des Bernischen Historischen Museums dafür gedankt, daß sie verschiedenen Mitarbeitern eine über den Umfang der eigenen Sammlungsbestände hinausgehende Bearbeitung des Kurzschen Nachlasses ermöglichte.

Die Verfasser